四川大學中國俗文化研究所
四川大學漢語史研究所

漢語史研究集刊

（第二十二輯）

語言學·漢語類CSSCI來源集刊

俞理明 雷漢卿◎主編

四川大學出版社

責任編輯:歐風偃
責任校對:黄藴婷
封面設計:嚴春艷
責任印製:王　煒

圖書在版編目(CIP)數據

漢語史研究集刊. 第二十二輯 / 俞理明，雷漢卿主編. —成都：四川大學出版社，2017.5
ISBN 978-7-5690-0659-9

Ⅰ.①漢…　Ⅱ.①俞…　②雷…　Ⅲ.①漢語史－研究－叢刊　Ⅳ.①H1-09

中國版本圖書館 CIP 數據核字（2017）第 123513 號

書名　**漢語史研究集刊（第二十二輯）**
Hanyushi Yanjiu Jikan(Di-ershier Ji)

主　　編　俞理明　雷漢卿
出　　版　四川大學出版社
地　　址　成都市一環路南一段 24 號 (610065)
發　　行　四川大學出版社
書　　號　ISBN 978-7-5690-0659-9
印　　刷　郫縣犀浦印刷廠
成品尺寸　148 mm×210 mm
印　　張　9.75
字　　數　255 千字
版　　次　2017 年 6 月第 1 版
印　　次　2017 年 6 月第 1 次印刷
定　　價　39.00 圓

◆讀者郵購本書,請與本社發行科聯繫。
電話:(028)85408408/(028)85401670/
(028)85408023　郵政編碼:610065
◆本社圖書如有印裝質量問題,請寄回出版社調換。
◆網址:http://www.scupress.net

目　錄

近代漢語時間從句"VP（之）次"探析*

梁銀峰　周　濤

内容摘要： 在近代漢語中，"VP（之）次"小句的主要作用是充當後面主句的時間從句，"VP（之）次"為後面的主句提供一個時間條件或者一種情況，整個句子表示在這個時間條件下，或者在這種情况下發生了什麽事。"VP（之）次"小句對於其中動詞情狀類型的選擇有一定的傾向性，最多的是活動體動詞，其次是狀態體動詞和單活動體動詞，完結體動詞和達成體動詞最少。VP本身一般不能表達未然的事件，"次"與時間詞"時"的用法存在諸多不同。"（之）次"的主要功能是對VP進行降級，使其成為依附性小句。

關鍵詞： 近代漢語　"VP（之）次"結構　時間從句

一　問題的提出

在近代漢語文獻中，"次"或"之次"經常加在某個動詞短語或主謂結構的末尾，表達一定的時間意義，後面接有另外一個動詞短語或者主謂結構，整個話語結構是個主從句，可表示為

* 教育部人文社會科學研究青年基金項目（12YJC740057）"古漢語主從句和從屬句的產生及其演變"的階段性成果。

"VP 次，VP_2"。① 如：

(1) 愛敬人物，後來才俊未為時知者，侍坐之次，轉加談引，時人以此稱之。(《北史·王元嘉傳》)

(2) 貞元中，有一人家因打牆掘地，遇一石函。發之，見物如絲滿函，飛出於外。視之次，忽有一人起於函中，披長髮丈餘，振衣而起，出門失所在。(《太平廣記》卷 375，"石函中人"條，出《酉陽雜俎》)

(3) 其時張令妻正拜堂次，使者高聲作色："咄！這府君，因何取他生人婦為妻，太一極怒，令我取你頭來！"……報言夫："我在嶽神前拜堂之次，忽有一將軍，身穿金甲，𨻶上兜鍪，拔劍上殿，擬斬嶽神；嶽神怕他，而乃放妾卻回。"(《敦煌變文·葉淨能詩》)

(4) 師夜不點火，僧立次，師乃曰："我有一句子，待特牛生兒，即為汝說。"(《祖堂集》卷四，藥山和尚)

(5) 石頭鏟草次，師在左側，叉手而立。(《五燈會元》卷三，五台隱峰禪師)

從出現的位置看，"次"的意義與同時期的另外一個常見的時間詞"時"相似。比如同樣在五代成書的禪宗語錄《祖堂集》中，我們可以看到這樣的例子：

(6) a. 師看經次，僧問："和尚尋常不許人看經，為什摩卻自看經？"師曰："我要遮眼。"(《祖堂集》卷四，藥山和尚)

b. 師在東平看經時，有僧侍立。師卷卻經，回頭問："還會摩？"對云："某甲不曾看經，爭得會？"師云："汝向後也會去在。"(《祖堂集》卷十八，仰山和尚)

① 為敘述簡便，本文以"次"概"之次"(特別說明的情況除外)，"VP"則包括動詞短語和主謂結構兩種形式。

(7) a. 師行脚次，問村路：“此路到什摩處?”（《祖堂集》卷十六，南泉和尚）

b. 師與洞山行脚時，到寺裡，洞山坐禪，師一向睡。（《祖堂集》卷六，神山和尚）

(8) 初生之時，有六道白氣應於上像。（《祖堂集》卷三，懷讓和尚）

(9) 臨刃之時，白乳涌高數尺，蓋大權化，跡莫可惻。（《祖堂集》卷十九，觀和尚）（惻，同“測”。）

由於“次”與“時”在組合形式上有一定程度的契合，很多學者把“次”視為時間詞，“VP次”相當於“VP時”（參見曾仲珊，1983；蔣紹愚，1990：266；段文清，1991；王鍈，2001：26；郭傑，2008：11等）。如果根據這一看法，“VP次”在語法性質上是一個名詞短語，在句法上充當後續句 VP_2 的時間狀語，整個句子就是一個單句。

不過據我們對近代漢語文獻的考察，有不少“VP次”的“次”實際上很難用“時”來解釋。如：

(10) 李翱相公来見和尚，和尚看經次，殊不采顧。（《祖堂集》卷四，藥山和尚）

(11) 後一日，上山禮師。師睡次，見來不起。（《祖堂集》卷五，大顛和尚）

(12) （師）遇師姑吃飯次，便堂堂入廚下，便自討飯吃。（《祖堂集》卷七，岩頭和尚）

(13) 師見僧斫木次，師乃擊木三下，僧放下斧子，歸僧堂。（《五燈會元》卷三，南泉普願禪師）

(14) 師為沙彌時，在耽源唱禮次，耽源問：“作什摩?”師云：“唱禮。”（《祖堂集》卷十八，仰山和尚）

(15) 仰山在溈山時，看牛次，第一座云：“百億毛頭百億師子現。”（《祖堂集》卷十六，溈山和尚）

(16) 洞山初到南源，便上法堂次，師才望見洞山，便云："已相見了也，不用更上來。"洞山便歸堂。(《祖堂集》卷十四，南源和尚)

(17) 百丈和尚令僧來候，師上堂次，展坐具，禮拜了，起來拈師一隻靸鞋，以衫袖拂卻塵了，倒覆向下。(《五燈會元》卷三，章敬懷暉禪師)

在例 (10) (11) 中，由於"VP_2"是否定式，前面的"VP 次"更適宜於看作"VP_2"的原因：由於某一事件正在發生或進行，所以"VP_2"所表示的事件不能/沒有發生。從這個角度看，"次"的詞彙意義有所虛化，它在功能上側重於表示某一事件正在進行。例 (12) (13) 的特殊之處是，"VP 次"本身又充當了"遇""見"這樣的敘實動詞的賓語，在這種語境中，"次"表示某一事件正在進行的意味更加明顯 (詳參後文第四節的論述)，這時將"次"理解為"時"同樣不合適。在例 (14)、(15) 中，"VP 次"前面已經出現了一個"VP 時"用來交代"VP_2"的時間背景，這時如果再將後面的"次"也理解為"時"，那麼後續主句的前面就會出現兩個時間背景句，這樣解讀顯然不太妥當。假如這裡只是為了避免字眼的重複"次"和"時"才交替使用的，那麼這兩個詞應該可以互換位置，但實際上"＊師為沙彌次，在耽源唱禮時""＊仰山在溈山次，看牛時"之類的句子是不存在的 (詳參後文第三節的論述)，這暗示"次"和"時"的用法不完全等同。例 (16)、(17) 中的"VP 次"出現在由幾個連貫性的小句構成的完整話段之中，其中的"次"相當於"後"，也不是"時"的意思。

上述事實表明，如果僅僅用"時"來解釋近代漢語文獻中"次"的意義和用法似乎過於簡單，在本文中我們打算詳細討論"次"的時間意義和"VP 次"的話語功能。

二 “VP次”小句使用情况述略

從歷史上看，“次”用在VP之後表達時間意義的用法其實早在唐代之前就已經出現。根據蔣紹愚（1990：266）、田春來（2007）的調查資料，“次”的這一用法萌芽於兩漢，但是當時組合較為單一，僅限於“語次”，而且不全分佈在句末。如：

（18）姬侍王，從容語次，譽赫長者也。（《史記·黥布列傳》）

（19）吏民見者，語次尋繹，問它陰伏，以相參考。（《漢書·黄霸傳》）

魏晉以後，“次”位於VP之後表示時間意義的用法逐漸增多，但總的來說仍不常見。如（例句轉引自田春來，2007）：

（20）故人儒生時有候之者，言談之次，問其不合上意之由，法未嘗應對。（《後漢書·李法傳》）

（21）褚太傅南下，孫長樂於船中視之。言次，及劉真長死，孫流涕。（《世說新語·輕詆》）

（22）每宴射之次，大為世祖所愛重。（《北齊書·高阿那肱傳》）

唐代以後，“次”位於VP之後表示時間意義的用法開始大量出現，在唐宋時期的筆記、文言小説、唐詩、敦煌變文、禪宗語錄等各類文獻中均有普遍使用，其中在禪宗語錄中尤為常見。下表是田春來（2007）對“VP次”和“VP之次”在《祖堂集》《景德傳燈錄》《五燈會元》《古尊宿語錄》等四部唐宋禪宗語錄作品中使用情況的數據統計：

文獻	VP次	VP之次
《祖堂集》	128	5

續上表

《景德傳燈錄》	111	1
《五燈會元》	287	0
《古尊宿語錄》	167	1

從上表可以看出，在上述四部禪宗語錄作品中，"VP 次"的使用頻率明顯超過"VP 之次"。不過需要指出的是，在敦煌變文中情形正好相反，"VP 之次"佔據主導地位，"VP 次"反而用得很少，我們猜測這可能與敦煌變文的文體特點（韻散結合）或者作者不同的寫作習慣有關。下面是"VP 之次"的例子：

（23）項羽帳中盛寢之次，不覺精神恍忽，神思不安，捶然驚覺，遍體汗流。（《漢將王陵變》）

（24）難陀歡飲之次，忽然聞門外世尊語聲，向妻道："娘子！娘子！"（《難陀出家緣起》）

（25）這有［相］夫人顏貌平正，又復能歌。一日殿中起舞，正歌之次，歡喜國王見者夫人面上身邊［一道］氣色，知其有相七日身亡。（《歡喜國王緣》）（者夫人，這夫人。身邊，"耳邊"之形誤。）

三　"次"和"時"的用法差異

本文第一節已經指出，以往很多學者將"VP 次"解釋為"VP 時"，但"次"與"時"雖然在近代漢語中並行使用，但它們的用法在很多方面存在差異，而不僅僅是用詞的不同。實際語料表明，"時"的某些用法是"次"所不具備的。如：

（26）在俗之時，世業作餅師，住在天皇巷陽。（《祖堂集》卷五，龍潭和尚）

（27）母孕之時，不喜葷血。（《祖堂集》卷十六，南泉和尚）

（28）道吾問："初祖未到此土時，還有祖師意不？"師曰："有。"吾云："既有，更用來作什摩？"師曰："只為有，所以來。"（《祖堂集》卷五，雲岩和尚）

（29）未出家時，趁鹿從馬大師庵前過，問和尚："還見我鹿過摩？"（《祖堂集》卷十四，石鞏和尚）

（30）吾閱人多矣，罕有如是東國人。他日中國失禪之時，將問之東夷焉。（《祖堂集》卷十七，嵩嚴山聖住寺故兩朝國師）

（31）香嚴云："你不無道理也。雖然如此，向後若是住山，則無柴得燒；若是住江邊，則無水得吃。欲臨說法時，須得口裡吐出不淨。"（《祖堂集》卷八，踈山和尚）

（32）錢財只恨無，有時實不惜。（《王梵志詩》，第67首）

在例（26）（27）中，"在俗""母孕"的"在""孕"是狀態動詞，沒有動作性，而據我們的調查，"VP次"中的VP一般是活動動詞，動作性很強，整個句子強調在某個動態事件進行的情況下，發生了另一事件。上文所舉例（14）（15）也是如此，"師為沙彌時，在耽源唱禮次""仰山在溈山時，看牛次"兩例中的"時"和"次"之所以不能互換位置，正是因為"師為沙彌""仰山在溈山"是靜態句，而"在耽源唱禮""看牛"是動態句。在例（28）（29）中，"初祖未到此土時""未出家時"是否定形式，而在同時期的文獻中，我們卻沒有發現"未＋VP＋次"之類的句子，這是一個顯著的差異。"次"在否定結構中受到限制表明，當"VP次"作為"VP_2"的時間參照時，其中VP所表示的動作不能是未完成的。實際語料也表明，VP所表示的一般是現實事件，不能是非現實事件。例（30）（31）（32）更加典型，"他日中國失禪”“欲臨說法”“有（錢）”表達的都是未然事件，例（32）甚至帶有假設的意味，“次”是不可能出現在這種 VP 之後的。[①] 我們知道，近代漢語中“VP 時”的“時”後來發生了語法化，有了假設助詞的用法（參見艾皓德，1991；董秀芳，2000；江藍生，2002），其前提就是“VP 時”中的事件可以是未然的，而“次”不具備這種條件，因而也沒有發展出假設助詞的用法。

除上述差別外，在使用語體上，“次”只用在敘述性話語中，幾乎不用於人物對話中，而“時”卻沒有這種限制。我們認為，這一語體特點是與“VP 次”一般表達現實事件相聯繫的，因為現實事件通常要在敘述語體中來實現，而人物對話出於表達說話人的某種態度、情感的需要，經常用在非現實句中，如祈使句、感歎句、虛擬語氣等（除非是說話人在客觀講述某個故事）。下面是“VP 時”的一些例子：

（33）南泉便云：“王老僧初出世時，向你諸人道：‘向佛未出世時體會。’尚自不得一個半個。是伊與摩驢年得一個半個摩？”（《祖堂集》卷十四，魯祖和尚）

（34）三聖和尚令秀上座問師：“南泉遷化，向什摩處去也？”師云：“石頭作沙彌時，參見六祖。”（《祖堂集》卷十七，岑和尚）

---

① 我們在近代漢語文獻中發現了兩例“VP 次”用於非現實句的用例，具體如下：若人大路行次，己身小逕行時，縱然擬問事由，不要與他解說。（《敦煌變文·妙法蓮華經講經文（四）》）｜師每上堂云：“……決擇之次，如履輕冰；勤求至道，如救頭然。”（《祖堂集》卷八，雲居和尚）前一例“人大路行次”前面有個“若”字，後一例前文“師每上堂云”有個“每”字，似乎說明這兩例“VP 次”是用於未然的假設句和一般現在時的慣常句。仔細推敲上下文，這兩例是佛陀和禪師向弟子們講經說法的話，其實“VP 次”仍是在交代一個時間背景，後續句表達的則是在這種時間背景下弟子們應該如何行事，其中的“次”表時間的意味是很明顯的（前一例中“次”與“時”交替使用亦可說明這一點），“次”並未向假設助詞的方向虛化。

(35) 師問黃蘗侍者：“汝和尚還說法不？”對曰：“也說。”師云：“汝還聽也無？”對曰：“也聽。”師云：“說時即聽，不說時還聽也無？”對曰：“聽。”師曰：“說時即從汝聽，不說時聽什摩？”對曰：“不可無這個人也。”（《祖堂集》卷五，雲岩和尚）

(36) 又士孫體虛問：“此身從何而來？百年後復歸何處？”師曰：“如人睡時，忽然作夢，夢從何來？睡覺之時，夢從何去？”（《祖堂集》卷三，司空山本淨和尚）

下面三例是我們所找到的為數極少的“VP 次”用於人物對話中的例子，但這幾例只是說話人在描述一個事實或者想像一種場景，因此從本質上說跟用於敘述語體是一樣的：

(37) 陛下但詔淨能上殿賜座，殿後蜜（密）排五百口劍，陛下洋洋（佯佯）問法，淨能道法之次，洋洋（佯佯）振龍威。臣暗點號，五百人一時攢劍上殿，而必殺之。（《敦煌變文·葉淨能詩》）

(38) 師教僧：“去章敬和尚處，見他上堂說法次，禮拜起來，收他一隻履，以袖拂上塵，倒頭覆下。”其僧去到，一一依前師指。章敬云：“老僧罪過。”（《祖堂集》卷十四，百丈和尚）

(39) 又問：“更有什摩言句？”對曰：“有時說法了，大眾下堂次，師召大眾，大眾回首，師曰：‘是什摩？’”（《祖堂集》卷四，藥山和尚）

最後一點不同是，“時”除了加在動詞短語或主謂結構等謂詞性成分之後（構成“VP 時”），也可以加在體詞性詞成分之後（構成“NP 時”），後者如“秦時”“三更時”“今時”“是時”“此時”“彼時”“爾時”等，表示時間意義的“次”一般不會出現在這些組合中。

綜上所述，表示時間意義的“次”在句法組合、使用語境以及語體方面與“時”均存在較大差異，如果把它們的用法簡單等同起來是不可取的。那麼“次”的語義和功能究竟是什麼呢？我們認為，要探究這一問題，就不能將目光局限於“VP次”本身，而應該從語篇的層面來考察，下面我們擬針對這個問題展開詳細討論。

四 “VP次”的句法性質：體詞性（靜態性）的還是謂詞性（動態性）的？

江藍生、曹廣順（1997：69）指出，唐五代漢語的“次”用在動詞後面，表示動作正在進行，相當於“正……時”“……之時”。這一解釋與本文第一節提到的其他學者的看法略有不同。我們注意到，江先生和曹先生特別強調“次”的意義是“表示動作正在進行”，他們所舉的兩個例子是：

(40) 獻珠龍王宮，值龍覓珠次。但喜複得珠，不求珠所自。（元稹《出門行二首》詩之二）

(41) 師與鄧隱峰剗草次，見蛇。（《祖堂集》卷四，石頭和尚）

細尋文意，可以看出例（40）與例（41）存在差異：例（41）“師與鄧隱峰剗草次，見蛇”，如果把“次”理解為“時”還是講得通的，但是例（40）“值龍覓珠次”，如果把“次”理解為“時”，用現代漢語來對譯是“遇到龍尋覓珠的時候”，就不太符合今天的語感。在現代漢語中，“遇到/看到＋VP”結構中的VP經常包含“正在”“正”這些表示動作進行的時體副詞，或者包含表示動作進行狀態持續的體標記“著”“呢”，所以江先生和曹先生說“次”表示動作正在進行，大概是出於這方面的考慮。當然，例（40）出自唐詩，情況可能有點特殊，但散文作品中這樣的用例並不鮮見，除了本文第一節所舉例（12）（13）以外，又如：

（42）有康、德二僧來到院，在路上遇師看牛次，其僧不識，云："蹄角甚分明，爭奈騎牛者不識何!"（《祖堂集》卷九，涌泉和尚）

（43）師一日見僧上來立次，豎起物問："你道這個與那個別不別?"僧無對。（《祖堂集》卷十一，齊雲和尚）

（44）師行脚時，三人同行，逢見女人收稻次，問："退山路何處去?"女人云："驀底去!"（《祖堂集》卷十七，大慈和尚）①

（45）師見景岑上座在中庭向日次，師從邊過，云："人人盡有這個事，只是道不得。"（《祖堂集》卷十八，仰山和尚）

（46）師到南泉，睹眾僧參次，泉指淨瓶曰："銅瓶是境。瓶中有水，不得動著境，與老僧將水來。"（《五燈會元》卷三，五台隱峰禪師）

（47）訪龐居士，見女子靈照洗菜次，師曰："居士在否?"女子放下菜籃，斂手而立。（《五燈會元》卷五，丹霞天然禪師）

（48）一日，將𤸫和子廊下行，逢一僧問訊次，師以𤸫和子驀口打曰："會麼?"曰："不會。"師曰："大顛老野狐，不曾孤負人。"（《五燈會元》卷五，大顛寶通禪師）

在上述用例中，“VP 次”都作“見”類動詞的賓語。根據張新華（2015）的觀點，“遇”“見”“逢”“睹”等屬於典型的感知類敘實動詞，具有當下性的特徵（即現實性），而“當下性包含兩個要素：當場，感知主體與物件當下面對，可直接觸及；當時，感知行為與外部事態同時發生”，這些語義特徵要求後續句是動態進行的、具象的。試比較下面兩個現代漢語的例句（轉引

① 據孫昌武、［日］衣川賢次、［日］西口芳男《祖堂集校注》（第 742 頁注［二］，中華書局，2007 年 11 月），疑“退山”應作“徑山”，山名。

自張新華，2015)：

(49) a. 他們看著/看到小王正在座位上抽烟。

b. ＊他們看著/看到小王愛抽烟。

(49b) 中小句“小王愛抽烟”表達的不是動態性事件，而是靜態事件，這與感知類敘實動詞“看到/看著”的現實性不相符，所以句子不成立，而（49a）中小句“小王正在座位上抽烟”含有表示進行的時體副詞“正在”，表達的顯然是動態性事件。因此，在“看見”“看到”“看著”這一類動詞之後，小句必須具有現實性，在體貌上的典型表現是，小句要麼是進行體，要麼是完成體。我們再來看近代漢語的“‘見’類動詞＋VP 次”結構，我們認為，“VP 次”中的動詞同樣應該滿足“見”類動詞對於小句動態性的要求而表現為進行體。現代漢語中進行體最常見的時體標記詞就是“正在”“正”“著”“呢”，而近代漢語中的“次”在一定程度上正具有這樣的功能，這説明“次”是附在“VP”之後，而不是附在整個句子之後。① 比如例（43）“師一日見僧上來立次”的內部層次應是［師一日見［僧上來立次]]，而不是＊［［師一日見僧上來立］次]。

五 “VP 次”小句的話語功能

(一)“VP 次”小句的黏著性

我們注意到，近代漢語中基本上所有的“VP 次”小句的後

① 眾所周知，現代漢語中典型的進行體或持續體標記是“著”，但是我們不能因為近代漢語的“VP 次”具有進行或者持續的體貌特徵，就推論出“次”已完全虛化為進行體的標記。一般來講，體標記是和動詞緊密相連的，如“著”“了”等都是直接附在動詞之後，而不是附在小句末尾。而在近代漢語文獻中，情況顯然不是這樣，比如有“看經次”但没有“看次經”，有“斫木次”但没有“斫次木”，“次/之次”總是附在動詞短語或主謂結構之後。

面都接有“VP_2”，句法上不能獨立，這表現在以下三個方面。[①]第一方面，“VP次”和“VP_2”的主語共指，故“VP_2”的主語經常承前省略，在這種情況下，如果“VP次”獨立成句，“VP_2”的主語顯然就沒有了著落，如上文所舉例（1）（7a）（23）（24）。第二方面，“VP次”和“VP_2”的主語不共指（包括“VP_2”是存現句的情況），在這種情況下，“VP次”實際上是提供“VP_2”所表達的事件發生的時間背景甚至原因，如果“VP次”獨立成句的話，給人的感覺像是把話說了半截兒，沒有說完，如例（2）（3）（5）（6a）。第三方面，“VP次”出現在若干個連貫性的小句之中，它是整個完整語段的一個組成部分，也不是獨立的句子。如上文所舉例（16）（17）（38）（39）。這三方面的事實表明，“VP次”不能獨立成句是由它的從句地位決定的，“次”的功能是在話語結構中使“VP”降級為依附性小句，下文我們進一步從動詞的情狀類型和信息表達兩個角度加以闡述。

（二）從動詞的情狀類型角度看“VP次”小句的依附性

為了全面揭示“VP次”的語義和話語功能，我們認為有必要首先了解一下“VP次”中動詞的語義特點。下面我們對近代漢語“VP次”小句中常見的動詞分類列舉如下：

a）言、論、談、講、說、道、歌、唱、念、歎、語話、說話、沈吟、習讀、商量、問訊、觀、看、視、行、走、立、侍立、坐、推、升、登、上、下、過（“經過”義）、經過、騎、遊、遊行、遊戲、歇、歇息、食、吃、飲、齋、餐饌、把、持、縛、掃、睡、臥、寢、寄、宿、酴、普請、修行、朝、決擇、去（“去除”義）、受、梳裝（妝）、請、禮、

① 個別“VP次”可以獨立成句，如例（40）“值龍覓珠次”，這可能是因為是詩歌語言，受到韻律的限制。

辭、参、拜、拜辭、歌舞、賣、剗、鏟、鋤、钁、耘、栽、煎、焚、燒、炙、供養、向（"面向"義）、玩、泥（"塗抹"義）、覓、補、摘、取、盛、收、借、擇、展、洗、浴、浣、牽、賜、篩、量、泊、垂、病（"生病"義）、整（"整理"義）

b）思、念、患、惶恐、謀（迷）悶、喜樂、憂疑

c）閉、打（"擊打"義）、擊、擲、踏、斫、彈

d）作（"製作""製造"義）

e）至、歸

在上述五組動詞中，a 類動詞屬於活動體（activity）動詞，該類情狀有起始點，但活動體本身不包括終極點（雖然某個活動可被人為地終止），其基本語義特徵是動態性、持續性、無界性，這類動詞在"VP 次"中占絕大多數。b 類動詞表示心理活動，這類動詞是有動態性的（dynamic）（同時具有持續性、無界性特徵），它和顧陽（2007）所舉的認知動詞（如"懂、認識"）以及關係動詞（如"有"）等較為典型的狀態動詞（沒有動態性）是有區別的，[①] 但由於這類動詞沒有動作性（active），我們暫且把它歸入狀態體（stative）動詞。c 類動詞屬於單活動（單動作）體（semelfactive）動詞，即一般語法論著所謂的"瞬間動詞"，這類動詞的情狀特點是動態性、無界性和非持續性。需要指出的是，單活動體動詞雖然表示的是瞬間的、無自然終點的動作，在時空上表現為一個點（point），但可以通過語法手段使它延續為一系列的點，也就是說，由單活動體可以衍生出持續的活動體，這時單活動體動詞就具有了持續性特徵。[②] d 類動詞只有一個

① 關係動詞肯定沒有動態性，但認知動詞究竟有沒有動態性，現在學界有不同意見。

② 如現代漢語"敲敲、拍拍、敲著敲著、敲來敲去"等重疊形式。

“作”字，屬於完結體（accomplishment）動詞，其情狀特點是動態性、持續性和有界性。e類屬於達成（實現）體（achievement）動詞，動作的起始點即為終極點，即動作一開始就得到結果，沒有持續過程。達成體與完結體的區別在於前者沒有持續性，而後者有，其情狀特點是動態性、非持續性和有界性。通過比較可以看出，前四類動詞雖然在［±動態性］、［±有界性］方面表現出一定的差異，但其共同特點是［+持續性］，這是與最後一類動詞的最大區別。①

我們認為，近代漢語“VP次”小句的功能主要是給“VP_2”所表達的事件提供時間背景，強調“VP_2”所表達的事件的進程是在“VP次”的進程範圍之內，而前四類動詞具有持續性的特點，因而較容易進入“VP次”小句。與之相對的是，如果動詞是非持續性的，這類動詞所表示的動作在時間軸上不能佔據一定的長度，而只是一個點，這樣就無法為“VP_2”提供時間背景，這也就是達成體動詞很少進入“VP次”小句的主要原因。比如下面的例子：

(50) 雲岩見月，問師：“太好月。”師云：“還照也無?”(《祖堂集》卷十四，杉山和尚)

(51) 馬師聞師所說，從座而起。(《祖堂集》卷三，懷讓和尚)

(52) 師見禾山來僧，拈起拂子，云：“禾山還說得這個也無?”(《祖堂集》卷十二，荷玉和尚)

(53) 師提起蕨菜，問南泉：“這個太好供養?”(《祖堂集》卷十四，杉山和尚)

在這四個例句中，“雲岩見月”“馬師聞師所說”“拈起拂子”“師

① 對於動詞情狀類型的劃分，本文參考了顧陽（2007）的分類，但並不完全相同。

提起蕨菜”出現的位置與“VP 次”小句並無不同，也是位於一個禪宗語錄公案的開頭，但是句末沒有出現“次”。這裡的動詞“見”“聞”“拈起”“提起”在情狀類型上均屬於達成體動詞，“見”“聞”並沒有一個持續的過程，動作的起點就是終點，動趨式複合詞“拈起”“提起”的補語“起”同樣使得前面的動詞所表示的動作有了實現的特徵，所以它們所在的小句無法成為“VP_2”的時間背景句。據我們考察，在近代漢語中，“見”“聞”“拈起”“提起”這樣的動詞通常是出現在“VP_2”之中的。如：

(54) 師看稻次，見朗上座牽牛。師曰：“這箇牛須好看，恐傷人苗稼。”(《五燈會元》卷十三，洞山良价禪師)

(55) 難陀歡飲之次，忽然聞門外世尊語聲，向妻道：“娘子！娘子！”(《敦煌變文·難陀出家緣起》)

(56) 見新到参次，拈起拂子。(《祖堂集》卷十，鏡清和尚)

(57) 賜茶次，師提起槖子曰：“大王會麼?”曰：“不會。”(《五燈會元》卷二，扣冰澡先古佛)

例(54)尤其能説明問題，“看”和“見”的主要差異體現在情狀類型上，“VP 次”小句對於動詞的情狀類型有一定的選擇限制，使得此例中動詞“看”和“見”不能互換位置，像“*師見稻次，看朗上座牽牛”之類的句子在近代漢語中是不曾見到的。

至於主句中動詞的情狀類型，則不受到上述限制，它們可以是持續性的，如言説類活動體動詞，包括“曰”“問”“云”等，如例(4)(6a)(15)；也可以是非持續性的達成體動詞，如例(2)(24)(25)中的“起”“聞”“見”等。基於這種情況，我們可以認為“VP 次”小句是這樣實現時間背景功能的：從相對時的角度來看，它和後面的主句主要構成了一種同時關係，但是這並不意味著兩個事件的進程在時軸上擁有相同的起點與終點，而是包含與被包含的關係，它們之間的關係如下圖所示：

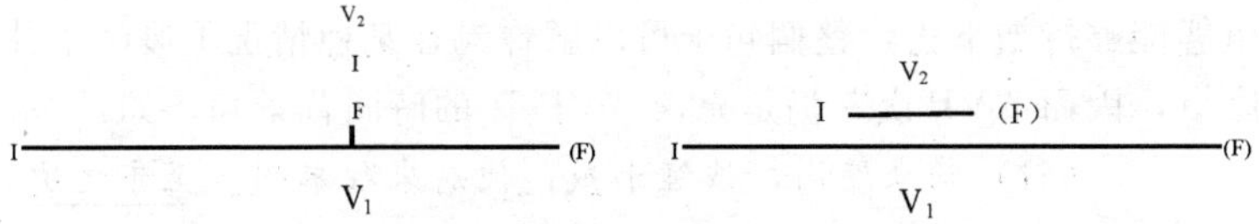

V_2 I F I (F) V_1　　　　V_2 I (F) I (F) V_1

其中 I、F 分別表示動作進程的起點與終點，（F）表示動詞本身不包含終點。左圖是當主句中動詞 V_2 為達成體動詞的情況，右圖則是當 V_2 為（言說類）活動體動詞的情況。我們注意到，主句動詞 V_2 發生的時間可以在 V_1 進程中任意滑移，並沒有一個明確的時間點。而從絕對時的角度來看，V_1 在時軸上也是不確定的。因此，除了對 V_2 進行一個相對定位之外，V_1 和 V_2 這兩個動作行為本身同樣需要時間上的參數，而對於近代漢語文獻來說，敘述的事件基本上都是過去發生的，因而在“VP 次”小句的句首或者句中，經常帶有“一日”“一夕”等提示過去時的時間詞。如：

（58）又一日行次，雪峰便問：“盡乾坤事不出一刹那，只如不出一刹那底事，今時向什摩處弁明則得？”（《祖堂集》卷十，鏡清和尚）

（59）世尊一日坐次，見二人舁豬過，乃問：“這箇是甚麼？”（《五燈會元》卷一，釋迦牟尼佛）

（60）一夕，西堂、百丈、南泉隨侍玩月次，師問：“正恁麼時如何？”（《五燈會元》卷三，江西馬祖道一禪師）

這屬於絕對時與相對時並用的情況，而“一日”“一夕”等都是事件的外部成分，與動作本身的進程並沒有關係。

e 類動詞“至”“歸”屬於典型的達成體動詞，由於本身非持續性的特點，“VP_2”所表達的事件進程並不在“VP 次”的事件進程之內，“VP 次”和“VP_2”是依次發生的兩個事件，兩者之間是順承關係，這是與前四類動詞構成“VP 次”小句的不同之處。但考慮到“VP 次”所表達的瞬間事件發生以後所造成的事態能够持續下去，整個句子可以解釋為在某種情況下發生了什麼事，因而“VP 次”仍是充當“VP_2”的時間背景句。如：

(61) 舜來歷山，俄經十載，便將米往本州。至市之次，見後母負薪，詣市易米，值舜糴（糶）於市。舜識之，便糶與之。舜得母錢，佯忘安著米囊中而去。（《敦煌變文·舜子變》）

(62) 師遊西院了，歸山次，問泯典座：“三世諸佛在什摩處?”典座無對。（《祖堂集》卷七，雪峰和尚）

例（61）“至市之次”義猶“至市之後”，例（62）“歸山次”義猶“歸山後”，“次”與“後”義近。需要指出的是，上文所舉例（16）（17）中“上法堂次”“上堂次”的“次”也相當於“後”，但其中的動詞“上”是活動體動詞，而不是達成體動詞，這該如何解釋呢？我們認為，“上”雖然是持續性動詞（表示由某一低處到達某一高處），但在這兩例中，發話人不是強調這個動作本身所持續的過程，而是將“上”壓縮成一個時點，強調“上了法堂”“上了堂”以後所持續的一段時間，所以可以表達先後相承的兩個事件。

（三）從信息表達的角度看“VP 次”小句的依附性

根據方梅（2008）的研究，小句在句法地位的等級上分為三類：自立小句、依附小句、內嵌小句。小句之間的關係緊密程度存在如下等級序列：等立 ＞ 主次 ＞ 從屬。等立指小句彼此之間相對獨立；主次則是小句有主有次，但是均不充當另一小句的句子成分；從屬小句則是一個小句以內嵌的方式充當句子成分。按照這個等級序列，近代漢語的“VP 次”屬於依附小句，它與後面的“VP_2”之間是主從關係。從信息表達的角度看，方梅先生認為：“主句為前景，表達事件程序；從句為背景，表現事件程序以外的因素，如時間、條件、伴隨狀態等等。”近代漢語“VP 次”小句在提供時間背景方面的功能上文已有較多論述，至於它在句法上與“VP_2”相比處於依附地位，也可以找到諸多證據。比如，在“VP次，VP_2”這一固定話語結構中，人物對話所提到的新信息往往出自後面的“VP_2”，而不是“VP次”本身所敘述的內容。如：

（63）共吃茶次，文殊提起茶垸子云：“南方還有這個不？”（《祖堂集》卷十一，保福和尚）

（64）清田和尚與瑫上座煎茶次，師敲繩床三下，瑫亦敲三下。（《五燈會元》卷四，清田和尚）

例（63）中，文殊問話的內容中“這個”指“茶垸子”，但並沒有問茶好不好喝等與“吃茶”有關的問題，可見“共吃茶次”屬於背景信息，並不是敘事主線所要凸顯的內容，處於依附性的地位，例（64）也是如此。

“VP_2”中有時會出現提示自身為新信息的詞。如：

（65）食粥次，忽有白虹入室，就飲其粥。（《太平廣記》卷396，“劉義慶”條，出《獨異志》）

（66）整（正）梳裝之次，鏡內忽見一人，回故而趣（覷），員（元）是聖人，從坐而起。（《敦煌變文·韓擒虎話本》）

（67）有一日普請次，有一僧忽聞鼓聲，失聲大笑，便歸寺。（《祖堂集》卷十四，百丈和尚）

（68）師侍立次，忽鴉銜一紅柿落在面前。（《五燈會元》卷九，仰山慧寂禪師）

以上例句中VP_2中都帶上了副詞“忽”，表明狀況或事態的突發性，屬於敘述過程中的信息焦點，這與前面的“VP次”小句明顯區分開來。

唐宋禪宗語錄在敘述公案的時候，“VP次”之後如果是對話形式，對話中的內容往往涉及“VP次”小句中的信息。如：

（69）師行脚次，問村路：“此路到什摩處？”（《祖堂集》

卷十六，南泉和尚）

(70) 師看經次，陳操尚書問："和尚看甚麼經?" 師曰："《金剛經》。"（《五燈會元》卷四，睦州陳尊宿）

(71) 僧掃地次，師問："作甚麼?" 僧竪起苕帚。（《五燈會元》卷十三，金峰從志禪師）

這類例子俯拾皆是，無需多舉。那麼，這是否意味著"VP 次"已經成為前景信息而不具有依附性了呢？恐怕不能這麼認為。在上面三例中，"VP 次"對於"VP_2"來說，近於順承關係或者說是比較弱的因果關係，比起純粹的時間從句與主句的關係來說，兩者之間多了一層邏輯上的聯繫。實際上，時間小句與原因、條件、假設等小句存在著天然的聯繫，比如，近代漢語的時間詞"時"發展成假設句、條件句的標誌，在德語中引導條件與時間從句的連詞都是 wenn，等等。趙元任（1979：69）曾經提出："所有表示讓步、原因、條件、時間、處所的小句，說來說去不外乎是主語。"而在禪宗語錄中，時間從句"VP 次"往往位於一段公案的開頭，充當人物對話的邏輯起點。不過，我們在前面已經說過，由於"VP 次"小句排斥未然的事件，並沒有呈現出條件從句、假設從句這樣的用法，而僅僅限於順承、原因，因而"VP 次"本質上還是時間背景句。

綜上所述，"次"在語法性質上是一個時間從句標記，它用來標明其所在的從句（"VP 次"）與後面的主句（VP_2）相比處於依附性的地位，"次"的存在使得"VP 次"不能成為一個自立小句，可以說是對原來的小句進行了降級操作；當"VP 次"用作時間從句的時候，它與後面的主句所表達的大多是同時發生的事件，個別情況下表達的則是依次發生的事件，但不管哪種情況，它在話語功能上都是表示在某種時間條件或狀況下發生了另一事件，即用來提供後面主句的時間背景信息。

六　結論與餘論

（一）結論

本文討論了近代漢語“VP次”小句的語義特徵、句法性質和話語功能，主要看法有以下四點。1）“次”並非完全等同于時間詞“時”，兩者在句法組合、使用語境甚至語體方面都存在較大差異。2）“次”在語義上側重於強調某個事件的進行，在句法上則是把“VP”降級為依附性小句，充當從句關係的標記。3）“VP次”小句對於其中動詞情狀類型的選擇有一定的傾向性，最多的是活動體動詞，其次是狀態體動詞和單活動體動詞，完結體動詞和達成體動詞最少；主句（VP_2）動詞分為（言說類）活動體、達成體兩種類型。4）在話語功能上，“VP次”小句用來提供主句（VP_2）的時間背景信息，具體來說，就是“VP次”給出了一個時間條件，一種情況，整個句子的意思是在這個時間條件下，或者在這種情況下發生了什麼事。

（二）餘論

為主句提供時間背景在漢語的不同歷史時期甚至其他語言中可以有不同的語法手段，通過將其他時間從句與近代漢語的“VP次”加以比較，可以更好地了解“VP次”的特點。根據梁銀峰（2014）的研究，上古漢語的“主＋之＋謂（＋也）”結構也經常充當主句的時間從句，這是通過在主謂結構之間添加結構助詞“之”以及在句末加語氣助詞“也”來實現的。如：

（72）楚子之在蔡也，郹陽封人之女奔之，生大子建。（《左傳・昭公十九年》）

（73）昔者神農之有天下也，時祀盡敬而不祈喜；其於人也，忠信盡治而無求焉。（《莊子・讓王》）

“楚子之在蔡也”“昔者神農之有天下也”都不能獨立成句，“……

之……也”是從句關係的標志，表達背景信息，這與“VP 次”小句的功能相似。當然，兩種從句也有明顯的不同，比如“VP 次”所表達的基本上都是動態的已然事件（參照時間是過去時），而“主＋之＋謂（＋也）”就不限於這種時態，它和後面的主句還可以表達某個客觀事實、普遍真理，或者某個格言、警句，整個主從句表示的是某種反復發生的動作行為或者慣常性的事態（時態上應看作一般現在時）。如：

（74）人之生也，與憂俱生，壽者惛惛，久憂不死，何苦也！（《莊子·至樂》。惛惛，即昏昏，指精神懵懂）

（75）鳥之將死，其鳴也哀；人之將死，其言也善。（《論語·泰伯》）

另外，“主＋之＋謂（＋也）”結構除了表時間意義外，它與後面的主句之間還可以是假設、因果、條件等關係，這些用法都是“VP 次”所沒有的。

在現代漢語裡，陳平（1987）認為，當需要表達主句的時間背景或者某個伴隨事件時，從句往往採用反指零形主語形式（指所在小句的主語承後省略）。按照方梅（2008）的觀點，小句採用零形主語反指是將小句間的關係從等立關係轉為主從關係的重要手段。如：

（76）紅著臉，他不由地多看了幾眼。

（77）愣了半天，他問了句：“曹先生沒說我什麼？”

又如，英語中的分詞或分詞的獨立結構位於句子前面，作狀語，可以表達句子的時間背景信息。如：

（78）Hearing the knock on the door, they stopped talking.

（79）The meal over, we began to work again.

此外，英語的分詞或分詞的獨立結構作狀語還可以表示原因、條件、方式等關係，這與上古漢語的“主＋之＋謂（＋也）”

結構頗有幾分類似。但是，可以明顯看到，英語的分詞在句法等級上比"主＋之＋謂（＋也）"和"VP次"小句都要低。英語的分詞結構中不能添加時間詞語，"* Hearing the knock on the door just now, they stopped talking"這種句子是不成立的，而我們在上文提到，"主＋之＋謂（＋也）"和"VP次"都可以帶"昔者""一日"之類表示先時的時間詞語。由此可見，英語中作狀語的分詞結構乃是內嵌的、從屬的，而我們討論的"VP次"小句和"主＋之＋謂（＋也）"結構都是依附性的。

〔主要參考文獻〕

艾皓德. 近代漢語以"時"煞尾的從句. 中國語文，1991（6）.

陳　平. 漢語零形回指的話語分析. 中國語文，1987（5）.

董秀芳. 論"時"字的語法化. 欽州師範高等專科學校學報，2000（1）.

段文清. "次"的時間義及其源流. 四川大學學報，1991（1）.

方　梅. 由背景化觸發的兩種句法結構：主語零形反指和描寫性關係從句. 中國語文，2008（4）.

顧　陽. 時態、時制理論與漢語時間參照. 語言科學，2007（4）.

郭　傑.《祖堂集》時間詞語研究. 上海：上海師範大學，2008.

江藍生. 時間詞"時"和"後"的語法化. 中國語文，2002（4）.

江藍生，曹廣順. 唐五代語言辭典. 上海：上海教育出版社，1997.

蔣紹愚. 唐詩語言研究. 鄭州：中州古籍出版社，1990.

梁銀峰. 上古漢語時間從句"主語＋之＋謂語（＋也）"探索//語言研究集刊：第十二輯. 上海：上海辭書出版社，2014.

劉一之. 北京口語中的"著"//語言學論叢：第二十二輯. 北京：商務印書館，1999.

田春來.《祖堂集》句末的"次". 長江學術，2007（1）.

王　慶. 說"次". 勵耘學刊（語言卷），2010（1）.

王　鍈. 唐宋筆記語辭彙釋（修訂本）. 北京：中華書局，2001.

曾仲珊. 唐詩詞語拾零. 中國語文，1983（4）.

張新華. 感知類敘實動詞研究. 語言教學與研究，2015 (1).
趙元任. 漢語口語語法. 呂叔湘，譯. 北京：商務印書館，1979.

The Temporal Clause "VP (*Zhi*) *Ci*" in Near Mandarin Chinese

Liang Yinfeng, Zhou Tao
(Department of Chinese Language and Literature,
Fudan University, Shanghai, 200433)

Abstract: The expression of "VP (*zhi*) *ci*" in near Mandarin Chinese is mainly used as temporal clause, which provides a temporal condition or temporal situation for the following main clause. Under our analysis, the semantic type of the verb in the expression "VP (*zhi*) *ci*" are subject to select activity verbs first, secondly stative verbs and semelfactive verbs, while accomplishment verbs and achievement verbs are the least infrequent. In the expression of "VP (*zhi*) *ci*", the verb are not used in the future tense. There are many differences between the word *Ci* and the temporal word *Shi* in near Mandarin Chinese. The main discourse function of " (*zhi*) *ci*" is degrading the syntactic status of VP and turn it into a dependent clause.

Key words: near Mandarin Chinese; the expression of "VP (*zhi*) *ci*" ; temporal clause

（梁銀峰、周濤，復旦大學中國語言文學系，郵編 200433）

比況助詞“來”的形成發展及其消亡*

張言軍

内容摘要：宋元時期，“來”從概數助詞又進一步發展演化出比況助詞的用法，其典型的組配格式為“N來A”。這一用法在宋元明時期還相對較為活躍，進入清代則開始走向衰落，大致在現代漢語早期退出了歷史的舞臺。致使比況助詞“來”衰落及其消亡的因素是複雜的，內因是“來”的虛化不夠徹底，制約了它組配能力的擴展，外因是隨著比況助詞系統的成熟，其他成員逐漸侵佔了“來”的分佈空間，並最終將其擠壓出了這一系統。

關鍵詞：比況助詞　來　形成機制　衰落動因

一　引　言

伴隨著概數助詞“來”使用頻率的提高，能跟它組配的詞語也越來越寬泛，大致在宋元時期，出現了一種新的表達格式，即“N來A”（N代表名詞，A代表形容詞），如：

* 本文的研究先後得到2015年度國家社科基金重大招標項目“湘與黔桂邊跨方言跨語言句法語義比較研究”（15ZDB105）、信陽師範學院2014年度青年骨幹教師資助計劃（2014GGJS－18）以及信陽師範學院博士科研啟動基金項目的資助，感謝《漢語史研究集刊》匿名審稿專家提出的寶貴意見，在此一併致謝！文中疏漏之處，概由作者本人負責。

(1) 近來愁似天來大，誰解相憐。(辛棄疾《醜奴兒》)

(2) 花帽銖來重，綃裳水樣秋。(楊萬里《觀迎神小兒社》)

(3) 到冬來朔風遍地刮，彤雲密佈合，紛紛雪片錢來大。(薛昂夫《端正好·高隱訪知音》)

(4) 一托來長的兩個機角，當間裏按一個木頭做的明珠，簸箕來大一對耳朵，十尺來長尾子，椽子粗的四條繩拴在牛車上，眾人拖牽。(《朴通事》)

(5) 那皇帝即轉後宮，把御花園裏仙桃樹上結得一個大桃子，有碗來大小，摘下放在櫃內，又抬下叫猜。(《西遊記》第四十六回)

"愁似天來大"是形容愁苦像天那麼大，"雪片錢來大"是形容雪片像銅錢那麼大，"簸箕來大一對耳朵"是形容耳朵像簸箕一樣大。其餘各例均可做相似分析，不再贅述。

"來"的上述用法有的研究者稱之為"概數助詞"（如張美蘭，2002），有的研究者稱之為"狀態助詞"（如江藍生，1995），有的研究者稱之為"比況助詞"（如田建偉，2010：45；張小豔，2000；王華，2014）。我們以為用"比況助詞"這一術語來稱呼以上例句中"來"的用法是較為合適的，同時，也便於跟現代漢語做縱向的對比。所謂"比況助詞"是指"附著在名詞性、動詞性、形容詞性詞語後面，表示比喻"的助詞（黄伯榮，廖序東，2012：32）。現代漢語中常用的比況助詞有"似的、似地、一樣、一般、般、樣"等六種（張斌，2002：329）。從古今對比的角度看，現代漢語中"來"已經不再具有比況助詞的功能，那麼一個直接的問題就是，"來"是如何演化出比況助詞功能的，這一功能又為何沒能延續下來？

目前，除田建偉（2010）對比況助詞"來"的來源及歷史發展略有說明外，其他研究者似乎並未充分關注到這一助詞的存在。如李思明（1998）對晚唐至清初這一時期比況助詞（作者在文中把“比況助詞”稱之為“比擬助詞”）的使用情況和發展趨勢，做了細緻和深入的考察。然而，較為令人遺憾的是，作者完全忽略了“來”的比況助詞功能的存在，所以在統計中並不見助詞“來”的身影。再如鄭秋娟、曹煒（2010）對晚清作品《兒女英雄傳》中的比況助詞進行了全面調查統計，指出該作品中共有“一般、似的、一樣、般、也似價、也似的、價、相似、似價、也價”等10個比況助詞。而實際上在這一作品中，“來”也還有少數比況助詞的用例，但作者也並未統計在內。如：

(6) 內中只有霍士道認識幾個字，又苦於自己看不見自己的臉，也不知他給劃拉了些甚麼，望了望那三個臉上，原來都寫著核桃來大小“笨賊”兩個字，好像掛了一面不誤主顧的招牌，待要上手去擦，兩隻手都倒剪著。(《兒女英雄傳》第三十二回)

基於上述研究現狀，我們打算在已有研究成果的基礎上，對比況助詞“來”的來源及歷時發展情況做系統的梳理，並就它的消亡嘗試作出解釋。

二 比況助詞“來”的來源及其形成機制

關於比況助詞“來”的來源，張小艷（2000）指出：“比況結構中的‘來’與概數後所附的‘來’有密切的關係，比況助詞‘來’應是由概數助詞‘來’進一步虛化而成。”田建偉（2010：45）也指出：“我們可以推斷比況助詞是由‘數詞＋量詞＋來＋形容詞’結構中的概數詞‘來’虛化而來的。”如“七八尺來深”，如果把“來”前的數量詞語替換為名詞，則就形成了“N來A”結構。我們認為二人關於比況助詞“來”的來源的判斷是正確的，但較為遺憾的是，他們的研究還稍顯粗疏，只是提出了一種猜測，並未對兩者之間的演變路徑與演變機制做具體的分析。下面我們將結合具體的材料來分析比況助詞“來”的演化途徑：

(7) 池中心小島上有小堂，置文殊像。時人呼之龍堂。池水清澄，深三尺來。(《入唐求法巡禮行記》卷三)

(8) 更煩好手鏟東阜，放出鈞台寸來許。(楊萬里《題嚴州新堂》)

(9) 我那里井都是石頭壘的，最深殺的沒一丈，都是七八尺來深。(《老乞大》)

(10) 這愁煩恰便似海來深。憂和悶卻兀的無邊岸。(關漢卿《望江亭》)

根據對歷史語料的考察，可以看出，例（7）中的“來”還是概數助詞，“深三尺來”也就是“三尺左右深”，只不過此時概數助詞“來”剛出現不久，所以在語表形式上“來”字概數結構還位於形容詞的後面。例（8）從表面看，并沒有形容詞的參與，但我們認為從語義上看，“寸來許”表達的就是一個大概的長度，即“一寸左右長”，只不過在語表形式上由於受到韻律等因素的影響，形容詞并未出現。例（9）為元代的用例，“七八尺來深”從語義上看就是“七八尺左右深”，其中形容詞已然位於“來”字概數結構的後面，而考慮到語言變化的漸變性特點，我們判斷大致在宋代“數＋量＋來＋形”這一組配格式就已存在了。而在例（10）中，隨著助詞“來”前搭配成分的逐漸泛化，[①] 對“來”的理解也在逐漸發生改變，“海來深”已經不能理解為“大海左右深”，而是“像/如同大海那般深”。

日常生活中，通常都可以使用“數量詞語＋來＋形容詞”的

① 所謂泛化，指的是詞的適用範圍擴大，可搭配對象增多。參蔣穎，2005：39—43。

表達方式來反映事物的大小、輕重、高低等狀態，但是對於一些較特殊的體驗或感覺，或者當説話人不知道、不願意、不需要説出準確的數目的時候，使用數量詞語就不是很合適，因為數量詞語只能反映數值的大小，並不能很好地傳遞出説話人特殊的主觀感受。在需要對某事物的特征進行描繪或渲染時，人們往往會選用日常生活中常見的事物來做比喻，以此突顯某種感覺/體驗的超常特徵，進而加深人們的印象。當助詞“來”前的搭配成分由數量詞而完全變為一個名詞時，由於 N 本身並不能傳遞出一個精確的數值，那説話人顯然是在用 N 來比喻另一種事物的狀態。所以，我們以為“X 來 A”組合中 X 的泛化是比況助詞“來”形成的關鍵。如：

(11) 不多時，只見刮起一陣冷風，風過處，只見一條吊桶來大的蟒蛇，連射將來，正是：人無害虎心，虎有傷人意。(元代話本《白娘子永鎮雷峰塔》)

説寫者想要傳遞的信息是，這條蟒蛇非常大，但大到什麼程度呢？粗 100 厘米，還是 200 厘米？我們以為使用任何數量詞語，都無法使聽讀者立刻感受到那種非同尋常的認知體驗。而選用日常生活中的“吊桶”來比喻則不僅十分的具體，而且也能突顯蟒蛇在“大”這一屬性上的超常狀態。在日常生活中，我們經常會用具體有形的實體去理解那些較為抽象的感覺、經驗、狀態或觀念，如“時間就是生命”，時間是看不到、摸不著的，而通過對生命的感知，可以使我們對時間有一種更具體的認識。同樣，對於一個人所受到的冤屈，是他人所難以體會，同時也是難以用具體的刻度來衡量的，此時唯有通過隱喻的方式（“天來高，地來厚，海來深，道來長”）才能把抽象的事物變得具體可感。

我們認為正是由於概數助詞“來”緊鄰語境的改變帶來了其功能和語義的變化，進而為重新分析的發生提供了可能。所謂“緊鄰語境”，是指誘發句子中各種語言成分發生演變的與之相鄰的句法位置和環境（雷冬平，覃慧嫻，李要珍，2014）。在“X來A”結構中，變量X的替換、擴展，必然使得結構中不變量“來”的語義為了與之和諧而發生不同程度的變化，這種由於語境作用而發生的改變如果變得經常化，為了適應語義的和諧，“來”的功能就會發生轉變，也就可以從概數助詞重新分析為比況助詞。由此，可以把比況助詞“來”的形成途徑圖式如下：

深三尺來 —移位→ 七八尺來深 —擴展→ 海來高

“來”表概數　　“來”表概數　　“來”表比況

三 比況助詞“來”的歷時發展

王華（2014）以《祖堂集》《元刊雜劇三十種》和《水滸傳》為考察語料，對晚唐至明初的比況助詞做了較為系統的梳理，她指出“來”用作比況助詞在宋時就已出現，在《元刊雜劇三十種》中出現8次，在《水滸傳》中出現6次。王華的文章雖是斷代的考察，但也基本反映了比況助詞“來”的歷時發展情況。不過由於受考察語料範圍的限制，作者對比況助詞“來”的發展趨勢的判斷並不太妥當，如她認為，“儘管‘來’一詞在宋元時期已出現比況助詞的用法，但往後並沒有發展下去”（王華，2014），而就我們的初步考察，比況助詞“來”一直到民國都仍有使用。那麼比況助詞“來”到底是何時衰落的，又是哪些因素導致其不能進一步向前發展的？下面我們將在更大規模語料內，對比況助詞“來”的歷時發展演變予以考察分析。

比況助詞在宋代出現，而宋元也是比況助詞使用的一個高峰時期。據張小艷（2000）考察，僅楊萬里詩中就出現了21例，如：

（12）樹恰人來短，花將雪樣看。（楊萬里《梔子花》）

（13）紫蔗橼來大，黃柑蜜不如。（楊萬里《夜飲》）

全文檢索《全宋詞》，我們發現了11條用例，如：

（14）鏡圓明，冰樣潔，水來清。良宵難值如許，何惜且留賓。（李曾伯《水調歌頭·碾就一輪玉》）

（15）屈指家山，匆匆又數今朝過。客情那可。愁似天來大。煙雨濛濛，細浥輕塵墮。（廖行之《點絳唇·屈指家山》）

宋元話本小說中出現2條用例，① 如：

（16）自古妻賢夫禍少，做出事比天來大。（《快嘴李翠蓮記》）

（17）便走到土庫門前，見一具胳膊來大三簧鎖，銷著土庫門。（《宋四公大鬧禁魂張》）

《元刊雜劇三十種》中，比況助詞“來”出現8次，如：

（18）這供愁的景物好依時月！浮著個錢來大綠嵬嵬荷葉。（關漢卿《閨怨佳人拜月亭》）

（19）據他那阿鼻罪過天來大，得個人身也不虧他。（鄭廷玉《看錢奴買冤家債主雜劇》）

（20）怎敢和大唐皇帝做對門家！若是兒家、女家有爭差，有碗來大紫金瓜，我其實怕他！大奶子休唬小娃娃！（張國賓《薛仁貴衣錦還鄉記雜劇》）

王實甫《西廂記雜劇》中比況助詞“來”出現3次，如：

（21）老夫人謊到天來大；當日成也是您個母親，今日敗也是您個蕭何。

（22）昏鄧鄧黑海來深，白茫茫陸地來厚，碧悠悠青天來闊。

---

① 我們共檢索了《碾玉觀音》《錯斬崔寧》《簡帖和尚》《快嘴李翠蓮記》《宋四公大鬧禁魂張》《萬繡娘仇報三亭兒》六種話本小說。

全元南戲中，[1] 共發現 5 條用例，如：

(23) 慣戰武藝多瀟灑，從來賊膽天來大，蛟龍猛虎離山窩，聞風那個不驚怕？(《幽閨記》)

(24) 誰慣得如今，膽似天來大！你向咱行說個甚麼？你向咱行說個甚麼？(《宦門子弟錯立身》)

《元刊全相平話五種》中，共發現 2 條用例。如：

(25) 道念其間，從水上流下一片大石，如席來大小，更青紅碧綠，至姜尚面前自住。(《武王伐紂平話卷中》)

(26) 仲相抬頭，覷見紅漆牌上，書著簸箕來大四個金字："報冤之殿"。(《三國志平話卷上》)

這一時期，雖然比況助詞"來"的整體使用頻率較高，但分佈並不均衡，在其他七種文獻中[2]就並未發現它的用例。

明代文獻，我們主要考察了《三國演義》《西遊記》《水滸傳》《金瓶梅詞話》《初刻拍案驚奇》《型世言》以及《雲中紀變》《雲中事記》《玉堂叢話》《五雜俎》《松窗夢語》《七修類稿》等 12 部作品，只在《西遊記》《水滸傳》《金瓶梅詞話》和《初刻拍案驚奇》4 部作品中發現了比況助詞"來"的用例。

《西遊記》中，比況助詞"來"共出現 27 條用例。如：

(27) 悟空撩衣上前，摸了一把，乃是一根鐵柱子，約有斗來粗，二丈有餘長。(第三回)

(28) 忽喇的一聲，把公案推倒，耳中取出寶貝，幌一幌，碗來粗細，一路解數，直打出御馬監，徑至南天門。(第四回)

---

① 全元南戲包括了《小孫屠》《荊釵記》《幽閨記》《白兔記》《殺狗記》《蔡伯喈琵琶記》《張協狀元》《宦門子弟錯立身》等八種。

② 包括《大唐三藏取經詩話》《五代史平話》《遊宦紀聞》《大宋宣和遺事》《續夷堅志》《桯史》《古尊宿語錄》。

（29）那燈有缸來大，上照著玲瓏剔透的兩層樓閣，都是細金絲兒編成。（第九十一回）

《水滸傳》中，比況助詞“來”共出現7次，[①] 如：

（30）頭帶一頂熟鋼獅子盔，腦後斗大來一顆紅纓；身披一副鐵葉攢成鎧甲，腰繫一條鍍金獸面束帶，前後兩面青銅護心鏡。（第十三回）

（31）武松搶過林子背後，見一個金剛來大漢，披著一領白布衫，撒開一把交椅，拿著蠅拂子，坐在綠槐樹下乘涼。（第二十九回）

（32）戴一頂渾鐵打就四方鐵帽，頂上撒一顆斗來大小黑纓，披一付熊皮砌就嵌縫沿邊烏油鎧甲，穿一領皂羅繡就點翠團禿袖征袍。（第六十七回）

《金瓶梅詞話》中，比況助詞“來”共出現了10次。如：

（33）撲地一聲，跳出一隻吊睛白額斑爛猛虎來，猶如牛來大。（第一回）

（34）我若負了你情意，生碗來大疔瘡，害三五年黃病。（第八回）

（35）經濟道：“不瞞你老人家說，我與六姐相交，誰人不知？生生吃他信奴才言語，把他打發出去，才乞武松殺了！他若在家，那武松有七個頭八個膽，敢往你家來殺他？我這仇恨，結的有海來深！六姐死在陰司裡，也不饒他！”（第九十二回）

《初刻拍案驚奇》中，比況助詞“來”僅出現1次，如：

（36）這數十丈長、斗來大的東西，反纏死在尺把長、指頭大的東西手裡，所以古語道“卿蛆甘帶”，蓋謂此也。（卷三）

---

① 這一數據轉引自曹煒（2009：114－115）。

從對歷史文獻材料的考察來看，認為比況助詞“來”在這一時期已經衰落顯然是不太合適的，特別是在《西遊記》一部作品中就運用了27次，跟前期相比，足以證明比況助詞“來”在這一時期的發展還是較為平穩的。

清代文獻，我們檢索了《紅樓夢》（前80回）、《兒女英雄傳》《綠野仙蹤》《儒林外史》《七劍十三俠》《飛龍全傳》《十二樓》以及《浮生六記》《豆棚閒話》等9部作品，僅在《兒女英雄傳》和《七劍十三俠》中發現了比況助詞“來”的用例。

《兒女英雄傳》約54萬字的篇幅中，比況助詞“來”共出現6例。如：

(37) 這個縣官一進門，就看見正面牆上寫著碗口來大的兩行字，看了看，倒有一大半子不認得，只得叫過個書辦來念了一遍，聽了聽，也猜不透怎麼個意思。（第十一回）

(38) 公子打開一瞧，只見裏面是五寸來長一個鐵筒兒，一頭兒鑄得嚴嚴的，那頭兒卻是五個眼兒，都有黃豆來大小，外面靠下半段有個鐵機子。（第三十一回）

《七劍十三俠》中，比況助詞“來”僅出現1次。如：

(39) 守山虎正望外走，忽見對面屋上拋下一個火球，有碗口來大，直向自己面門打來，不覺一驚，望後便退。（第九十八回）

進入民國時期，比況助詞“來”仍有少量用例，如：

(40) 羅福握著一團欲火，真是色膽天來大，爬到下女門口，端開門。（《留東外史》第二十四章）

(41) 五個斗來大的字，上款是“唐天鳳元年建，元皇慶年間重修，大明洪武十二年臣朱鈞太祖從侄再修”。（《明代宮闈史》第六十四回）

比況助詞“來”在使用中最常見、最典型的組合形式是“N來A”，通常它不需要跟其他比況動詞搭配，但我們也發現個別用例中“來”前出現了與之協同的比況動詞，如“似火盆來熱”(《金瓶梅》)“似天來大”（辛棄疾《醜奴兒》)。此外，在《水滸傳》中還發現了“斗大來”(第十三回）以及“金剛來大漢”(第二十九回）這樣兩例“NA來”“N來N”的組合。不過從整體使用情況來看，“N來A”以外組合的用例並不多見。

從對歷史文獻的觀察來看，進入“N來A”格式中的N只能是日常生活中十分常見的事物，這樣大家對它的認識也最為深刻，便於用來做喻體，如果是抽象的或大家接觸不多的事物，用來做喻體，反而不能取得預想的效果。從語料來看，出現頻率比較高的事物有：天、指頭、黄豆、斗、胳膊、碗、缸、燈、吊桶、核桃、米、席、琵琶等。

而進入“N來A”格式中的A也同樣受到較為嚴格的限制，一般只能是“大、高、遠、重、深、長”等正面形容詞，抑或“大小、粗細、長短”等表面上看是並列結構，而實際上是偏向“大、粗、長”那一段的偏義複詞。僅在楊萬里詩中發現一例(“樹恰人來短”）使用負面形容詞的組合。

四　比況助詞的衰落及其動因

王華（2014）指出：“就其整體趨勢而言，比況助詞由10世紀的‘一般’‘相似’‘樣’三種拓展到了14世紀的‘一般’‘般’‘也似’‘相似’‘似’‘樣’‘來’‘價’八種。”而到了現代漢語中，常用的比況助詞僅有“似的、似地、一樣、一般、般、樣”等六種（張斌2002：329)。由此可以看出，自14世紀以來，比況助詞在近代漢語後期仍經歷了一個比較大的變化，既產生了一些新的比況助詞，也淘汰了一些舊的比況助詞，而“來”就屬於被淘汰的成員。那麼在比況助詞系統的調整中，為什麼“來”會衰落並消亡了呢？下面對這一問題嘗試作出解答。

從前文對歷史語料的調查來看，比況助詞“來”一直沿用到民國時期，但這並不證明“來”在此之前一直都是一個活躍的比況助詞。根據我們的考察，比況助詞“來”進入清代就已經開始衰落了，主要表現有兩點。其一是使用的頻率，在抽取的約350萬字的語料中，“來”作為比況助詞僅出現7次，還不及南宋時期楊萬里一人詩歌中的用例。其二是明代以來，比況助詞“來”已經失去了能產性，典型表現是進入“N來A”格式中的形容詞越來越少，僅限於“大、深、粗”等幾個，而其中“大”的用例又占了近80%以上，而能進入“來”字比況結構的名詞也越來越固定，常常為“天、碗口、斗”等幾個名詞。這些都說明，自明代以來，比況助詞“來”已然失去了能產性，而一個詞語一旦在使用上失去活力，它的衰落乃至消亡也就是情理之中的事了。田建偉（2010：45）認為比況助詞“來”在明清時期已經開始消退，根據我們對歷史材料的考察，比況助詞“來”應是在清代開始衰落，並在現代漢語早期退出了歷史的舞臺。關於比況助詞“來”的衰落乃至消亡，其動因大致有以下幾點。

其一，比況助詞系統越來越成熟，其成員也越來越豐富，這為人們提供了更多的選擇。正如王華（2014）所指出的，從10世紀到14世紀，漢語比況助詞系統內部的成員越來越豐富，從3種擴展到8種，這就為言語表達提供了更多的選擇和可能性。而從這些比況助詞的發展來看，“來”經歷宋元明時期的一個小高峰之後就失去了向上發展的驅動力，在其他助詞不斷提升自己使用頻率的同時，“來”的使用頻率卻呈下降的趨勢，在別的比況助詞擴大組合功能的時候，“來”的組配能力卻越來越僵硬。根據曹煒（2009：115）的統計，在《水滸傳》中比況助詞“也似”使用76次，“一般”使用65次，“般”使用32次，“相似”使用25次，“價”使用14次，“似”使用7次，“來”使用7次，“來”在所有比況助詞中的使用頻率僅為3.1%。換言之，伴隨著其他比況助詞的崛起，“來”的使用空間越來越受到擠壓。而人們在言語表達中也經常會受到“從眾”心理的影響，當一個詞在系統中越來越邊緣化的時候，人們使用它的幾率也會越來越小，在這些因素的影響下，“來”被淘汰出局也就是情理之中的事了。

其二，受語言經濟原則的制約，每個比況助詞要想在系統中得以存續，就必須佔領屬於自己的表達空間，否則失去了獨特性的個體就很容易被其他助詞給擠壓出去。而“來”的退出就跟它特性的缺乏是直接相關的。“來”作為比況助詞，通常只能進入“N來A”的組合格式中，N不能被名詞以外的詞語所替換，而“一般”“也似”等比況助詞前的成分，卻既可以是名詞性詞語，也可以是謂詞性詞語。這樣一來，“來”所具有的，別人也有，而別人具有的，“來”卻沒有。也就是說，“來”在系統中失去了自己的特性，這樣，在比況助詞系統的調整中，“來”被淘汰也就是早晚的事了。

其三，比況助詞“來”虛化的不夠徹底，因此，當比況助詞系統逐漸成熟以後，“來”相對於其他助詞的局限性就越來越明顯，這也是造成其被淘汰的重要因素。根據李思明（1998）的考察，比況助詞系統是在晚唐宋代時期萌芽，到元明時期逐漸成熟，而後在清初進入更高級階段。對照比況助詞系統的發展，“來”在系統萌芽時期演化為一個比況助詞，在此階段由於其他助詞的發展也並不成熟，所以“來”的局限性並沒有得到彰顯，而等到系統進入成熟期以後，“來”的局限性逐漸突顯出來，最突出的表現就是對進入比況結構“N來A”中詞語的限制過於嚴格，導致格式的能產性極低，很不方便人們的使用。以進入該結構的形容詞而言，僅有“大、高、深、厚、長、遠”等幾個，而進一步觀察，我們就會發現，比況助詞“來”的這一特點明顯是受到了概數助詞的影響，即進入格式的形容詞一般都須能夠受到數量詞語的修飾，而那些不能用數量詞語來量化的形容詞，即使是日常生活中極其常用的，也不能進入“N來A”比況結構。如“漂亮、快、美、好、安全、安逸、燦爛、飽滿、純潔”等都是漢語中較為常用的形容詞，但是這些形容詞都無法接受數量詞語的修飾（只能說“很漂亮、特別漂亮”，但不能像“一丈高、二尺高”這樣可以用具體的數量詞語來修飾），所以也就限制了它們跟比況助詞“來”的搭配。這也從另一個方面說明，“來”並不是一個虛化徹底的比況助詞，源功能（即概數助詞）對它的影響還十分明顯，所以和其他虛化徹底的比況助詞相比較，也就失去了競爭的優勢。

五 結 語

本文從歷時的角度，對比況助詞“來”的形成以及動態發展做了考察分析。通過對歷時語料的考察，可以看出，概數助詞“來”在宋元時期由於緊鄰語境的改變帶來了其功能和語義的變化，進而被重新分析為表示比喻的比況助詞。比況助詞“來”形成之後，經歷宋元一個向上發展的階段後，明代其組配功能開始固化，進入清代，其功能就已經開始衰落，並最終在現代漢語早期退出了歷史的舞臺。致使比況助詞“來”消亡的因素有多種，但總的來看，既有內因，也有外因。內因是“來”的虛化不夠徹底，制約了它組配能力的擴展，外因是隨著比況助詞系統的成熟，其他成員逐漸侵佔了“來”的分佈空間，並最終將其擠壓出了這一系統。

〔主要參考文獻〕

曹煒.《水滸傳》虛詞計量研究. 廣州：暨南大學出版社，2009.

黃伯榮，廖序東. 現代漢語：下冊. 北京：高等教育出版社，2012.

江藍生. 吳語助詞“來”“得來”溯源. 中國語言學報，1995 (5).

蔣穎. 漢語名量詞虛化的三種機制. 雲南師範大學學報，2005 (1).

雷冬平，覃慧嫻，李要珍. “無比”副詞化的動因、機制及其功能擴展研究. 語言教學與研究，2014 (6).

李思明. 晚唐以來的比擬助詞體系. 語言研究，1998 (2).

田建偉. “來、去”的語法化演變動因與機制. 廣州：暨南大學，2010.

王華. 晚唐至明初漢語比況助詞句法特點的發展演變. 蘇州大學學報(哲學社會科學版)，2014 (6).

張斌. 新編現代漢語. 上海：復旦大學出版社，2002.

張美蘭. 從漢語比擬句式結構的發展看名詞性偏正結構的構成. 漢語學習，2002 (1).

張小艷. 楊萬里詩助詞“來”的用法研究. 湖州師範學院學報，2000 (4).

鄭秋娟，曹煒.《兒女英雄傳》比況助詞計量研究. 蘇州科技學院學報(社會科學版)，2010 (4).

The Evolution of the Comparative Words "*Lai* (来)"

Zhang Yanjun

(School of Liberal Arts, Xinyang Normal University, Xinyang, 46400)

Abstract: During Song and Yuan Dynasty, the auxiliary of approximate number "*lai*" further evolved a new function—the auxiliary with figurative signification, whose typical equipping format is "N *lai* A". This usage frequently appeared in the discourse of Song, Yuan and Ming Dynasties, while it was on the wane during Qing Dynasty, and disappeared from the scene in approximately Modern Chinese. The factors that lead to its decline and demise are complicated. The internal factor is that "*lai*" is empty and incomplete, which restrains its capacity of distribution. The external factor is that, with the maturation of the comparative words system, "*lai*" was gradually encroached by other comparative words and finally was squeezed out of the system.

Key words: comparative word; *lai*; formation mechanism; fading motivation

（張言軍，信陽師範學院文學院，郵編 464000）

中古漢譯佛經被動式使用頻率再議*

——以中古7部般若經為考察基點

高列過

内容摘要：考察7部般若部異譯經的被動式，再結合相關研究成果，可以發現：漢譯佛經被動式的使用頻率與中土文獻相比，孰高孰低，目前尚難以斷定；漢譯佛經的被動式，與佛經原文的被動句沒有絕對的對應關係。

關鍵詞：被動式　使用頻率　漢譯佛經　同經異譯

一　引　言

佛經翻譯史上，不少佛典不止一次被翻譯成漢語，不同譯者所譯出的不同譯本被稱為同經異譯。南朝梁僧祐《出三藏記集》卷二（1995：65）"新集條解異出經錄"云："異出經者，謂胡本同而漢文異也。"同經異譯佛典的語言，很早就引起了學者的關

* 本文為2009年度浙江省哲學社會科學規劃課題"中古譯經被動式演變研究——以般若部7部譯經為中心"（項目編號：09CGZY003YBX）的系列成果之一。本文初稿曾在第七屆漢文佛典語言國際學術研討會（貴州師範大學，2013年8月）宣讀，承蒙曹婷、陳淑芬、陳秀蘭、顧滿林、姜南、盧鷺、朱冠明等諸位先生指教。論文寫作得到方一新、王雲路、俞理明三位先生的悉心指導。在此統致謝忱。文中錯謬概由本人負責。

注，其中最受關注的是般若部異譯經。同經異譯佛典之間的用語差異，蘊含了豐富的漢語應用和演變的信息。

般若經有大品、小品之分。“大、小品般若基本上構成了漢譯般若經的整個框架。”八千頌梵本的漢譯本，一般稱作“小品般若”，二萬五千頌梵本的漢譯本，一般稱作“大品般若”（胡敕瑞 2004）。

般若經數量很多。呂澂（1980：24）統計般若部譯經有 77 部，877 卷，約佔全部 2790 卷漢文大藏經的 31％。蔡宏（2003：237）的統計數據是：“般若部系的經典，總共七百三十六卷，佔漢譯全藏（五千零四十八卷）的七分之一。”《大正新脩大藏經》般若部收錄譯經凡 42 部，776 卷，其中唐玄奘譯《大般若波羅蜜多經》就有 600 卷之多。

般若部譯經的語料價值非常突出：譯者及翻譯時代明確，語料可靠；卷帙浩繁，資料充分；經文既有佛教義理闡釋，亦有佛教故事，內容豐富；從東漢到唐代，異譯本層出不窮，且都完整保留至今；各個異譯本的譯者，既有各個時代的著名翻譯家，如支婁迦讖、支謙、竺法護等，更有鳩摩羅什、玄奘等翻譯大師；譯本品質較高，語言風格各有特色，在不同程度反映了當時漢語的面貌、譯文原典及其他因素的影響，利於進行對比研究。

有關般若部異譯經的對比研究，上世紀 20 年代，梁啟超《佛學研究十八篇》就已開啟先河①。80 年代以來，更是受到學界的廣泛關注。王文顏（1984）、楊如雪（1997）、辛島靜志（2001）；胡敕瑞（2004a；2004b）、季琴（2004；2007；2013）、陳文傑（2008）、劉敬國（2011）等，都以般若部譯經為例，對

① 梁啟超《佛學研究十八篇》（上海古籍出版社，2001 年，188－196 頁）“譯學進步之影”一節，對比《道行般若經》《大明度無極經》《摩訶般若鈔經》《小品般若經》《大般若經·第四分》五部佛經的三組相對應段落。

翻譯學、文獻學、漢語詞彙、漢語語法等諸多領域的相關問題進行探討（高列過 2013）。

漢魏六朝時期是漢語被動句式發展的重要時期，這一時期出現的幾種般若經，在被動句式的使用方面，同中有異。筆者對比了中古 7 部般若部異譯經的被動式，發現這 7 部譯經被動式的使用頻率差異很大，相關段落能夠對應的被動式並不多。仔細分析這些現象，有助於深化目前對漢譯佛經被動式使用頻率的認識。

7 部譯經分別是小品般若的 4 個異譯本、大品般若的 3 個異譯本。簡介如下①：

小品般若系列：《道行般若經》，一名《般若道行品經》，東漢光和二年（公元 179 年）支婁迦讖在洛陽譯出，是最早傳入中國的般若經典；《大明度經》，一名《大明度無極經》，三國吳支謙於公元 223—252 年間在東吳譯出；②《摩訶般若鈔經》，一名《摩訶般若波羅蜜經鈔》，前秦建元十八年（公元 382 年）曇摩蜱、竺佛念譯出，譯經地點應該是在長安；③《小品般若波羅蜜經》，後秦弘始十年（公元 408 年）鳩摩羅什在長安譯出。

① 主要參照了呂澂《新編漢文大藏經目錄》24 頁（齊魯書社，1980 年）和［南朝梁］僧祐《出三藏記集》（1995）的相關內容。

② 《大明度經》的具體翻譯時間，佛教典籍沒有明確記載。［南朝梁］僧祐《出三藏記集》卷二列舉包括《大明度經》在內的支謙譯經，“右三十六部，四十八卷，魏文帝時，支謙以吳主孫權黃武初至孫亮建興中所譯出”。據此推斷，《大明度經》是在公元 223—252 年間譯出的。而關於這部經的譯者，《出三藏記集》卷二即認為是支謙所譯，學者多從之。但 Lews R. Lancaster（1969）考證認為，今藏經所存的是安玄所出。美國學者那體慧（Jan Nattier，2008）則認為，《大明度經》可以分為兩部分：第一品和第二品—第三十品。第一品譯者不能確定；第二品—第三十品極有可能是支謙翻譯的。史光輝（2013：164－166）認為該經是支謙譯經。

③ ［南朝梁］僧祐《出三藏記集》卷八《摩訶鉢羅若波羅蜜經抄·序》：“會建元十八年，正車師前部王名彌第來朝。其國師字鳩摩羅跋提，獻胡《大品》一部，……天竺沙門曇摩蜱執本，佛護為譯，對而檢之，慧進筆受。”前秦都城在長安，“來朝”之言，指其抵達長安。下文未述譯經地點，當是承上省略。

大品般若系列：《光讚般若經》，一名《光讚經》，西晉太康七年（公元 286 年）竺法護在長安譯出；《放光般若經》，西晉元康十年（公元 291 年），無羅叉、竺叔蘭在陳留界內倉垣水南寺譯出；《摩訶般若波羅蜜經》，後秦弘始五—六年（公元 403—404 年）鳩摩羅什於長安譯出。

二 7 部般若部異譯經被動式概貌

中古 7 部般若部譯經有 350 例被動式，其中的句式分佈，既反映了中古漢語被動式發展的潮流，也具有漢譯佛經的特色。

(一) 與漢魏六朝被動式發展潮流一致

唐鈺明（1987）、柳士鎮（1992）、張延俊（2010）、朱冠明（2013）等的研究表明，漢魏六朝時期，“為 A 所 V”是應用最廣的被動式；“為 AV”“為 V”東漢時期應用已不多，但前者比後者稍多一些；“V 於 A”式、“見 V”式已經衰落；“被”字式被動句 5 世紀初逐漸多起來，公元 600 年前後才完全成熟。

7 部般若經 350 例被動式的句式分佈，與漢魏六朝被動式發展的潮流一致。“為（A）所 V（O)”使用廣泛，“為 A 所 V”式 217 例，“為 A 所 VO”式 3 例，“為所 V”式 5 例，共計 225 例，約為 350 例被動式的 64.3%，佔絕對優勢地位。“為 AV(O)”式 18 例，僅佔 5.1%；“為 V”8 例，僅佔 2.3%；“V 於 A”4 例，僅佔 1.1%；“見 V”2 例，僅佔 0.6%；“被”字式，僅 5 例，佔 1.5%，且都是尚處於被動式萌芽狀態的“被 V”式。

(二) 具有漢譯佛經的特色

中古漢語的一些被動式，有些在漢譯佛經中大量使用，但在中土文獻中卻使用得比較少。比如“A所V（O）”式[①]、“為A之所V（O）”式、“A之所V”式[②]、“為A所見V”式、“A所見V”式[③]。

7部般若經，“A所V（O）”55例，約佔15.7%，是僅次於“為A所V”的被動式；“為A之所V（O）”15例，約佔4.3%，另外還有3例變式“A之所V”；“為A所見V”5例，約占1.4%，另外還有3例變式“A所見V”。還有7種句式，只有1個用例。

最多的是變換“為A所V”式形成的被動式。動詞相同，施事者不同，如“為A1所V，A2所V”式：

1）復次，須菩提！菩薩摩訶薩觀人壽終，遭是寒熱日炙風飄，死至一日，若至二日、三日、四日、五日、六日、七日，為鳥烏所食，狐、狼、熊、羆、虎、豹、鵄、梟、狗犬所食，無央數蟲從其身出還食其體。（《光讚般若經》卷七，8/193c[④]）

又如“為A1所V乃至A2所V”式：

2）是善男子、善女人為阿耨多羅三藐三菩提故，有諸信忍、淨心深心、欲解捨精進，爲深般若波羅蜜所護，乃至

① 朱慶之《漢譯佛典中的“所V”式被動句及其來源》（《古漢語研究》1995年第1期）、何亮《漢譯佛典中“所V”式被動句來源小議》（《古漢語研究》2007年第3期）都指出“A所V”式在漢譯佛經中使用得較多。

② 柳士鎮（1992：322）認為：“為A之所V”被動式“至漢末魏晉南北朝佛經翻譯盛行時才迅速多見起來”。

③ 朱慶之《“R為A所見V”被動句式的厘定——兼談李密〈陳情表〉之“所見明知”》（《古漢語研究》2013年第4期）摘要指出，“R為A所見V”是中古漢語，尤其是中古佛教漢語使用過的一種特殊的被動句式。

④ 本文漢譯佛經引例以日本《大正新脩大藏經》為底本，筆者自行標點。“8/193c”表示《大正新脩大藏經》第八冊193頁第三欄。下依此類推。

一切種智所護。(《摩訶般若波羅蜜經》卷十五，8/329c)

又如“(不)爲A1乃至(不)爲A2所V”式：

3) 是人不知此岸、不知彼岸，是人不爲檀那波羅蜜，乃至不爲一切種智所護故，墮聲聞、辟支佛地，不能到薩婆若。(《摩訶般若波羅蜜經》卷十五，8/330c)

動詞不同，施事者相同，如“為A所V1所V2所V3”式：

4) 舍利弗，我法盛時無有滅相。北方若有乃至書寫受持供養般若波羅蜜者，是人亦為佛眼所見、所知、所念。(《小品般若波羅蜜經》卷四，8/555a—b)

動詞不同，施事者也不同，一組被動式並列使用，如“為A1所V1、A2所V2、A3所V3、A4乃至A5所V4”式：

5) 善男子、善女人受持般若波羅蜜乃至正憶念，書持經卷，花香供養乃至幡蓋，是人為父母所愛，宗親知識所念，諸沙門婆羅門所敬，十方諸佛及菩薩摩訶薩、辟支佛、阿羅漢乃至須陀洹所愛敬，一切世間若天、若魔、若梵及阿修羅等皆亦愛敬。(《摩訶般若波羅蜜經》卷九，8/289a)

除變換使用“為A所V”式外，還把“為A之V”“為A見V”這兩種被動式疊加起來，形成“為A之見V”式：

6) 凡夫愚闇不能得知賢聖之法，又亦不知所有無所有之法，為四顛倒之見侵欺，作若干行得若干報，便有五趣生死。(《放光般若經》卷十九，8/139a)

誤用“V於A”，形成“於V”式：

7) 其人終不橫死、終不中毒死、終不於溺死、終不兵死。(《摩訶般若鈔經》卷二，8/515c)

變換中土固有被動式而形成的新被動式，在漢譯佛經中用例往往很少。這種情形漢譯佛經比較常見。[①]

總之，7部般若經的被動式，集中體現了中古漢譯佛經被動式的特點。

三 7部般若經被動式對比

對比7部般若經被動式的使用情況，我們發現有兩點值得關注：

（一）被動式使用頻率懸殊

漢譯佛經被動式的使用頻率是學術界關注的熱點之一。筆者所統計的7部般若經，被動式使用頻率最高的是《小品般若波羅蜜經》，為0.967‰[②]；頻率最低的是《光讚般若經》，為0.142‰，相差極大。如下表所示：

佛經	卷數	字數（約數）	被動式用例	頻率
道行般若經	10	85800	45[③]	0.524‰
大明度經	6	54800	28	0.511‰
光讚般若經	10	98500	14	0.142‰
放光般若經	20	251800	62	0.246‰
摩訶般若鈔經	5	46600	32	0.687‰
摩訶般若波羅蜜經	10	341000	91	0.267‰
小品般若波羅蜜經	27	80700	78	0.967‰
合計	88	959200	350	0.368‰

① 高列過《東漢佛經的特殊語言現象及成因》（2005）列舉了"為A所V1所V2"式、"為A而所V"式、"為A而V"式、"A之所V"式等東漢譯經的特殊被動式。

② 0.967‰，每千字有0.967個被動式。

③ 方一新、高列過《東漢疑僞佛經的語言學考辨研究》"附錄三：語法資料"統計《道行般若經》被動式為40例（人民出版社，2012年，第418頁），筆者重新統計後，應為45例。

(二）相對應段落都使用被動式的很少

我們對比了7部般若部異譯經中相近、相同語境下被動式的使用情況，發現相對應段落都使用被動式這類情況，並不多見。更常見的，是有的使用被動式，有的不使用被動式。

其一，相對應段落都使用被動式。

小品般若系列的4部譯經相對應段落都使用被動式的，我們只發現了9組。舉2組如下：

8a）佛語須菩提："以為魔所中。是男子、女人不信不樂，用是二事故，能斷深般若波羅蜜。"（《道行般若經》卷三，8/441c）

8b）佛告："斯士女無戒，為邪所中故，不樂深經，以斯二事斷明度矣。"（《大明度經》卷三，8/488b）

8c）佛語須菩提："以為魔所中，是善男子是善女人不信不樂。用是二事故，能斷深般若波羅蜜。"（《摩訶般若鈔經》卷三，8/523b）

8d）"世尊，若人誹謗拒逆深般若波羅蜜有幾因緣?""須菩提，是癡人一為魔所使，二於深妙法不信不解。"（《小品般若波羅蜜經》卷三，8/551b）

這一組，都使用了"為A所V"式。

9a）善男子善女人書般若波羅蜜，於四部弟子中說時，其心都盧無所難。若有形者，欲若試者，終不畏。何以故?般若波羅蜜所擁護故。(《道行般若經》卷二，8/434c)

9b）若於四部弟子中說經時，其心無所難，若形試者終不畏。何以故?明度所護，凶試者去。（《大明度經》卷二，8/485a)

9c）善男子善女人，於四輩弟子中說般若波羅蜜，其心都無所難，若形試者終不畏。何以故?為般若波羅蜜所擁護，其所形試者便即而去。（《摩訶般若鈔經》卷二，8/

516c)

9d) 是善男子善女人於四眾中說般若波羅蜜時，其心不畏有來難問及詰責者。何以故？是人為般若波羅蜜護念故，不見有人得般若波羅蜜短者，般若波羅蜜亦無短可得。(《小品般若波羅蜜經》卷二，8/544b)

這一組，分別使用了“A 所 V”“為 A 所 V”“為 AV”三種句式。

大品般若系列 3 部譯經相對應段落能夠對應的被動式，我們只發現了 1 組：

10a) 已能獲致等諸法者，則能得立等諸眾生，一切諸法應時現在，則為佛世尊所見愛敬，及諸開士、一切聲聞、緣覺所見欽奉。然復在在所生處，目未曾見不可之事，耳不聞惡聲、鼻不聞臭、口無惡味、身無麁堅、心無邪法。(《光讚般若經》卷二，8/160c)

10b) 已得諸法等，便能等意於一切法，便為現在諸佛、菩薩、羅漢、辟支佛之所愛敬，所在生處，眼終不見惡色、意初無惡念，行般若波羅蜜，菩薩終不耗減於阿耨多羅三耶三菩。(《放光般若經》卷二，8/10a)

10c) 是菩薩摩訶薩現世為十方諸佛所愛念，亦為一切菩薩、一切聲聞、辟支佛所愛念。是菩薩在所生處，眼終不見不愛色，乃至意不覺不愛法。(《摩訶般若波羅蜜經》卷二，8/229b)

整體來看，7 部般若經中相對應段落都使用被動式的有 10 組例句，共計 39 句。

其二，相對應段落有的譯本使用被動式，有的沒有使用被動式。

首先看小品般若 4 部異譯經的對比情況：

11a) 忉利迦翼天人……便復持天華若干種，四面散佛

上。佛言："其有行般若波羅蜜者，守般若波羅蜜者，亦不為魔及魔官屬所得便。"(《道行般若經》卷二，8/434a)

"為魔及魔官屬所得便"是"為A所VO"被動式。

11b) 忉利迦翼天子……復持雜華四散佛上，曰："其有求者、守者，終不為邪眾所害也。"(《大明度經》卷二，8/484c)

"為邪眾所害"是"為A所V"被動式。

11c) 忉利天上人……便復持天上若干種華已，散佛上。皆言："其有行般若波羅蜜者、守般若波羅蜜者，亦不為魔及魔天所得便。"(《摩訶般若鈔經》卷二，8/516a)

"為魔及魔天所得便"是"為A所VO"被動式。

11d) 爾時忉利諸天……是時諸天，復以天花散佛上，作是言："世尊！若有眾生行般若波羅蜜，修習般若波羅蜜，魔若魔天不得其便。"(《小品般若波羅蜜經》卷二，8/544a)

"魔若魔天不得其便"不是被動式。

再看大品般若3部異譯經的對應：

12a) 或有開士大士住智慧度無極具足諸通慧，則以其慧所行之誼，終不墮落至於無餘，不為眾人所見憎惡。(《光讚般若經》卷二，8/158b)

"為眾人所見憎惡"是"為A所見V"被動式。

12b) 菩薩住於般若波羅蜜具足薩云若，以諸慧不墮惡趣、不墮貧賤中，所受身體諸根具足，人不憎惡，常為諸天、阿須倫所敬愛。(《放光般若經》卷二，8/8c)

"人不憎惡"不是被動式。

12c) 有菩薩摩訶薩住般若波羅蜜中具足智慧，用是智慧，常不墮惡道，不生弊惡人中，不作貧窮人，所受身體不為人、天、阿修羅所憎惡。(《摩訶般若波羅蜜經》卷二，8/227a)

"為人、天、阿修羅所憎惡"是"為A所V"被動式。

其三，般若部 7 部譯經相關段落對比。

除《光讚般若經》未見描述摩尼寶珠的文字外，其餘 6 部般若經均講述了摩尼寶珠的神奇功效：

13a）若持有所著，所著處者，鬼神不得其便，不為鬼神所中害。……若中熱，持摩尼珠著身上，其熱即除去；若中風，持摩尼珠著身上，其風不增，即除去；若中寒，持摩尼珠著身上，其寒不復增，即除去；……中有為蛇所齧者，若男子、若女人持摩尼珠示之，見摩尼珠，毒即去。如是，天中天！摩尼珠極尊，若有人病——若目痛、若目冥——持摩尼珠近眼，眼病即除愈。(《道行般若經》卷二，8/435c—436a)

13b）所著處，鬼神不得其便，不為所中。……若中熱風寒，持明月珠著身，熱風寒皆除去。……如是，天中天！明月珠尊。若人目痛冥，近之即愈。（《大明度經》卷二，8/485b）

13c）所在著處，人非人不能得其便。……若男子、女人有寒熱之病，持摩尼寶示之，其病即除。……若男子、女人為蛇蚖所中，見摩尼寶者，毒即除，其處愈。世尊！摩尼寶其德如是，若男子、女人，若目冥、若眼痛、若身腫、若有瘡，見摩尼寶者，諸瘡諸病皆悉除愈。(《放光般若經》卷七，8/52b—c)

13d）在所著處，鬼神不得其便，不為鬼神所害。……若中熱者，持是摩尼珠著身上，其熱即為除；若中風者，持是摩尼珠著身上，其風即為除；若中寒者，持是摩尼珠著身上，其寒不復增，即得除去；……若男子女人，無大無小，若蛇蟒所齧，持是摩尼珠著之，毒即自去。是摩尼珠，天中天！之為極尊。若有人病目痛者，若得目冥，持是摩尼珠近眼，痛即為除愈。(《摩訶般若鈔經》卷二，8/517c)

13e）在所住處，非人不得其便。若男子、女人有熱病，以是寶著身上，熱病即時除愈。若有風病、若有冷病、若有雜熱風冷病，以寶著身上，皆悉除愈。……若男子、女人為毒蛇所螫，以寶示之，毒即除滅。復次，世尊！若男子、女人眼痛膚瞖盲瞽，以寶近之，即時除愈。若有癩瘡惡腫，以寶著身上，病即除愈。（《摩訶般若波羅蜜經》卷十，8/291c）

13f）其所住處，非人不能得其便。……若有熱病，珠能除滅。若有風病，以珠著身上，風患即除。若有冷病，以珠著身上，冷患亦除。……珠所住處，蛇毒不入。若男若女，若大若小，為毒虫所螫，以珠示之，毒即除滅。若諸目患，以珠著目上，目患即除。（《小品般若波羅蜜經》卷二，8/545b）

這 6 部般若經講述摩尼寶珠的神奇功效時，有的採用了被動式，有的則沒有使用被動式。

講述摩尼珠"鬼神不（能）得其便"這個功效，《道行般若經》《大明度經》《摩訶般若鈔經》分別使用了被動式"不為鬼神所中害""不為所中""不為鬼神所害"，但其餘譯經則沒有使用被動式。

講述摩尼珠治療熱、風、寒等疾病的功效，6 部譯經均使用了"除"這個動詞，但僅《摩訶般若鈔經》在治療熱病、風病時使用了"其熱即為除""其風即為除"這種"為 V"被動式，其他譯經採用的都是沒有被動標誌的意念被動句。

講述摩尼珠治療眼病的功效，6 部譯經均使用了"除""愈"之類的動詞，但僅《摩訶般若鈔經》採用了被動式"痛即為除愈"，其他譯經採用的都是沒有被動標誌的意念被動句。

講述摩尼珠治療蛇毒的功效時，有 4 部譯經採用了"為 A 所 V"被動式：《道行般若經》是"為蛇所齧"，《放光般若經》

是"為蛇蚖所中",《摩訶般若波羅蜜經》是"為毒蛇所螫",《小品般若波羅蜜經》是"為毒蟲所螫"。還有1例"A所V"式:《摩訶般若鈔經》的"若蛇蟒所齧"。但《大明度經》沒有相關行文,而用"眾毒""諸毒"一併代替。

通過上面三種比勘可以看到,同樣的語境,有的採用了被動式,有的沒有採用被動式,有的甚至完全做了改寫。

其四,特殊情況分析。

14a) 是善男子、善女人,父母皆重,若沙門道人皆哀,若知識兄弟外家宗親,皆尊貴敬愛之,或時說惡事者,持中正法為解之。(《道行般若經》卷二,8/434c)

14b) 父母重之,沙門哀之,諸親賢友愛之。或惡事來,持忠正法為解之。(《大明度經》卷二,8/485a)

14c) 若善男子、善女人,敬愛父母、沙門、道人、知識、兄弟、宗親、中外,或時其欲說惡事者,持中正法為解說之。(《摩訶般若鈔經》卷二,8/516c)

14d) 是善男子、善女人,讀誦般若波羅蜜故,為父母所愛,為宗親、知識、沙門、婆羅門所敬,衰惱鬥訟,如法能度。《小品般若波羅蜜經》卷二,8/544b)

《道行般若經》《大明度經》中的"善男子、善女人",既可以理解為"尊敬"這一行為的施動者,也可以理解為受動者;而《小品般若波羅蜜經》中,受到尊敬的人是"善男子、善女人";但《摩訶般若鈔經》的行文似乎表明,善男子、善女人是"尊敬、敬愛"這些行為的施動者。到底孰是孰非?

辛島靜志《道行般若經詞典》(2010:16)提供的動詞"哀"的梵文拉丁轉寫體為 karuṇāyamāna～,林光明、林怡馨《梵漢大辭典》(2005:576)標注其為現在分詞。承蒙姜南博士賜教,這一形式是現在分詞的中間語態,可以表示被動。

而唐玄奘《大般若波羅蜜多經》的相關譯文則都譯為被動:

14e）是善男子、善女人等恒為父母、師長、親友、國王、大臣及諸沙門、婆羅門等之所敬愛，亦為十方諸佛、菩薩、聲聞、獨覺之所護念，復為世間諸天、魔、梵、人及非人之所守衛，一切災横皆自消滅，外道異論皆不能伏。（《大般若波羅蜜多經》卷五百四十一，7/780a）

14f）是善男子、善女人等恒為父母、師長、親友、國王、大臣及諸沙門、婆羅門等之所敬愛，亦為十方諸佛、菩薩、聲聞、獨覺之所護念，復為世間諸天、魔、梵、人及非人之所守衛，一切災横皆自消滅，外道異論皆不能伏。（《大般若波羅蜜多經》卷五百五十七，7/876b）

比照玄奘譯文可以發現，《小品般若波羅蜜經》的翻譯妥帖恰當，《道行般若經》《大明度經》採用受事主語句的形式表達了被動的含義，而《摩訶般若鈔經》的譯文欠妥。

整體來看，7部般若經中相對應段落有的使用被動式、有的未使用被動式的，有11組例句，共計46句。

四 7部般若經被動式對比的啟示

對比7部般若經的被動式，可以促使我們進一步思考有關漢譯佛經被動式的一些論斷。

（一）漢譯佛經被動式的使用頻率

朱慶之（1993；2001）、陳秀蘭（2006）、龍國富（2009；2013）等都認為：漢譯佛經被動式的使用頻率普遍高於中土文獻。龍國富（2009）對比了《論衡》、東漢29部漢譯佛經、《三國志》、《法華經》、《世說新語》、《出曜經》、筆記、《佛本行集經》等文獻，指出中土文獻被動式的使用頻率約為0.8‰，漢譯佛經被動式的使用頻率約為1‰，後者比前者高出0.2個千分點，具有超常規發展的特點。

我們統計的7部般若部異譯經，字數約959200字，龍國富（2009）統計的佛經，字數約936000字[①]，二者篇幅相當；從時代而言，筆者所統計的漢譯佛經，東漢10卷，三國6卷，西晉30卷，前秦5卷，後秦37卷，龍國富（2009）所統計的漢譯佛經，東漢45卷，後秦37卷，隋60卷[②]；而筆者所統計的7部般若經，被動式使用頻率最高的是《小品般若波羅蜜經》，為0.967‰，略低於龍國富（2009）所統計的1‰；其餘6部譯經，被動式使用頻率均低於0.8‰，頻率最低的是《光讚般若經》，僅為0.142‰。如果把筆者和龍國富（2009）的統計數據簡單綜合，則中古漢譯佛經被動式的使用頻率約為0.68‰。[③] 綜合考慮這些數據，我們認為，漢譯佛經和中土文獻被動式的使用頻率孰高孰低，難以斷定。

（二）漢譯佛經被動式與原典被動句的關係

朱慶之（1993）（2001）、陳秀蘭（2006）、龍國富（2009）（2013）等都認為，佛經原典被動句多，導致了漢譯佛經被動式也比較多。

上文7部般若部異譯經被動式的對比表明，同樣的語境，有

---

① 龍國富（2009）所統計的漢譯佛經，有936個被動式，使用頻率為1‰，以此計算，其所統計的漢譯佛經的總字數約為936000字。

② 龍國富（2009）所統計的東漢譯經，篇目來自許理和（1991）A new look at the earliest Chinese Buddhist texts，In Koichi Shinohara and Gregory Schopeneds. *From Benaras to Beijing：Essays on Buddhism and Chinese Religion in Honour of Prof. Jan Yūn－hua*，277－304. 筆者依據顧滿林的中譯本《關於初期漢譯佛經的新思考》（《漢語史研究集刊》第四輯，286－312頁，巴蜀書社，2001年）的附錄"東漢漢譯佛經目錄"進行統計，除去3部"疑為漢代所譯經文"，共有28部，45卷；《法華經》，即後秦鳩摩羅什譯《妙法蓮華經》，共7卷；《出曜經》，後秦竺佛念譯，30卷；《佛本行集經》，隋闍那崛多譯，60卷。

③ 計算方式是［350（中古7部般若經被動式數量）＋936（龍國富（2009）統計漢譯佛經被動式數量）］÷［959200（中古7部般若經字數）＋936000（龍國富（2009）統計漢譯佛經字數）］

的採用了被動式，有的沒有採用被動式，有的甚至完全做了改寫。如果這些用例在梵文原典中確是被動句，那麼這些異文對比可以説明，原典的被動句可以翻譯為被動式，也可以翻譯為非被動式。如果這些用例在原典中不是被動句，那麼這些異文對比可以説明，譯經採用被動式或不採用被動式，其實與原典的句法形態沒有必然關聯。

有些佛經的梵漢對勘成果也揭示了這一點。遇笑容（2010：77，79）指出："在《撰集百緣經》的對勘中我們注意到，是否翻譯成被動式或採用哪一種形式的被動式，與佛經的原文並沒有絕對的對應關係。""雖然佛經原文中被動式使用得比漢語多，但是譯者在翻譯的時候，譯或不譯，採用什麼形式譯，顯示出很大的隨意性。"

陳淑芬（2013）仔細對勘了唐玄奘譯《藥師琉璃光如來本願功德經》的漢文譯本與梵文原本，發現該經漢譯本被動句共 17 例，3 例無梵文對應，1 例為梵文名詞組的翻譯，實際上翻譯自梵文的被動句式僅 13 例。而梵文中卻出現了 136 例被動句式，漢譯被動句僅佔原文被動句數量的 9.6%；尚有 9 成多的梵文被動句式翻譯成漢語的主動句，或名詞短語和動詞短語。

總之，考察 7 部般若經，結合相關研究成果，可以發現：漢譯佛經被動式的使用頻率與中土文獻相比，孰高孰低，目前尚難以斷定；漢譯佛經的被動式，與佛經原文的被動句沒有絕對的對應關係。

〔主要參考文獻〕

蔡宏.《道行般若波羅蜜經》在中國的傳譯∥潘晨光. 中國社會科學院博士後學術報告. 北京：中國社會科學出版社，2003.

陳秀蘭. 魏晉南北朝文與漢文佛典的被動式研究. 綿陽師範學院學報，2006 (6).

陳淑芬.《藥師經》被動句研究//第七屆漢文佛典語言國際學術研討會會議論文集. 貴陽：貴州師範大學，2013.

陳文傑. 同經異譯語言研究價值新探. 古漢語研究，2008（1）.

高列過. 東漢佛經的特殊語言現象及成因. 西域研究，2005（1）.

詳參高列過. 中古同經異譯佛典語言研究概述. 貴州師範大學學報（社會科學版），2013（6）.

胡敕瑞.《道行般若經》與其漢文異譯的互校//漢語史學報：第四輯. 上海：上海教育出版社，2004.

胡敕瑞. 略論漢文佛典異譯在漢語詞彙研究上的價值——以"小品般若"漢文異譯為例. 古漢語研究，2004（3）.

季琴. 三國支謙譯經詞彙研究. 杭州：浙江大學，2004.

季琴.《道行般若經》與《大明度經》的語法對比. 西南交通大學學報（社會科學版），2007（5）.

季琴. 支謙譯經詞彙研究. 成都：巴蜀書社，2013.

林光明，林怡馨. 梵漢大辭典. 臺北：嘉豐出版社，2005.

龍國富. 中古漢譯佛經被動式與佛經翻譯//歷史語言學研究：第二輯. 北京：商務印書館，2009.

龍國富.《妙法蓮華經》語法研究. 北京：商務印書館，2013.

呂澂. 新編漢文大藏經目錄. 濟南：齊魯書社，1980.

劉敬國. 系統中的風格——《小品般若經》六種漢譯本翻譯風格研究. 上海：上海交通大學出版社，2011. 柳士鎮. 魏晉南北朝歷史語法. 南京：南京大學出版社，1992.

史光輝.《大明度經》譯者考. 湖南科技大學學報（社會科學版），2013（2）.

唐鈺明. 漢魏六朝被動式略論. 中國語文，1987（3）.

辛島靜志. 道行般若經詞典. 東京：創價大學國際佛學高等研究所，2010.

辛島靜志.《道行般若經》和"異譯"的對比研究——《道行般若經》與異譯本及梵本對比研究. 漢語史研究集刊：第四輯. 成都：巴蜀書社，2001.

辛島靜志.《道行般若經》和"異譯"的對比研究——《道行般若經》

中的難詞．漢語史研究集刊：第五輯，成都：巴蜀書社，2002.

遇笑容．《撰集百緣經》語法研究．北京：商務印書館，2010.

楊如雪．支謙與鳩摩羅什譯經疑問句研究．臺北：臺灣師範大學，1997.

王文顏．佛典漢譯之研究．臺北：臺北天華出版事業股份有限公司，1984.

張延俊．漢語被動式歷時研究．北京：中國社會科學出版社，2010.

朱冠明．漢語語法史研究中的幾個例句辨析．中國語文，2013（6）.

朱慶之．漢譯佛典語文中的原典影響初探．中國語文，1993（5）.

朱慶之．佛教混合漢語初論//語言學論叢：第二十四輯．北京：商務印書館，2001.

僧祐．出三藏記集．蘇晉仁，蕭錬子，點校．北京：中華書局，1995.

Jan Nattier. Who produced the *Da mingdujing* 大明度經（T225）? A reassessment of the evidence. Journal of the International Association of Buddhist Studies，Volume 31，Number 1－2 2008（2010）p. 295－337.

Reconsideration on the Passive Frequency in Chinese Buddhist Sutras

—Based on the Investigation of Seven Prajñāpāramitā Sutra

Gao Lieguo

（College of Humanities and Law，South China Agricultural University，Guangzhou，510642）

Abstract：Based on thorough investigation of the passive voice of seven Prajñāpāramitā Sutra and existed research achievements，this paper argues the current view that the passive frequency in Chinese Buddhist sutras is higher than other Chinese literature should be reviewed. Differences of the regularity on the passive voice between in Chinese Buddhist sutras and other Chinese literature could not be generalized. Passive voice in the Chinese Buddhist sutras is not necessarily corresponding to that in the Sanskrit Buddhist sutras.

Key words：passive voice；frequency；Chinese Buddhist Sutras；the different translations on the same Sanskrit Buddhist Sutras

（高列過，華南農業大學人文與法學學院中文系，郵編 510642）

係詞後置判斷句的功能與演變*

祁從舵

内容摘要： 係詞後置判斷句表示對定指事物的同一性做出肯定判斷，主賓語之間在指別度、可及度、顯著度等語義特征上存在差異，具有指別功能、解釋功能和認同功能。該句式起源於上古漢語，至遲在東漢佛經文獻之前就出現了早期用例，受信息前景化的驅動，在重新分析的機制下形成。唐宋禪錄反映了近代漢語早期這種語言現象的實際情況，其演變軌跡表明其是沿着漢語基本語序的歷史方向發展的。

關鍵詞： 係詞後置式　同一性　前景化

一　引　論

漢語裏存在一種特殊語序的判斷句，以係詞“是（也）”位於句尾[①]，而判斷内容出現在前置賓語的位置上：

（1）爾時忍辱道人者，我身是也。（《中本起經》卷上）

（2）公，制襄州延慶寺祖師堂雙聲碑文者是也。（《祖堂

* 本文為浙江省哲學社會科學規劃項目（14HQZZ017）、寧波工程學院科研啟動基金項目（2012150）成果，在本人博士論文《〈祖堂集〉框架句研究》的基礎上修改而成，承蒙匿名審稿專家惠賜多條建設性的意見，謹致謝忱。

① 學界稱名還有係動詞、判斷詞、判斷動詞、同動詞等，參見朱聲琦《“是”作判斷詞始於何時》，《山西師大學報（社會科學版）》1986 年第 3 期，本文統一稱為係詞。

集》卷第十九，王敬初常侍）

（3）那個人道："我並不是什麼蓉大奶奶，乃警幻之妹可卿是也。"（《紅樓夢》第一一一回）

這種特殊語序的句式由判斷對象、判斷內容和"是（也）"三部分依次組成，可標記為"X（主語）＋Y（賓語）＋是（也）"，簡稱係詞後置式。係詞後置式是漢語史研究中的一項重點課題，王力（1937：34—35）最早提及這種句式。之後語言學界對這種句式的語法特征、歷史來源以及係詞"是"的演變發展等方面的討論持續不斷，成果甚豐，然而至今在對如下問題的看法上仍難以統一：（1）在句式的來源上，一般認為中土固有，如蔣紹愚（2009：29—43）、解植永（2006：34—47）、江藍生（2003：241—263）認為是上古漢語的仿用，也有一些學者認為受梵文影響，如袁賓（1989：76—80）、陳秀蘭（2003：8；2013：40—49）等；（2）關于係詞"是"的形成，存在"代詞說"與"不變說"兩種對立的觀點，後者由任學良（1980：40—45）、楊琳（1993：68—70）、張華文（2000：20—24）等提出，前者已為絕大多數所認可，後來肖婭曼（2001：281；2003：2—4；29—31）在洪誠、林序達等研究的基礎上又提出了"兼性說"這一迥然不同的新看法，認為係詞原來是一個兼有係詞性和指代性的斷指代詞，通過自身的判斷功能發展、指代功能退化而成。

關於第一個問題，梵文影響說主要進行對勘分析，還缺少論證性，中土固有說在語例甄別與時代斷定上尚需達成共識；關於第二個問題，"兼性說"見解獨到而深刻，不過係詞"放棄指代性"和"讓渡出主語的位置"的動因仍有探討的必要。本文借鑒前賢時彥的研究成果，擬在分析唐宋禪錄文獻中係詞後置判斷句特征和功能的基礎上，結合不同時期的漢譯佛經、中土相關文獻等用例的實際情況，來進一步思考係詞後置判斷句的演變問題。

二 句式特征

(一) 句法特征

係詞後置式是由主語部分和謂語部分構成的整句（沈家煊2012：403—415），主語部分之後以停頓或帶停頓標記"者"為常見，有時候也可以省略，謂語部分由前置賓語和"是"組成，可受副詞"即""只"等修飾，句尾通常帶有語氣詞"也"。例如：

（4）"而生其心"者，知心無住是。（《神會語錄》，住：執著）

（5）（四祖）曰："道信禪師，貧道是也。"（《景德傳燈錄》卷第四，法融）

（6）五百者即你五陰身是。（《古尊宿語錄》卷第三，《黄檗斷際禪師宛陵錄》）

例（4）中，"而生其心"是判斷句的主語部分，"者"為停頓標記，"知心無住是"是謂語部分，賓語"知心無住"前置，"是"是係詞。例（5）中，判斷句的主語部分是"道信禪師"，謂語部分是"貧道是也"，句尾帶語氣詞"也"。例（6）中，判斷句的主語部分"五百（菩薩）者"，"者"為停頓標記，謂語部分是"即你五陰身是"，副詞"即"修飾限制前置賓語"你五陰身"。

我們在唐宋禪錄裏選擇《祖堂集》《景德傳燈錄》《五燈會元》三部文獻為代表，統計其中的係詞後置式共63例，其中包括《祖堂集》高麗雕刻板的注解部分、第二十卷五冠山端雲寺和尚部分和《景德傳燈錄》文中的注解部分的用例，三部禪錄語例依次為31例、18例、14例。主語部分不帶停頓標記"者"為常見（47例，約占75%）；謂語部分帶副詞"即、只、亦"等為常見（39例，約占62%），主要位於賓語前面；句尾帶與不帶語氣詞“也”的現象幾乎均等。

我們查檢了以上三部禪錄，除了一例表現為疑問句，即“上來密意，即這個是，為當別更有意旨?”（《祖堂集》卷第十八，仰山和尚）外，後置式基本上都使用肯定形式，從語法結構上，“X”和“Y”都是體詞性成分的有55例，約占87%。鑒於現有的研究成果，把“是”看作代詞或語氣詞等非動詞，在對歷史文獻的分析以及論證方面還存在一些問題（詳後），將“是”定性為聯系前面主語和賓語兩項成分的係詞，比較切近語言事實。

係詞後置式判斷句所處的句法環境主要以獨立句形式（如上例4、例5、例6、例9）或自立小句形式（如上例7、例8）存在（方梅2008：291－301），沒有發現例外。

（二）語義特征

係詞後置式由二價動詞“是”繫聯起事（X）和止事（Y）形成的語義結構，X表示定指的實體（事物或事態），Y表示與X具有同一性的指稱、屬性以及其他相關物，為句子的語義焦點，“是”是對X和Y同一性關係的肯定判斷（祁從舵2012：28－40），沒有否定形式。根據Y與X的同一性關係，我們以前面三部禪錄裏的全部例句分為三種類型具體討論：

Ⅰ．指稱判斷（20例）：同一實體存在兩個指稱X和Y，句式判斷Y和X具有同一性，前後可以調換位置。Y具有［定指、區別］的語義特征，指別度高於X[①]，以專名形式為常見，所肯定的指稱相當於“誰”或“哪個”。

（7）鵜者，鵜州也，今越州是。鳥者，鳴鶴縣也，今諸暨縣是。（《祖堂集》卷第二，菩提達摩和尚）

（8）初參芙蓉，蓉見曰：“吾非汝師，汝師江外黃檗是

① 指別度與可別度概念相近，參看沈家煊、完權《也談“之字結構”和“之”字的功能》（《語言研究》2009年第2期）。

也。”(《五燈會元》卷第四，千頃楚南禪師)

例（7）中，“越州”與“鵡州”“諸暨縣”與“鳴鶴縣”分別指稱同一個處所，在時間上，前者比後者指別度高。例（8）“黃檗”是專名，與“汝師”同指一個人物，前者與其他人物的界限更明確，指別度更高。

Ⅱ. 屬性判斷（15 例）：同一實體存在指稱 X 和屬性 Y，句式判斷 X 在形體、組成、功效等方面的屬性 Y。Y 具有［可及］的語義特征，即 Y 所指的內容從記憶或環境中識解的容易程度，可及度高於 X（王冬梅 2001：53－54），從屬於 X，所說明的內容相當於“是什麼”或“怎麼樣”。

（9）一切諸法，唯一心是，然後乃為佛乘也。(《景德傳燈錄》卷第九，黃檗希運)

（10）（汝受吾教宜處深山，未可行化當有國難）心中雖吉外頭凶是也。(《景德傳燈錄》卷第三，慧可)

（11）佛者心清淨是，法者心光明是，道者處處無礙淨光是。(《五燈會元》卷第十一，臨濟義玄禪師)

例（9）中判斷句表示的意思是，一切诸法都从心生起，後者揭示前者存在的根源，從形成上說明前者的本性，相對聽話人來說，可及度高。例（10）“心中雖吉外頭凶”解釋“汝受吾教宜處深山，未可行化當有國難”所指的內容，揭示其涵義，便於理解。例（11）用心清淨光明說明“佛”“法”“道”功能上的特點，易於識解，表明佛、法、道三者的屬性沒有根本差別。

Ⅲ. 關係判斷（28 例）：可分辨的兩個實體 Y 和 X 共享相關屬性，句式判斷兩者具有同一關係（排除兩者之間的否定及不相關聯繫），主要表現為等同、種屬、相交三種關係。Y 具有［顯著］的語義特征，其顯著度高於 X（沈家煊 1999：3－15），所判斷的內容相當於“（相關性）是什麼”。

（12）從生至死，只這個漢是。(《祖堂集》卷第十五，

五泄和尚)

(13) 門人法海者，即禪師是也。(《景德傳燈錄》卷第五，韶州法海)

(14) 野客無鄉可得歸，今日山僧只這是。(《景德傳燈錄》卷第三十，《道吾樂道歌》)

(15) 汝行與道合，諸佛心即是。(《五燈會元》卷第一，八祖佛陀難提尊者)

(16) 所言露地白牛者，露地是所證之法故，即遮那是也；白牛是能證之人故，即是文殊是也；白牛運轉，不住此處故，即普賢是也。(《祖堂集》卷第二十，五冠山瑞雲寺和尚)

例（12）是石頭大師對超脫了現實態的五泄和尚的開導，意思是說：現在的你就是本性的你。"這個漢"是禪林用語，"自性"的代名詞，是現實態的人與本性的人統一起來的真我。這裏，用判斷句判斷本性的人與現實態的人等同，表明兩者合而不可分。類似的禪語說法，如"從生至老只是這個。又回頭轉腦作什麼?"(《景德傳燈錄》卷第七，五泄靈默）例（13）的"門人法海"是個體事物，"禪師"是集合體事物，判斷句用來斷定前者在類屬上同一於後者，整體比部分顯著，所以後者顯著性更高。後面三個例子的判斷句中，主賓語所指的事物之間具有相似關係、(空間）相鄰關係或（時間）相因關係，可以籠統地稱為相交關係，與前面的例子相同，主賓語之間都具有同一性，賓語更具顯著的典型特征。例（14）的"這"指"野客"，當下境況與"山僧"相似，主賓語之間存在相似即同一關係。例（15）判斷句主語"汝心（省略）"和賓語"諸佛心"存在距離，如果具備"汝行與道合"的前提條件，那麼"汝心"就會成為"諸佛心"，相鄰即同一。例（16）的三個並列分句都是判斷句，主賓語之間存在因緣關係，因相因性而判斷為同一。

總括上述情況，係詞後置式的内容是判斷實體的指稱、屬性以及與相關事物的關係，其句式義表示對定指事物的同一性做出肯定判斷，我們設立［定指、區別］、［可及］、［顯著］等三項的語義特征，對句中主賓語的語義特征進行分析，並進行量化比較，結果見表 1。

表 1

語義特征 / 語義類型	指別度	可及度	顯著度
指稱判斷	X < Y	＋	＋＋
屬性判斷	＋	X < Y	＋
關係判斷	＋＋	＋	X < Y

以上三類判斷句以"X < Y"顯示語義特徵的強弱，每一類型左邊的為 X 具有的語義特征，右邊的為 Y 具有的語義特征，"＋"代表強度，句式通過兩者的同一性來判斷定指事物的指稱、屬性以及其他相關性。

三　語用功能

係詞後置式在禪宗文獻的說明性語篇裏多見，與判斷句的語義類型相對應，該句式的判斷說明功能主要表現為解釋功能、指別功能和認同功能。

（一）解釋功能

呂叔湘（1956：61—62）指出，一般判斷句具有兩個用處：一是解釋事物的涵義，二是申辨事物的是非。在禪錄文獻裏，佛祖禪師在傳法時往往涉及經文、禪言、偈語等不熟悉的、事物，需要用熟悉的、已知的信息來進行解釋，以方便於僧侶更好地理解領悟禪法義理。係詞後置式的句法語義特征適合於用來表達這樣的事物，前置賓語是句子的語義焦點，高顯著性的語義信息超過主語，並通過說話人用“是”肯定而使主語部分的未知信息變得熟悉可知，因此在禪錄文獻裏，係詞後置式具有利用受話人已知的、熟悉的信息幫助對方認識定指事物的解釋功能。

(17)（離鄉日日敷）馬大師歸至洪州南昌寺敷演大教是也。(《祖堂集》卷第二，菩提達摩和尚)

(18) 所言果後普賢者，遍行三昧是也。(《祖堂集》卷第二十，五冠山端雲寺和尚)

(19) 公曰："後句'妄'字莫是從'心'之'忘'乎?"曰："從'女'者是也。"(《五燈會元》卷第二，保唐無住禪師)

例(17)中，“離鄉日日敷”是判斷對象，對於聽話人來說存在未知成分；“馬大師歸至洪州南昌寺敷演大教”是判斷內容，顯著度高，前置於“是”之前，並通過說話人對同一性的斷定而用已知的信息釋解前者。同樣，例(18)的“遍行三昧”指普遍修行念佛三昧，現種種色身化益眾生，句式利用已知的修行實際功效解釋“果後普賢”在修得佛果之後的涵義。例(19)是無住禪師對杜公提問的回答，答語意謂“後句‘妄’字是從‘女’的‘妄’字”，判斷句用後者的高顯著性提示對前者屬性特征的理解。

(二) 指別功能

禪家認為，世俗的萬事萬物都可以依靠某種因緣而轉變，同一事物在不同的場合下會因因緣不同而表現不同，異名同體。禪師們為了讓學僧認識事物的本體，常常在口頭講述故事時，使用係詞後置式將話語中的事物綁定在現場，以便從紛繁複雜的現象界認清真相。在這種場合下，係詞後置式的主要目的不是傳遞新信息，而用指別度高的事物來識別定指事物，具有指別功能。

(20) 十劫坐道場者，十波羅密是。(《鎮州臨濟慧照禪師語錄》)

(21) (乃召第一座開堂說法。) 即雲門偃和尚法嗣雪峰是也。(《景德傳燈錄》卷第十一，靈樹如敏)

例 (20) 是禪師對學僧問題的解答，"十波羅密"是佛禪用語，指菩薩修滿佛教所立的道法，指別度高，可用來指認修煉時間漫長的行為過程"十劫坐道場"。例 (21) 中，對於聽話人來說，"第一座"所指對象的指別度不很高，專名"雪峰"提高對象的指別度，提高了受話人對同類對象的識別程度。

(三) 認同功能

禪宗的哲學根基是佛教的"緣起說"("緣"泛指事物之間相涉關係的種種可能性，核心關係是人和佛的關係)，強調事物之間的共同性，對佛界與俗界中事物的本性問題，通過"心"所表現出來的現象界來認識"心"自身。禪宗說教常常借助因緣、譬喻、故事等，以"緣起說"為基礎，建立事物之間的同一性，用一種事物來說明另一事物，對事物表面的現象不加區別。由於賓語與主語的語義距離最近，適宜於表現有共同性的事物之間關係，因此係詞後置式可以使禪法義理得到更具體、形象、貼切的表達，具有強調事物之間同一性的認同功能。

(22) 寶山者，吾身是也；出光明者，汝智慧也；從屋而出者，入道也；山頂泉者，無上法味也。(《祖堂集》卷第一，提多迦尊者)

(23) 師云："將得馬師真來否?"泉云："只這是。"(《景德傳燈錄》卷第七，東寺如會。師真：師傅的真法)

(24) 若識得釋迦即老凡夫是，阿你須自看取，莫一盲引眾盲，相將入火坑。(《五燈會元》卷第五，丹霞天然禪師)

例 (22) 是佛祖的現身說法，用"吾身"隱喻故事中的"寶山”，兩者都屬於有生有滅的現象界，故存在相似即等同關係，用更具體的“吾身”認同“寶山”。例（23）判斷句的意思是，師傅的真法就是這個（與佛法“不即不離”的人），這裏將“這”即主人，與佛法等同，是得道之人的回答，識得自性就是識得佛法，“這”更突出當下的現實性。例（24）“釋迦”代表佛，“老凡夫”代表俗人，人與佛本無差別，只緣迷悟不同，本性同一，判斷句對兩者的關係具有斷定認同作用，強調人的自我修悟。

四 歷時演變

（一）演變階段

上古時期，在談到某類事物（或現象）需要用已知的事例解釋說明的時候，通常使用一種較為普遍的舉證式判斷句。句子一般是較複雜的整句，前部分以自立小句為常見，所涉及的類事物（或現象）是不定指的，後部分為依附小句，提供具體實例與“是”構成主謂結構共同說明前面的類事物（或現象）。“是”在句尾用如斷指代詞，（肖婭曼，2003：2）相當於“就是這類、這樣”，一般與語氣詞“也”合用。王力（1937：28－29）指出，“是”在這裏用於“是認”某一些例證，“先說出某一類的事物，然後舉一兩個實例來證明”，之所以不能被認為是係詞，一則因為它的用途僅限於舉例，二則因為它還沒有聯繫兩“項”的效能。

（25）孟子曰：“聖人，百世之師也，伯夷、柳下惠是也。”（《孟子·盡心下》）

（26）以至智說至聖，未必至而見受，伊尹說湯是也；以智說愚必不聽，文王說紂是也。（《韓非子·難言第三》）

“聖人，百世之師也”“以至智說至聖，未必至而見受”“以智說愚必不聽”等自立小句所表述的是不定指的類事物（或現象)，“伯夷、柳下惠是”“伊尹說湯是”“文王說紂是”等依附小句都是主謂結構①，“是”回指前部分所涉及的類事物（或現象)，“是”前面的說明成分提供具體實例，在語義範圍上比前面的類事物（或現象）小，主要構成類型與例證的關係。如果兩者指涉的語義範圍相接近時，那麼句子表達型例關係的例證功能就不太明顯，如“若昔三代聖王，堯舜禹湯文武者是也”(《墨子·天志中》) 等。

舉證式判斷句的特點是：(1) 通常在論述性語篇中以複雜句形式出現，句子語義表達重心在前部分，一般由複雜的短語或命題小句引出不定指的類事物（或現象)，後部分由主語與謂語“是”構成依附小句進行例證說明；(2)“是”用為斷指代詞，回指前部分的類事物（或現象)，並肯定兩者之間具有類型與例證的語義關係，句尾一般與語氣詞“也”合用。

西漢時期，已經出現了同指式判斷句，這是係詞演進的關鍵階段。句子前部分通常由存現句引出說明對象，不是事物（或現象）的“類”，而是“個”(蔣紹愚，2009)，與“是”前面的說明內容在語義上同指（含說明對象蘊含於說明內容)，“是”的指代功能退化，判斷功能增強，相當於“就是”。例如：

(27) 天有五行，木、火、土、金、水是也。(《春秋繁露》卷第十)

(28) (鉤弋夫人) 得幸武帝，生子一人，昭帝是也。(《史記·外戚世家第十九》)

(29) 臣聞往者秦有十失，其一尚存，治獄吏是也。

① 石毓智在《語法化理論——基於漢語發展的歷史》(2011：76－91) 中考察這一時期的文獻，認為具體實例是光杆名詞時，80％左右的用例都采用的是倒轉語序。本文認為上古時期的這種句子不是光杆名詞使用下產生的倒裝句子，而是代表一種較常見的例證式判斷句類型。

(《説苑》卷第五)

(30) 治國有二機，刑德是也。(《説苑》卷第七)

以上例句都是同指式判斷句，如“木、火、土、金、水是也”可以理解為“木、火、土、金、水就是”或者“五行就是木、火、土、金、水”，“是”具有聯繫前後兩項成分的作用，與前面舉證式判斷句不相同：(1) 一般在敘說性語篇裏由存現句引出不定指事物（或現象）需要後續句進行具體說明，句子的語義表達重點轉移到“是”前面的成分上；(2) 存現句引出的不定指事物（或現象）與“是”前面的成分在語義上同指；(3) “是”向係詞過渡，開始擺脫指代功能，具有聯繫主語和賓語之間同一性關係的作用。

蔣紹愚（2009）認為西漢後期開始出現係詞後置式，所舉的一例是上面的例（28）。我們認為，該例可以說是過渡狀態的係詞後置式（解植永，2006），但是尚不足以證明是係詞後置式，因為句子不是一個獨立的整句表達的判斷，需要有先行句引入說明對象，又需要“是”字句作為後續句說明判斷內容，這樣的複雜句可以視為向係詞後置式發展的過渡狀態，似不宜作為主要例證。不過，在該書引例的同一卷上倒是出現了係詞後置式的例子：

(31) 尹夫人望見之，曰：“此真是也。”(《史記·外戚世家》第十九》)

該例的“真”指邢夫人真身，與上文“此非邢夫人身也”形成對比，即“此是邢夫人真身也”。

係詞後置式判斷句的形成階段。據目前語料所及，西漢時期的中土文獻裏出現了係詞後置式的早期用例。這些句式在敘說語篇中多見於以獨立的判斷句整句形式出現；主語是定指的舊信息，賓語與主語具有同一性關係，是句子的語義焦點，且加以強調；“是”成為聯繫主語和賓語兩項成分的係詞，由指示代詞演

進為係詞的現象符合类型学上的普遍規律。(Heine & Kuteva, 2002: 94—109)

(32) 國之所以存者，仁義是也；人之所以生者，行善是也。(《淮南子》卷第九)

(33) (國之) 柱，相國是也。(《列女傳》卷第六)

(34) 不當陽者，臣子是也；當陽者，君父是也。(《春秋繁露·天辨在人》)

例 (32) 的“國之所以存者”“人之所以生者”和“仁義”“行善”具有相因關係的同一性，即“國家賴以生存的東西是‘仁義’，人賴以生存的東西是‘行善’”。例 (33) 的“柱”和“相國”具有相似關係的同一性，例 (34) 的“不當陽者”和“臣子”“當陽者”和“君父”也具有相似關係的同一性。這些例句都符合後置式的基本特征，比最早的漢譯佛經出現的年代早。東漢以降，係詞後置式在佛經譯文、禪宗文獻以及相關的中土文獻裏用例有明顯增加，以前兩種文獻為主。

對於漢譯佛經中出現“是”結尾的判斷句，袁賓 (1992: 216—222) 曾指出：這種判斷句很可能來源於佛經，佛經的翻譯者 (有外國或外族人，也有漢族人) 既然在句尾使用了“是”，那麼表示判斷的語氣助詞“者”或“也”就不是非用不可的了。蔣紹愚 (2009) 也認為句尾“是”和“是也”的用法相同，但是句式來源於上古漢語。江藍生 (2003) 認為，這種以單個“是(也)”結尾的判斷句在此前和同時期的其他漢語文獻中還未曾見到，其出現有特殊的背景，都是在強調事實真相時的解釋說明，不是一般的陳述介紹，而是強調式，並推斷：以“是也”結尾的句式是出於對先秦漢語的仿用，以“是”結尾的很可能是譯者受梵文影響而產生的句式。姜南 (2010) 通過系統的梵漢對勘和異譯比較，認為佛經譯文裏的特殊判斷句尾的“是” (“sah”，陽性、單數、主格) 是直接對應原文的指代詞，是“延續先秦漢語固有的‘是’字後置用法”。陳秀蘭（2013）對勘四種漢譯佛典中的“X+Y+是（也）”用例，作出論斷：係詞後置式是梵文判斷句的對譯。本文的結論支持蔣紹愚的觀點。（祁從舵，2012：37）

至於元明時期使用的“X是Y是（也）”這一疊加結構形式，江藍生（2003）指出，很可能是漢語的判斷句和阿爾泰語的判斷句句式相疊加的結果，“便是”充當句末語氣詞，與先秦和漢譯佛經裏的類似句式沒有直接來源聯繫。黃斌（2001）、解植永（2006）等表示贊同，周崇謙（2005）、雷冬平（2007）、向德珍（2008）等持有異議。但語料顯示，“X是Y是（也）”這種疊加式在中古漢譯佛經、唐宋禪錄以及中土相關文獻裏已有不少用例。

(35) 欲知爾時淨復淨王發道意者，豈是異人？莫造此觀。所以者何？則是今現蓮華首菩薩是。（《正法華經》）

(36) 彼時饒財瞋罵菩薩，即是今此不思議光菩薩是也。（《不思議光菩薩所說經》）

(37) 時繞四城毒蛇者，即是共殺酸陀利四臣是也。（《佛說大意經》）

(38) 爾時後來求乞得女婆羅門者，即是我身是也。其先來婆羅門看星宿穩便者，即是提婆達多是也。（《根本說一切有部毗奈耶破僧事》卷第十九）

(39) 行之人即是無漏真智，不守果位，隨緣利物，名為行人，亦名化身佛是也。（《祖堂集》卷第二十，五冠山端雲寺和尚）

(40) 分別色者，如言光明，即是智慧是也。（《宗鏡錄》卷第三十八）

(41) 以此氣遇此時，是他命好；不遇此時，便是有所謂資適逢世是也。（《朱子語類》卷第四）

以上例句說明：疊加式“X是Y是（也）”並非首見於元人雜劇，在中古佛經文獻以及中土相關文獻裏就已經存在，與係詞後置式的基本功能是一樣的，認為兩者沒有直接來源聯繫的看法似可商榷。中古時期在佛經譯文的影響下使用頻率大幅度提高，到了元代，可能受到阿爾泰語的影響，疊加式判斷句再一次膨脹起來，然而在與各種語言接觸碰撞的過程中，漢語判斷句的發展始終沒有離開自身的運行軌跡，源於上古的係詞後置式最終讓位於現代漢語“是”字判斷句句式。

（二）演變動因

在上古漢語的論述性語篇中，受認知主體的動機、語篇功用等影響，舉證式判斷句的話題表示談論的觀點，是被前景化了的信息，作為句子表述的語義焦點，常以命題形式出現而不以句成分或省略形式存在（吳雲、劉順，2005：12－13），說明部分提供已知實例，用來說明觀點，作為語篇背景化信息，回指代詞“是”以有標形式存在，強調話題。

(42) 聖人，百世之師也，伯夷、柳下惠是也。（例 25）

——（聖人，百世之師也，）伯夷、柳下惠就是這類人。

——?這類人（聖人，百世之師也，）就是伯夷、柳下惠。

在敘說性語篇中，說明的對象一旦不需要存現句引入作為新信息，那麼說明內容成為句子表達的新信息，且在強調時作為焦點信息，被前景化，“是”不必回指已經熟悉的話題主語，“是”轉變化為係詞，使常規主謂結構變異為賓語前置的動賓結構。這種偏離常規的語法結構對整個語篇的意義有所貢獻，是“有動因的突出”，是在語篇信息前景化的驅動下產生語言性質偏離的特徵句式（Halliday，1973：101）。如：

(43) 許在潁川，今許縣是也。（《潛夫論》卷第九）

——?（許在潁川，）現在的許縣就是許（地）。

——（許在潁川，）就是現在的許縣。

上例中，“（許）今許縣是也”是係詞後置式判斷句，判斷“許”與“許縣”的關係，其中話題“許”是背景信息，說明內容“今許縣”表示前景信息，是敘說性語篇信息前景化的驅動下成為句子的語義焦點，在強調時成為前置賓語，句中被省略的成分只能是話題鏈中的“許”，即話題主語，“是”沒有必要複指話題主語而分化為係詞。

(三) 演變機制

Harris 和 Campbell（1995：61）認為：“重新分析是改變一個句法結構內在關係的機制，一般不會立刻引起表層形式的改變。句法格式內在關係的改變涉及的方面有：a. 結構成分；b. 結構層次；c. 成分的詞性；d. 成分之間的語法關係；e. 結構的整體特性。”

在敘說性語篇裏，同指式判斷句一般以不完整的依附小句出現，如果話題是定指的事物（或現象），“是”前面的成分在語義上與之同指，那末句尾的“是”就沒有必要回指話題成分，而有可能作為繫聯話題成分。這是“是”係詞性功能增強、代詞性功能退化的表現（肖婭曼，2003：275－280），給同指式判斷句的重新分析提供了可能性：在句法結構上，“是”的詞性具有繫聯性，“Y＋是”可以分析成主謂結構，也可以分析成倒裝的動賓結構；在語義結構上，兩種句法結構中成分 X 和 Y 都具有語義相關性，在前一種結構裏兩者具有同指關係，在後一種結構裏兩者具有說明被說明關係。因此，同指式判斷句的表層結構存在兩種不同的句法組合形式，在歷時語用條件下重新構建新的結構意義，發生了重新分析的演變機制。例如：

(44) 治國有二機，刑德是也。(例 30)

——治國有二機，刑德是（二機）也。

——治國有二機，（二機）是刑德也。（一機是“刑”，一機是“德”）

這種同指式判斷句的說明對象在成為背景信息之後，在語體動因的推動下，說明內容前景化，句子由相互依附的先行句和後續句發展成一個獨立語調的係詞後置式整句。同指式判斷句的重新分析過程顯示出由舉證式判斷句向後置式判斷句發展中的過渡狀態：X，Y（主語）＋是（代詞）也—— X，Y（賓語）＋是（係詞）也。在語法結構上反映了句子由"複雜句—→依附小句—→自立小句（整句形式）"的演變趨勢，包括複指成分的消失，其實質是語言經濟原則影響下結構趨簡的表現。

五 結 語

係詞後置式表示對定指事物的同一性做出肯定判斷，主賓語之間在指別度、識解度、顯著度等語義特征上存在差異，句式通過兩者的同一性來判斷定指事物的指稱、屬性以及其他相關性，具有指別功能、解釋功能和認同功能。

該句式萌芽於上古漢語，至遲在東漢佛經文獻之前就出現了早期用例，其形成過程大體經過三個階段：例舉證式（複合句）→同指式（依附小句）→後置式（自立小句）。唐宋禪錄反映了近代漢語早期這種語言現象的實際情況，該句式的產生受前景化需求的驅動，在重新分析的機制下形成，其演變軌跡表明其是沿著漢語基本語序的歷史方向發展的。

該句式在使用過程中受到了中古佛經譯文和元明通俗文學作品的巨大推動，前者主要表現在提高這種句式的使用頻率上，後者主要表現在形式上疊加已有的兩種判斷句，兩者都充分利用該句式的指別功能，但是都沒有改變後置式的基本性質與功能。

〔主要參考文獻〕

曹廣順，梁銀峰，等.《祖堂集》語法研究. 開封：河南大學出版社，2011.

陳秀蘭．魏晉南北朝文與漢文佛典語言比較研究．杭州：浙江大學，2003.

陳秀蘭．漢譯佛典“S，N是”句的“是”表示判斷//中國俗文化研究：第八輯，成都：巴蜀書社，2013.

方梅．由背景化觸發的兩種句法結構：主語零形反指和描寫性關係從句．中國語文，2008（4）.

洪誠．論南北朝以前漢語中的係詞．語言研究，1957（2）.

洪心衡．《孟子》里的“是”字研究．中國語文，1964（4）.

黄斌．元、明口語中的“判斷句＋‘（的）便是’”結構．古漢語研究，2001（1）.

江藍生．語言接觸與元明時期的特殊判斷句．語言學論叢，2003（28）.

姜南．漢譯佛經“S，N是”句非係詞判斷句．中國語文，2010（1）.

蔣紹愚．也談漢譯佛典中的“，是也/是”．中國語言學集刊，2009（2）.

雷冬平．語氣助詞“便是”的語法化及相關結構研究．语言教学与研究，2007（2）.

林序達．判斷詞“是”的形成和發展：兼與洪心衡等先生商榷．西南師範學院學報（人文社會科學版），1979（2）.

龍國富．從梵漢對勘看中古漢譯佛經中的特殊判斷句．北京：“漢語史中的語言接觸”研討會，2005.

呂叔湘．中國文法要略．北京：商務印書館，1956.

祁從舵．《祖堂集》框架句研究．上海：上海師範大學，2012.

任學良．判斷詞“是”始於先秦說．杭州師範學院學報（社會科學版），1980（2）.

沈家煊．轉指和轉喻．當代語言學，1999（1）.

沈家煊．“零句”和“流水句”：為趙元任先生誕辰120周年而作．中國語文，2012（5）.

石毓智．語法化理論：基於漢語發展的歷史．上海：上海教育出版社，2011.

唐鈺明．上古漢語判斷句．古漢語研究，1993（4）.

王冬梅. 現代漢語動名互轉的認知研究. 北京：中國社會科學院研究生院，2001.

王力. 中國文法中的係詞. 清華大學學報（自然科學版），1937（1).

吳雲，劉順. 試論句成分從缺和語體的關係. 修辭學習，2005（5－6).

向德珍，楊琳. 近代漢語特殊判斷句“S（十是）＋N（的）＋便是”. 寧夏大學學報（人文社科版），2008（4).

肖婭曼. 判斷詞“是”是分化而來. 西南民族學院學報（哲學社會科學版），2001（4).

肖婭曼. 漢語係詞“是”的來源與成因研究. 成都：四川大學，2003.

解植永. 中古漢語“是”字後置式判斷句的來源. 漢語史研究集刊：第九輯，成都：巴蜀書社，2006.

楊琳. 漢語係詞研究評議. 煙台大學學報（哲學社會科學版），1993（4).

袁賓. 敦煌變文語法劄記. 天津師範大學學報（社會科學版），1989（5).

袁賓. 近代漢語概論. 上海：上海教育出版社，1992.

張華文. 試論東漢以降前置賓語“是”字判斷句. 雲南師範大學學報（哲學社會科學版），2000（1).

張美蘭.《祖堂集》語法研究. 北京：商務印書館，2003.

周崇謙. “N，＋N（的）＋便是”的句法分析. 古漢語研究，2005（2).

朱冠明. 中古漢譯佛典語法專題研究. 北京：北京大學，2005.

HARRIS A C，CAMPELL L. Historical syntax in cross-linguistic perspective. Cambridge，Eng.：Cambridge University Press，1995.

HALLIDAY M A K. Linguistic Function and Literary Style：An Inquiry into the Language of William Goldingps' The Inheritors. // CHATMAN S. Literary style：a symposium. Oxford：Oxford University Press，1971.

HEINE B，KUIEVA T. World lexicon of grammaticalization，Cambridge，Eng.：Cambridge University Press，2002.

Functions and Evolution of the Assertive Sentences with the Post-positioned Copula (*Shi*)

Qi Congduo
(School of Humanities and Art, Ningbo University of Technology, Ningbo, 315211)

Abstract: Assertive sentences with the post-positioned popula (*shi*) make affirmative judgment on the identity of definite things, which has three expressive functions: deixis, explanation and identification. There are different degrees on the semantic features such as demonstrativeness, accessibility, salience between the subject and the object. The sentence first appeared in archaic Chinese and formed under the mechanism of back analysis, driven by information foregrounding. Zen documents in Tang and Song reflect the actual situation of the initial modern Chinese. The evolution is consistent with the developmental direction of Chinese basic word order, although inseparable from language contact and social environment.

Key words: the post-positioned copula; identity; foregrounding

(祁從舵，寧波工程學院人文與藝術學院，郵編 315211)

從韻律看上古漢語的“胡*gaa”與“何*gaal”*

李　果

内容摘要：本文採用韻素音步理論（McCarthy & Prince 1990，馮勝利2012），探討上古漢語“胡*gaa”“何*gaal”的關係，指出“胡*gaa”是“何*gaal”的弱化式。在承擔核心重音、焦點重音等要求韻律凸顯的句法位置都禁止出現“胡*gaa”，造成它們在句法分佈上的差異。

關鍵詞：上古漢語　疑問詞　韻素音步

一　基本現象

在上古漢語①中，疑問詞“胡*gaa”② 與“何*gaal”的關係

* 在此感謝鄧思穎、馮勝利、萬波、楊永龍等學者的建議與指正。本文寫作期間曾受中央高校基本科研業務費專項（哲學社會科學）項目“上古漢語介詞結構‘於＋名詞短語’的韻律句法研究”（項目編號：SKQ201605）和四川大學中央高校基本科研業務費研究專項項目“上古漢語介詞短語及其演變的韻律句法學研究”（項目編號skzx2016－sb103）資助，又得到匿名審稿人的意見和建議，在此一併致謝。

① 本文所說的上古漢語是指從商周到東漢這一歷史時期的漢語（貝羅貝、吳福祥 2000）。

② 文中＊有兩種含義。第一種＊標注在音標前，如“胡*gaa”，表示/ga/是構擬的上古音，並非使用語音儀器實際測量得到的音。本文標註的上古音構擬均採用潘悟雲的上古音系統。第二種＊標注在句子前，如（1b）“＊人以城來，吾獨胡好焉?”表示在上古漢語中“胡”作賓語出現在句末動詞前的現象不存在。雖然我們不是母語者（native speaker），無法根據語感判斷它們是否合法，但從理論上說，如果一種結構不符合上古漢語的語法規則，那麼一定在上古漢語中找不到該結構的用例。因此，如果一種結構在現有的上古漢語語料中找不到用例，我們認為這種結構就是非法的，不符合上古漢語的語法規則，在上古漢語中不能存在，把它標注為＊。

極為特別:“胡 *gaa”“何 *gaal”語義相同(呂叔湘 1941,王力 1944,周法高 1959,楊伯峻、何樂士 1992,貝羅貝、吳福祥 2000),但在不同的句法位置就造成不同的合法表現。最常見的是作賓語的差別。例如:

(1) a. 人以城來,吾獨何好焉?(《左傳·昭公十五年》)

b. *人以城來,吾獨胡好焉?

(1) 的例子說明“何 *gaal”可以作賓語,但“胡 *gaa”作賓語則不可接受。這很奇怪。同樣作為疑問詞,在語義上均詢問事物,照理“何 *gaal”可以出現的地方“胡 *gaa”也應該可以出現。然而事實是“胡 *gaa”在賓語這個合法位置上受到排斥。是不是“胡 *gaa”從不作賓語呢?情況並非如此簡單。下面的事實表明,“胡 *gaa”並非不可作賓語。例如:

(2) a. 師者,所以正禮也。無禮,何以正身?(《荀子·修身》)

b. 此胡自生?此自惡人賊人生與?(《墨子·兼愛下》)

從 (2) 的例子可以看出,“胡 *gaa”與“何 *gaal”仍然作賓語,但句子卻是合法的。和 (1) 的區別在於 (1) 中以疑問詞為賓語的動詞均在句末,(2) 中這樣的動詞/介詞則在句中。這說明造成“胡”不合法的原因並非賓語的位置。是什麼原因使得“胡 *gaa”忽而合法,忽而非法呢?或者說是什麼原因使得賓語位置的“胡 *gaa”比“何 *gaal”受到更多的限制呢?在漢語史研究中,這至今仍然是個謎。這個謎不僅體現在上述現象的困惑上,下面的事實更增加了它的複雜性。

(3) 與窋胡治乎?乃者我使諫君也。(《史記·曹相國世家》)

為什麼在先秦“胡 *gaa”在句末動詞前不能說 (1b),但到西漢就合法了呢(3)? 一個疑問詞作賓語的合法性是如何隨著時代而變化的? 這個問題過去未曾得到解答。不僅是賓語位置,在狀語和謂語位置也存在類似的合法性的對立。

(4) a. 亦有仁義而已矣,王何必曰利?(《孟子·梁惠王上》)

b. 君无功,胡不解君之璽以佩蒙敖(驁)、王齮也?(《戰國縱橫家書·李園謂辛梧》)

(5) a. 孔子以為德之賊,何哉?(《孟子·盡心下》)

b. *孔子以為德之賊,胡哉?

在(4)和(5)的例子中,同樣詢問原因,"何 *gaal"既可以作狀語也可以作謂語,但是"胡 *gaa"只能作狀語(4b),不能作謂語(5b)。這又造成了"胡 *gaa""何 *gaal"在狀語和謂語位置的差别。如果進一步探究"胡 *gaa""何 *gaal"作狀語的情況,還能看到下面的事實:

(6) a. 意仁義其非人情乎! 彼仁人何其多憂也?(《莊子·駢拇》)

b. *彼仁人胡其多憂也?

語氣詞常用來標識漢語焦點,(6a)和(6b)間的對立説明:加入語氣詞後,狀語位置成為焦點,原本合法存在的"胡 *gaa"(4b)就變成了非法結構,而"何 *gaal"不受影響。這又造成了"胡 *gaa""何 *gaal"在焦點結構與非焦點結構上的差别。而且這類對立不僅於此。比較:

(7) a. 楚狂接輿歌而過孔子曰:"鳳兮鳳兮! 何德之衰!"(《論語·微子》)

b. *楚狂接輿歌而過孔子曰:"鳳兮鳳兮! 胡德之衰!"

(8) a. 公曰:"何貴? 何賤?"……對曰:"踴貴,屨賤。"(《左傳·昭公三年》)

b. ＊胡貴？胡賤？

在上述例子中，“何*gaal”合法，“胡*gaa”不行。因為（7）和（8）中疑問詞的位置都是語句焦點所在：（7）中疑問詞出現在“主之謂”前表示強調；（8）中疑問詞在對比問句的主語位置，同樣表示強調。

最後，雖然在上述句法位置“胡*gaa”“何*gaal”存在對立，但在定語位置二者皆可存在。

(9) a. 賓於鄉里，逐於州部，則胡罪乎？（《莊子·達生》）

b. 孟子曰：“王何卿之問也？”（《孟子·萬章下》）

“胡*gaa”“何*gaal”的句法分佈可以概括如下：

(10)“胡*gaa”“何*gaal”的句法分佈

句法分佈	胡*gaa	何*gaal
“胡*gaa”“何*gaal”的對立		
1. ［疑問詞＋動詞］出現在句末	×	√
2. 疑問詞作謂語	×	√
3. 語氣助詞附著在疑問詞後	×	√
4. 疑問詞成分控制“主之謂”	×	√
5. 疑問詞作主語	×	√
“胡*gaa”“何*gaal”的統一		
6. ［疑問詞＋動詞］出現在句中	√	√
7. 疑問詞作狀語	√	√
8. 疑問詞作定語	√	√

綜上所述，上古漢語中“胡*gaa”與“何*gaal”的關係看似簡單而實則複雜。概括它們的關係不僅要考慮動詞/介詞在句中的位置，還要考慮焦點的有無。什麼原因使得二者的關係如此複雜，牽涉到諸多毫不相干的因素呢？下面本文試從韻律的角度來

揭示其中的奧秘。

二　理論背景

為什麼會形成上述"胡 *gaa"與"何 *gaal"不同的句法分佈呢？對於這個問題，過去主要有方言對立（孔穎達；參看李學勤 1999）、語義不同（丁聲樹 1942）、句法差異和古今對立（貝羅貝、吳福祥 2000）4 種意見。

首先，本文認為這不是一個方言問題。根據我們的統計，古代不同方言區的文獻中都出現了"胡 *gaa""何 *gaal"，且二者在句法上呈現出系統性的對立。[①] 其次，這也不可能是語義問題。過去認為"胡 *gaa"是"何故"的縮略式，與"何 *gaal"語義有別，導致二者在句法分佈上的差異。但"何 *gaal"作狀語，與"胡 *gaa"同義，都表示"為什麼"。但如（10－3）所示，"胡 *gaa"與"何 *gaal"存在句法上的差異。而且"胡 *gaa"並非不能作狀語表示"為什麼"，如（10－7）所示，"胡 *gaa""何 *gaal"均可作狀語。第三，本文認為這也不是單純的句法問題。"胡 *gaa"的句法位置並無變化，結果卻大相徑庭：（1b）和（2b）"胡 *gaa"均作賓語，卻呈現合法與非法的對立。句法很難解釋這種結構相同而結果不一的現象。最後，這也不是古今對立的問題。雖然使用頻率上呈現"胡 *gaa"減少、"何 *gaal"增加，但古今對立同樣無法解釋在"胡 *gaa""何 *gaal"都出現的先秦時期，禁止"胡 *gaa"出現的結構卻允許"何 *gaal"出現（10）。

---

① 唯一例外是先秦的齊魯地區。《論語》和《孟子》只用"何 *gaal"，不用"胡 *gaa"（周法高 1959：116）。但是根據貝羅貝、吳福祥（2000）的統計，在《左傳》《墨子》《莊子》《荀子》和《韓非子》等其他方言區的著作中都有"胡"與"何"的用例，而且呈現出（10）中所述的系統對立。

如果只是“何 *gaal”取代“胡 *gaa”，那麼它們的句法分佈應該相同，“何 *gaal”允准的句法操作“胡 *gaa”也應允准。但在“胡 *gaa”非法的結構中“何 *gaal”卻能合法存在，說明二者在語法性質上有本質性差異，並非單純的古今對立。

既然不是上述原因，又是什麼決定了“胡 *gaa”“何 *gaal”的對立呢？本文認為，“胡 *gaa”“何 *gaal”的對立，從本質上說是個韻律問題，它是韻律制約句法的自然結果。

關於“胡 *gaa”“何 *gaal”在韻律上的關係，過去多有提及。如俞敏（1999：172—173）：“‘胡’‘何’……這種‘魚歌旁轉’的現象是一種輕重音的現象。”但從韻律本質屬性看，“胡 *gaa”“何 *gaal”的輕重關係是由其包含的韻素数量不同導致的：“胡 *gaa”的韻素比“何 *gaal”少。這種差異導致韻律上呈現“胡 *gaa”輕“何 *gaal”重的對立。

韻素（mora）是韻律上承担音節重量的單位（Prince 1980），它是韻基（rhyme）的組成部分，是韻律層級（Selkirk 1980）上的最小單位（11）。

（11）韻律層級（部分）

韵律词（prosodic word）

|

音步（foot）

|

音节（syllable）

|

韵素（mora）

立足於 Hayes（1985）對世界語言的調查，McCarthy & Prince（1990）、Hayes（1995）指出對韻素數量敏感的語言中（如阿拉伯語、日語），如果一個音節包含的韻素數量滿足音步“雙分枝”（binary）的要求，那麼 2 個韻素直接構成一個音步，即雙韻素音步（12），也就是說單音節也可独立自由使用。

（12）雙韻素音步

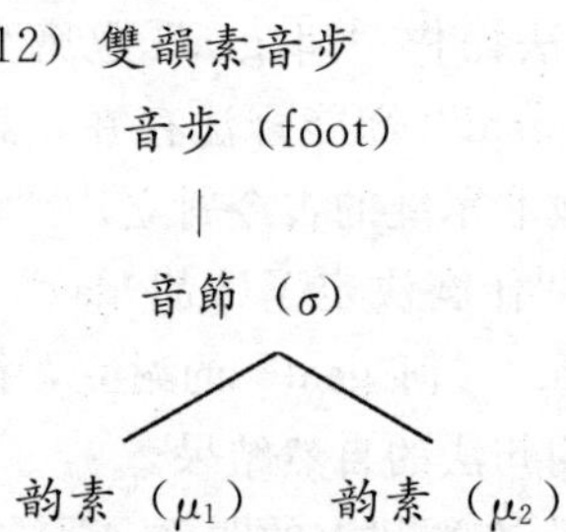

在這些語言中，韻素的數量及響度決定了包含這些韻素的音節在韻律上的地位。韻素多的音節或響度值高的音節在韻律上更重。在上古漢語中，“胡 *gaa” 是魚部字，“何 *gaal” 是歌部字。已有的幾家代表性的上古音構擬中都呈現出“胡 *gaa” 輕 “何 *gaal” 重的特點。

（13）“胡 *gaa” 與 “何 *gaal” 的上古音構擬

	高本漢	李方桂	王力	白一平	鄭張尚芳	潘悟雲
胡（魚部）	*g'-o	*g-a-g	*γ-a	*g-a	*g-a-a	*g-a-a
何（歌部）	*g'-ɑ	*g-a-r	*γ-a-i	*g-a-j	*g-a-a-l	*g-a-a-l

趙璞嵩（2014）指出，雖然高本漢、李方桂兩家構擬中“胡 *gaa”“何 *gaal” 韻素數量相等，但語音響度上元音［a］比元音［o］重，韵尾［r］比韵尾［g］重（Hogg& McCully 1987：66）。而其他 4 家構擬中都呈現出“何 *gaal” 的韻素比 “胡 *gaa” 多。所以在所有的構擬中均為 “胡 *gaa” 輕 “何 *gaal” 重。而且 “胡 *gaa”“何 *gaal” 的差異不是孤立的現象，在上古漢語中系統地呈現出魚部字輕歌部字重，如 “邪” 與 “也” “者” 與 “也” “吾” 與 “我” 等（馮勝利 2012）。

“胡 *gaa” 與 “何 *gaal” 的關係是 “胡 *gaa” 輕 “何 *gaal” 重，但是它們的對應韻律屬性是什麼？過去認為 “胡 *gaa” 是標準式而“何*gaal”是強調式（潘悟雲 2000，2013；施向東、朱紅 2009）。但本文認為“胡*gaa”與”何*gaal”的關係應該是弱化式與標準式的關係，即“何*gaal”是標準式，“胡*gaa”是“何*gaal”的弱化形式。

因爲如果把“何*gaal”定為“強調式”，那麼“何*gaal”的句法位置都应是韻律上最凸顯的位置。這與上古漢語的語言事實產生矛盾。

首先，歷史上先出現“何*gaal”，後出現“胡*gaa”。周法高（1959）指出，在今文《尚書》和石鼓文中已出現“何*gaal”，其中《尚書》中出現了 10 次；但遲至《詩經》才出現“胡*gaa”，《尚書》《易經》均無疑問詞“胡*gaa”。一般而言強調式總是和非強調式成對出現的。把“何*gaal”視為強調式的說法無法解釋為什麼在《尚書》時代，漢語中疑問詞只有強調式，沒有非強調式。

其次，作賓語的“何*gaal”没有出现在結構中最凸显的位置，韻律上動詞比“何*gaal”更凸顯（馮勝利 1994）。

(14) a. 我退而楚還，我將何求？（《左傳·僖公二十八年》

b. 聞子為梯，將以攻宋。宋何罪＊（之）有？（《墨子·公輸》）

在（14a）中，“何*gaal”在動詞“求”前，根據韻律上前輕後重（Lieberman & Prince 1977 等）的要求，“求”在韻律上更凸顯，“何*gaal”應比“求”輕。如果一定要使疑問詞更凸顯，可以使疑問詞的音節數量比動詞多，如在（14b）中刪掉“之”後形成“何罪有”，雙音節“何罪”比單音節“有”重。但“何罪有”不被韻律規則接受，作為非法結構被刪除。也就是說，語法上禁止疑問詞賓語比動詞重。把“何*gaal”視為強調式的說法無法解釋賓語“何*gaal”為什麼没有出現在結構中韻律最凸顯的位置。

最後，“何*gaal”作狀語時可以出現在非強調位置。(15)中“胡*gaa”與“何*gaal”均在“可”前作狀語。同樣的位置韻律上比“何*gaal”輕的“胡*gaa”也能出現，說明這個位置在韻律上是非強調位置。把“何*gaal”視為強調式的說法無法解釋為什麼強調式“何*gaal”出現在非強調的位置。

(15) a. 則雖足民，何可以為治也？(《韓非子·六反》)

b. 人主其胡可以無務行德愛人乎？(《呂氏春秋·愛士》)

由此可見，無論是否是強調的位置“何*gaal”都能得到允准，在句法上沒有受到強調與否的制約。因此韻律上比“胡*gaa”重的“何*gaal”不是強調式，而是標準式。而在韻律上比“何*gaal”輕的“胡*gaa”即為在特定語音要求下出現的弱化式。這種標準式與弱化式的對立不僅體現在疑問詞“胡*gaa”與“何*gaal”的關係上，還體現在人稱代詞“吾*ŋaa”與“我*ŋaal”的關係上(趙璞嵩 2014)。在歷史上先出現“我*ŋaal”後出現“吾*ŋaa”。韻律上要求凸顯、強調的位置，只能出現“我*ŋaal”，不能出現“吾*ŋaa”(16a，b)。在沒有重音要求的句法位置，“吾*ŋaa”“我*ŋaal”均可出現(16c，d)。

(16) a. 雖然，夫折大木，蜚大屋者，唯我能也。(《莊子·秋水》)

b. *夫折大木，蜚大屋者，唯吾能也。

c. 不如以地請合于齊，趙必救我。若不吾救，不得不事。(《戰國策·燕策一》)

d. 我竭力耕田，共為子職而已矣，父母之不我愛，於我何哉？(《孟子·萬章上》)

三　句法結構與重音的互動

根據第 2 節的分析，“胡*gaa”“何*gaal”均屬於韻素音步。

但在不同的句法位置"胡*gaa""何*gaal"的對立不僅由自身韻律屬性決定，還和韻律與句法結構間的互動密切相關。

句法結構與韻律間最核心的規則就是核心重音指派規則。馮勝利（1994）指出先秦漢語採取"核心重音指派原則"(Lieberman & Prince 1977)。

(17) 核心重音指派原則

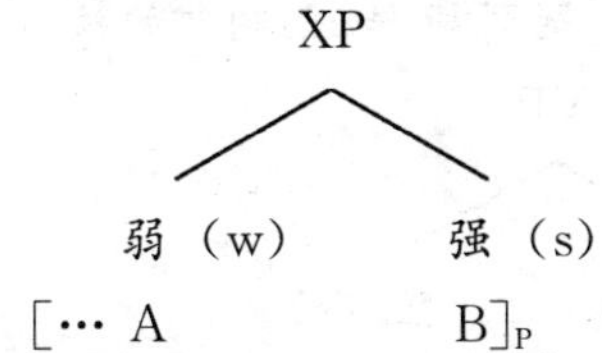

XP表示任一句末短語（名詞短語、動詞短語、介詞短語等），A和B表示任兩個成分，重音落在B上。句末短語"[[以][韓魏之家]]"為重音範域，"韓魏之家"承担核心重音(18)。

(18) 附之以韓魏之家。(《孟子·盡心上》)

本節從賓語和謂語位置的"胡*gaa""何*gaal"的分佈入手，討論核心重音與句法結構互動導致的"胡*gaa""何*gaal"的句法對立。

(一) 賓語位置

(1) 與 (2) 的例子說明"何*gaal"作賓語，可以自由地與動詞/介詞組合，出現在句中和句末皆可；但"胡*gaa"作賓語只能出現在句中，不能出現在句末。從句法上來看，"胡*gaa""何*gaal"作賓語，都出現在動詞/介詞前。

(19) a. 子貢曰："何為其莫知子也?"(《論語·憲問》)

b. 一者，道其本也，胡為而無長?(《十六经·成法》)

c. 在我而已，大國何為?(《左傳·桓公六年》)

d. ＊在我而已，大國胡為?

在（19）中，賓語“胡*gaa”“何*gaal”都在“為”前，組成結構［疑問詞 ＋ 動詞］。但“胡*gaa”作賓語不能出現在句末，句末位置的［胡 ＋ 為］作為非法結構而排除。

根據“核心重音指派原則”（17）可知，句末動詞及其賓語組成核心重音範域，核心重音在這個范域内指派。

（20）句末位置［疑問詞 ＋ 動詞］的核心重音指派

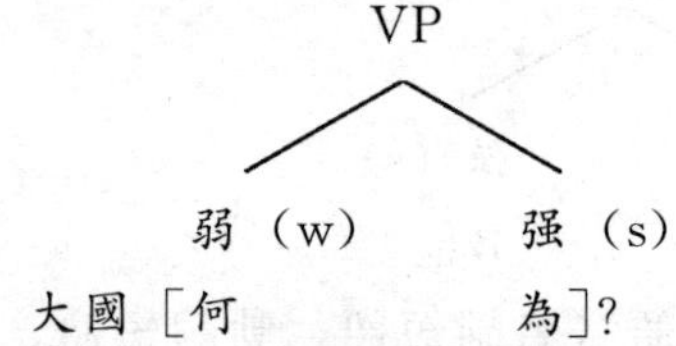

和動詞相比，單音節疑問詞賓語在韻律上較輕，但它在核心重音的範域内，這是全句韻律最凸顯的位置，不具備語音弱化的環境。在核心重音範域［疑問詞 ＋ 動詞］中不允許出現弱化式。因此同樣作為賓語，標準式“何*gaal”可以出現（19c）；弱化式“胡*gaa”比“何*gaal”少1個韻素［l］，不能出現在核心重音範域内（19d）。與句末位置不同，句中位置不參與核心重音指派，不在核心重音范域内，對弱化式沒有限制，因此“胡*gaa”可在句中作動詞賓語（19b）。

（21）句中位置［疑問詞 ＋ 動詞］的核心重音指派

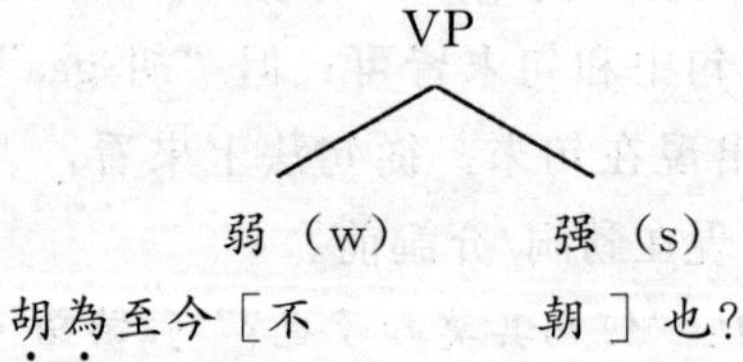

先秦的文獻也證實了這一點。“何*gaal”可以自由地和動詞、介詞搭配，沒有句中、句末的限制。但與“胡*gaa”組合的動詞、介詞非常有限，僅有“為”與“自”，且均在句中。據我們統計[①]，［胡＋自］在先秦僅出現2次，均在句中，從未在句末出現。

(22) a. 此胡自生？此自恶人贼人生與？（《墨子·兼愛下》）

b. 此胡自生？此自愛人利人生與？（《墨子·兼愛下》）

［胡＋為］的用例雖不少，但從未出現在句末（23）。

(23) 先秦［胡＋為］的句法分佈

	［胡*gaa＋為］在句中	［胡*gaa＋為］在句末
《莊子》	1	0
《荀子》	2	0
《吕氏春秋》	4	0
《戰國策》	2	0
《晏子春秋》	1	0
《戰國縱横家書》	1	0
《十六经》	1	0
《五十二病方》	1	0
《六韜》	1	0
合計	14	0

---

① 本文的語料來源是香港中文大學劉殿爵中國古籍研究中心的漢達文庫（www.chant.org）。對於傳世文獻的選取，採納魏培泉（1999）的劃分原則。魏培泉把先秦典籍分爲三組，第一組10部，《論語》《孟子》《韓非子》《墨子》《莊子》《荀子》《左傳》《國語》《戰國策》《吕氏春秋》。它們的時代都很確定，屬於先秦核心典籍。第二組8部，《周易》《老子》《管子》《商君書》《晏子春秋》《儀禮》《周禮》《孫子》。它們的語言和第一組大致相當。這兩組是本文討論先秦語法時主要的文獻依據。第三組2部，《尚書》和《詩經》。這兩部反映的主要是商代和西周的語法，且《詩經》是詩歌，非散文、口語文獻。

到了兩漢，漢語的音步類型由雙韻素音步變為雙音節音步(馮勝利 2000，李 果 2015)，一個標準音步由兩個音節組成雙音節音步導致韻素數量不再決定“胡*gaa”“何*gaal”的相對輕重。作為單音節詞，“胡*gaa”“何*gaal”沒有輕重差異，也不再有標準式與弱化式的對立。因此“胡*gaa”與動詞的組合也能出現在句末。

(24) a. 毋曰胡殘，其禍將然；毋曰胡害，其禍將大；毋曰胡傷，其禍將長。(《大戴禮記·武王踐阼》)

b. “汝何求?”曰:“願請延年益壽藥。”(《史記·淮南衡山列傳》)

(二) 謂語位置

從例 (5) 可知，“何*gaal”可以“獨立成句”或“作謂語”(貝羅貝、吳福祥 2000)，“胡*gaa”則受到限制，不能出現在同樣的句法位置。與賓語位置類似，“胡*gaa”與“何*gaal”在謂語位置上的對立也是韻律制約句法的自然結果。

從句法上看，上古漢語中單音節疑問詞都是獨立佔據謂語位置，沒有其他修飾成分，且其後常附有句末語氣詞 (sentence final particle)。

(25) a. 女獨不欲，何邪?(《莊子·天地》)

b. *女獨不欲，胡邪?

c. 或謂照翦曰:“為公畫陰計。”照翦曰:“何也?”(《戰國策·西周策》)

d. *照翦曰:“胡也?”

由 (25) 可以看出，無論與句末語氣詞連用抑或獨立作謂語，“何*gaal”均可以成立；但若替換為“胡*gaa”句子都不可接受。根據“核心重音指派原則”(17)，作謂語的疑問詞需要承擔核心重音。以 (25a) 為例，“何*gaal”自身包含 2 個韻素，可獨立組成雙韻素音步承擔核心重音，成為全句韻律上最凸顯的成分。

(26) “何*gaal” 的韻素音步

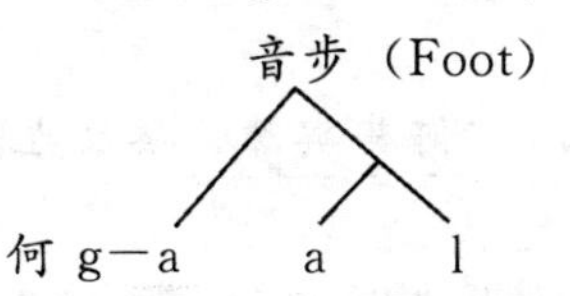

與之相對，弱化式“胡*gaa”不能出現在同樣的句法位置。謂語位置是全句韻律最凸顯的位置，並非語音弱化的環境，標準式“何*gaal”不會變為弱化式“胡*gaa”。所以韻律允准標準式“何*gaal”出現的謂語位置，禁止弱化式“胡*gaa”出現。

四　焦點與重音的互動

“胡*gaa”“何*gaal”的對立分佈不僅受到核心重音與句法的結構關係的影響，還與其他的和語音句法互動的現象有著密切的聯繫，最顯著的就是語言中使用的焦點和重音。根據Jackendoff (1972)“焦點一重音對應律”，焦點和重音具有一致性，焦點成分是全句韻律上最凸顯的成分 (F must contain the strongest stress in the sentence)。雖然有些句法位置並不參與核心重音的指派，但如果它成為焦點，按照“焦點一重音對應律”，在韻律上要求凸顯，那麼出現在這些位置的“胡*gaa”“何*gaal”也存在對立分佈。

(一) 語氣詞附著疑問詞

由 (4) 和 (6) 的例子可以看出，“胡*gaa”“何*gaal”都可以作狀語。但如果疑問詞後附著語氣詞，標準式“何*gaal”仍可出現，而弱化式“胡*gaa”則成為非法結構。類似的例子在上古漢語中還有很多：

(27) a. 武伯為祝，惡郭重，曰：“何肥也?”(《左傳·

哀公二十五年》)

b. 君胡不以屈產之乘與垂革壁假道於虞?(《春秋事語·晉獻公欲伐虢》)

(28) a. 子路進,請曰:"何其與陳、蔡反也?" (《墨子·非儒下》)

b. *胡其與陳、蔡反也?

為什麼(27b)中合法存在的"胡*gaa",在(28b)中成了非法的結構呢?關鍵在於疑問詞後是否附著語氣詞。而是否附著語氣詞和焦點密切相關。焦點通常以重音、語調和停頓等作為其語音實現形式。漢語中語氣詞屬於有聲停頓(朱德熙 1982:214),用來標識焦點(朱德熙 1982,馮勝利 2012 等)。

(29) a. 你呢,想去不能去;我呢,不想去又非去不可。(朱德熙 1982)

b. 古者民有三疾,今也或是之亡也。(《論語·陽貨》)

c. 向也不怒而今也怒,向也虛而今也實。(《莊子·山木》)

"呢、者、也"都在焦點後,凸顯焦點使其表達強調。"'何其',歎異之辭也。"(馬建忠 1898:402)因此,當語氣詞附在疑問詞後佔據停頓時,韻律上要求疑問詞承擔焦點重音,在韻律上凸顯。標準式"何*gaal"有3個韻素([a]、[a]和[l]),構成韻素音步,獨立承擔焦點重音。因此"何*gaal"允許語氣詞附著在它後面(28a)。與之相對,弱化式"胡*gaa"僅有2個韻素[a],比標準式"何*gaal"韻素少。如果語氣詞附著其後,"胡*gaa"不能滿足韻律凸顯的要求。因此"胡*gaa"禁止語氣詞的附著,不能出現在韻律要求凸顯的環境中(28b)。

如果比"胡*gaa"重的形式代替"胡*gaa",那麼原來非法的結構也可以合法存在了。事實正是如此。在(30)中,用雙音節“胡為”取代單音節“胡 *gaa”，原來非法的結構“*胡其棄法”“*胡其不可以同至”都可以合法存在。

(30) a. 巧匠輔繩而斲，胡為其棄法也？(《大戴禮記·四代》)

b. 則亦或遲或速，或先或後，胡為乎其不可以同至也？(《荀子·修身》)

反過來，如果“胡 *gaa”後沒有附著語氣詞，那麼狀語無需作為焦點凸顯，而且狀語位置本來也不在核心重音范域內，因此狀語也不承擔核心重音。狀語無需在韻律上凸顯，具備了韻律上語音弱化的環境，因此“胡 *gaa”“何 *gaal”都可以在狀語位置出現。事實也確實如此。在(27a)和(27b)中，我們看到，“胡 *gaa”在狀語位置也可以合法出現。

(二)“主之謂”結構

如果語氣詞附著導致狀語位置的“胡 *gaa”與“何 *gaal”形成句法對立，那麼在其他承擔焦點重音、韻律上要求凸顯的位置，這種對立同樣存在。(7a)和(7b)的對立說明緊鄰“主之謂”結構的狀語位置即是如此。

呂叔湘已指出［何＋主之謂］的組合與［何＋其］的組合一樣，都具有凸顯強調的作用。“實是借用疑問語氣表感歎。……文言用‘何’，下面多利用‘之’或‘其’造成組合式詞結。”(呂叔湘 1941：291)“主之謂”是上古漢語中一種特殊結構，在先秦最常見。從句法上看，它能充當多種句法成分(主語、謂語、賓語、修飾語、話題)，但不能獨立成句。當疑問詞緊鄰“主之謂”，成分控制(c-command)“主之謂”時，具有強調、凸顯的功能。

(31) a. 子路入見，曰：“何夫子之娱也?”(《莊子·秋水》)

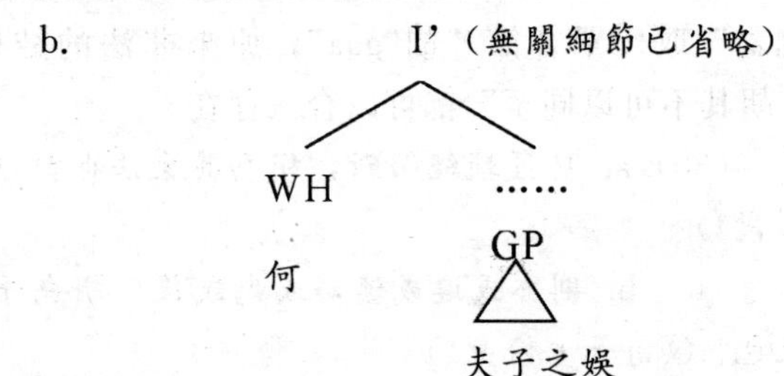

（31b）中"何 *gaal"作狀語出現在小句短語層面（TP），"夫子之娛"組成名物化短語（Gerundive Phrase，簡稱 GP）①，位於"何 *gaal"之下。"何 *gaal"與"夫子之娛"在結構上構成了成分控制（c-command）的關係。

"何 *gaal"佔據的位置在韻律上要求凸顯，因此弱化式"胡 *gaa"不能出現，因為這裡不具備語音弱化的環境。

（32）＊胡夫子之娛也？

如果採用韻律上比"胡 *gaa"重的疑問組合，那麼原來不好的句子也可以接受了。在韻素層面，"何 *gaal"比"胡 *gaa"的韻素多，韻律上"何 *gaal"比"胡 *gaa"重。從韻律層級結構（11）看，音節層面上雙音節"一何""何如"，三音節"若之何"比單音節"何 *gaal"的音節多，因此韻律上"一何""何如""若之何"比"何 *gaal"重，也可出現在"主之謂"前表示強調。

（33）a. 此一何慶吊相隨之速也！（《戰國策·燕策一》）

b. 是何慶吊相隨之速也！（《史記·蘇秦列傳》）

在（33）中，同樣的內容《史記》用"何 *gaal"而《戰國策》用"一何"，均表示強調。這種對應在（34）中更明顯。"一何"與"何 *gaal"形成對文。"'何'上又可以加'一'，其下即不用'之'或'其'。"（呂叔湘 1941：291）

① 關於"主之謂"結構有許多的討論，陳遠秀（2013）採納黃正德（2008）的觀點，把"主之謂"結構視為一個名物化短語，本文採用黃正德、陳遠秀的句法分析。

(34) 受賜不待詔，何無禮也！拔劍割肉，一何壯也！(《漢書·東方朔傳》)

類似地，“何如”“若之何”等疑問組合也可替代“何*gaal”出現在類似的結構中。

(35) a. 楚狂接輿歌而過孔子曰：“鳳兮鳳兮！何德之衰?”(《論語·微子》)

b. 鳳兮鳳兮！何如德之衰也?(《莊子·人間世》)

(36) 若之何子之不言也?(《左傳·哀公十一年》)

(三) 對比句主語

除了狀語位置，主語位置的“胡*gaa”與“何*gaal”也存在對立分佈 (8)。據何樂士 (1989) 統計，《左傳》中“何*gaal”在主語位置出現6次，其中5次為對比句。

(37) a. 今茲諸侯何實吉? 何實兇?(《左傳·昭公十一年》)

b. 封略之內，何非君土? 食土之毛，誰非君臣?(《左傳·昭公七年》)

在5個用例中，“何*gaal”為對比部分，是全句焦點，承擔焦點重音，表示强調。從韻律上看，“何*gaal”包含3個韻素，可以獨立構成韻素音步 (26)。所以“何*gaal”可以在對比句中作主語。與“何*gaal”類似，(37b) 中“誰 * gljul”(微部字) 有2個韻素 ([u] 和 [l])，能獨立構成韻素音步，因此“誰 * gljul”也可以出現在對比句的主語位置。與之相對，在韻律上要求凸顯的環境下，弱化式“胡*gaa”不能作對比句主語，無法承擔焦點重音。

(38) * 今茲諸侯胡實吉? 胡實兇?

五　解釋能力與理論推演

在上古漢語中由於韻素數量的差異，“胡*gaa”“何*gaal”形成了弱化式與標準式的對應關係。從韻律角度對“胡*gaa”“何*gaal”關係的重新認識，不僅可以解釋二者在句法分佈上的對立，還可以為文獻學上的某些問題提供語言學的證據。

(一)《韓非子》的爭議

第4節已指出“胡*gaa”不能承擔焦點重音，不能出現在結構［疑問詞＋語氣詞］中。但在《韓非子・難二》中卻有2例“胡*gaa”和語氣詞連用的例子。

(39) a. 此非有國之恥也，公胡其不雪之以政？

b. 公曰：“胡其善！”

“胡*gaa”後緊接語氣詞“其”，似乎和第4節中提出的規則相衝突。但這2例［胡＋其］均存在版本上的爭議。(39) 中的2例［胡＋其］均源自南宋乾道（1165—1173年）本《韓非子》。王先慎（2003：360）指出這2例在唐宋類書如《意林》《太平御覽》和《事類賦》的引文中均無“其”字。而且明代張榜本《韓非子》中更直接删去“胡其”兩字。基於這些文獻學上的依據，王先慎《韓非子集解》中這2例的文本如下：

(40) a. 此非有國之恥也，公胡不雪之以政？

b. 公曰：“善！”

這樣就存在兩個版本：乾道本（39）與王先慎本（40）。哪個版本更接近《韓非子》原貌呢？我們認為王先慎本更接近先秦時期《韓非子》原始面貌。

如第4節所述，結構［疑問詞＋語氣詞］要求在韻律上凸顯，不存在語音弱化的環境，因此弱化式“胡*gaa”不能出現。而且根據我們的統計，先秦時期也只有《韓非子》出現2例，說明禁止“胡*gaa”出現在結構［疑問詞＋語氣詞］中確實符合先秦漢語的語言事實。乾道本的“胡其”應是誤增“其”字，它不符合先秦漢語的語言事實。從語言學的角度來看，王先慎的版本更接近《韓非子》的原始面貌。

(二)《詩經》的“反例”

除了乾道本《韓非子》中的2例“胡其”之外，在《詩經》中還有1例［胡＋斯］：

(41) 匪言不能，胡斯畏忌？(《诗经·大雅·桑柔》)

根據我們的研究，“胡*gaa”後不能緊鄰語氣詞“斯”，結構［胡＋斯］是非法的。事實也確實如此。(41)［胡＋斯］中的“斯”不是表達語氣，而是作狀語，表示“這麼，這樣”(向熹1986，程俊英、蔣見元1991)。

六 結 語

在上古漢語中，“胡*gaa”與“何*gaal”的對應關係一直是語言學家長期關注而未盡其解的大難題。在某些句法位置，如謂語、主語，只能出現“何*gaal”，從不出現“胡*gaa”。在另外一些句法位置，“胡*gaa”與“何*gaal”的分佈又呈現出複雜的面貌：“胡*gaa”與“何*gaal”均可以作定語、狀語和賓語，但在語氣詞、“主之謂”前的狀語及句末動詞的賓語位置又不能出現“胡*gaa”。而且，不同的歷史時期也成為影響“胡*gaa”在某些句法位置上合法與否的因素。這些不同的區別，形成看似獨立、各不統一的語言事實，造成了長期困擾漢語研究的難題。原因何在？

我們認為從句法、語義、方言等角度入手很難得到統一的解釋。從根本上說，這是韻律制約句法的自然結果。“何*gaal”為韻律上的標準式；“胡*gaa”比“何*gaal”少一個韻素［l］，是“何*gaal”的弱化式。在韻律一句法互動的研究視野下，凡是韻律上要求凸顯的句法位置，如果出現弱化式“胡*gaa”，都會造成嚴重的韻律失調，導致句子結構非法。“胡*gaa”與“何*gaal”之間的韻律輕重關係，導致它們的句法分佈呈現出如此複雜多樣的局面。從這個意義上來說，本文的研究也為上古漢語的韻素音步研究以及韻律制約句法的研究提供了一個很好的釋例與證明。

〔主要參考文獻〕

貝羅貝，吳福祥. 上古漢語疑問代詞的發展與演變. 中國語文，2000(4).

陳遠秀. "主之謂"：上古漢語動詞名物化研究. 香港：香港中文大學，2013.

程俊英，蔣見元. 詩經注析. 北京：中華書局，1991.

丁聲樹. 論《詩經》中的"何""曷""胡". 中央研究院歷史語言研究所集刊，1942 (10).

馮勝利. 漢語韻律句法學. 上海：上海教育出版社，2000.

馮勝利. 漢語聲調對音調和音步的影響和作用//中國人民大學中文系。語言研究的務實與創新：慶祝胡明揚教授八十華誕學術論文集. 北京：外語教學與研究出版社，2004.

馮勝利. 上古單音節音步例證//歷史語言學研究：第五輯. 北京：中國社會科學院語言研究所，2012.

馮勝利. 漢語韻律詩體學論稿. 北京：商務印書館，2015.

何樂士. 左傳虛詞研究. 北京：商務印書館，1989.

黄正德. 從"他的老師當得好"談起. 語言科學，2008 (3).

孔穎達. 尚書正義//李學勤. 十三經注疏. 廖名春，陳明，整理. 呂紹綱，審定. 北京：北京大學出版社，1999.

李果. 從姓名單雙音節選擇看上古韻律類型的轉變. 古漢語研究，2015 (2).

呂叔湘. 中國文法要略. 北京：商務印書館，1982.

馬建忠. 馬氏文通讀本. 呂叔湘，王海棻，編. 上海：上海教育出版社，2001.

潘悟雲. 漢語歷史音韻學. 上海：上海教育出版社，2000.

潘悟雲. 東亞語言中的"土"與"地". 民族語文，2013 (5).

施向東，朱紅. 漢語第一人稱代詞和藏語. 昆明：2009 年昆明國際人類學會，2009.

王力. 中國語法理論. 北京：中華書局，1984.

王先慎. 韓非子集解. 北京：中華書局，2003.

魏培泉. 論先秦漢語運符的位置//PEYRAUBE A，Sun Chaofen. Honor of Tsu-lin Mei：Studies on Chinese Historical Syntax and Morphology. Paris：Ecole des Hautes Etudes en Sciences Sociales，1999.

向熹. 詩經詞典：修訂本. 北京：商務印書館，2014.

楊伯峻，何樂士. 古漢語語法及其發展：修訂本. 北京：語文出版社，2001.

俞敏. 俞敏語言學論文集. 北京：商務印書館，1999.

趙璞嵩. 從"吾""我"的互補分佈看上古漢語韻素的對立分佈. 香港：香港中文大學，2014.

周法高. 中國古代語法：稱代編. 臺北：臺聯國風出版社，1959.

朱德熙. 語法講義. 北京：商務印書館，1982.

HAYES B. Iambic and trochaic rhythm in stress rule. Berkeley Linguistics Society，1985 (13).

HAYES B. The prosodic hierarchy in meter//KSPARSKY P，YOUMANS g. Rhythm and Meter. Orlando，Florida：Academic Press，1989.

HAYES B. Metrical stress theory-principles and case studies. Chicago：The University of Chicago Press，1995.

HOGG R，MCCULLY C B. Metrical Phonology：a course book. Cambridge Eng.：Cambridge University Press，1987.

JACKENDOFF R. Semantic interpretation in generative grammar. Cambridge，Mass.：MIT Press，1972.

LIEBERMAN M，PRINCE A. On stress and linguistic rhythm. Linguistic Inquiry，1977 (8).

MCCARTHY J，PRINCE A. Foot and word in prosodic morphology：the Arabic broken plural. Natural Language and Linguistic Theory，1990 (8).

PRINCE A. A metrical theory for estonian quantity. Linguistics Inquiry，1980 (11).

SELKIRK E. The role of prosodic categories in English word stress. Linguistic Inquiry, 1980 (11).

Prosodically Determined Distinction between *Hu*/ *gaa/and *He*/ *gaal/ in Archaic Chinese

Li Guo

(College of Literature and Journalism, Sichuan University, Chengdu, 610064)

Abstract: This essay studies the relation between *Hu*/ *gaa/and *He* / *gaal/ in archaic Chinese in an approach of Moraic Foot Theory (McCarthy& Prince 1990, Feng 2012). It is argued that *He*/ *gaal/is analysed as a underlying form while *Hu*/ *gaa/represents a weak form, which leads to *Hu*/ *gaa/'s ungrammaticality when syntactic structures have to bear nuclear stress and focus stress prosodically. As a result, the syntactic distribution of *Hu*/ *gaa/is more constrictive than *He*/ *gaal/.

Key words: archaic Chinese; wh-words; moraic foot

(李果，四川大學文學與新聞學院，郵編 610064)

《新修玉篇》“《韻》又”探究*

趙曉慶　張民權

内容摘要：金代邢準的《新修絫音引證群籍玉篇》（簡稱《新修玉篇》）是目前已知的我國古代收字最多（63476 個）、彙集音義最多（超過 106016 條）的一部大型《玉篇》系字書，廣泛“絫音”是《新修玉篇》区别於其他傳世字書的突出特點，這就使得該書所彙集音義材料異常豐富和完備，體現出了很高的音韻學研究價值。《新修玉篇》音義材料的豐富性主要體現在“重音”中，其重音以“《韻》又”標識为核心，但“《韻》又”的具體所指卻是一個謎團。基於此，本文從“《韻》”的形式、“《韻》又”的性質、“《韻》又”的離析三方面出發對《新修玉篇》中的“《韻》又”問題作了深入探討，解決了該書重音研究中“《韻》又”以及與“《韻》又”相關的諸多問題。

關鍵詞：邢準　《新修玉篇》　《韻》又　研究

一　引　言

金代邢準的《新修玉篇》成書於 1188 年，是近十幾年來學界新發現的一部重要《玉篇》系字書，它以收字多、篇幅大而引

* 本文得到北京市社科規劃項目《金代王文鬱〈新刊韻略〉文獻整理及相關字韻書研究》（14WYB033）、中國博士後科學基金第 60 批面上資助項目（2016M600166）資助。匿名評審專家爲本文提出了寶貴的修改意見和建議，特此致謝。

起人們廣泛重視。它是古代收字最多的字書，但它的價值卻又不僅僅體現在文字學方面，它同時也是彙集音義最多的一部巨著。該書内容是在宋本《玉篇》基礎上先後經過金代王太、祕祥等八人、邢準三個不同時間段、多層次累積而成的，它既包羅萬象又形音義全備。從成書過程看，先是王太在宋本《玉篇》（非今《宋本玉篇》）基礎上從宋金時期衆多字韻書包括俗字字書、俗韻韻書（方言韻書）中網羅增補字頭三萬多個、重音義六十多萬字著成《增廣類玉篇海》（1124）；1164 年祕祥等八人又重修而成《重修增廣類玉篇海》；1168 年邢準以此重修本爲基礎從當時幾近失傳的《廣集韻》《省韻》“古《切韻》”“江南《廣韻》”四部韻書中補入字頭一千二百四十個、音義材料一萬二千五百四十條，彙爲《新修玉篇》一書。多次增補字頭和音義使得該書總字頭數超過六萬個，總音義可能超過十萬條，從而大大超越《集韻》，成爲宋金時期彙集字頭和音義的集大成之作。

《新修玉篇》是宋金時期的音義彙纂，該書中豐富的音義材料主要體現在“重音”中（“重音”是“首音”之後所有音切的通稱，音義書、字書多稱“重音”，韻書多稱“又音”。“重音”的形式較早見於《經典釋文》，“重音”之名最早見載和應用於《類篇》，邢準《序言》亦徑稱其所增補之音切爲“重音”）。《新修玉篇》的“重音”有大量標“《韻》又××切”“又××切”者，亦有“又××切”與“《韻》又××切”混雜者，此外還有少量標以書目名稱者，如“《省韻》又××切”“《廣集韻》又××切”“《切韻》又××切”等。雜亂不一的注音體例讓人無從著手，這就成了《新修玉篇》注音材料研究中的一個難點，研究者亦多止步於此而無從深入。

但我們發現，《新修玉篇》“重音”材料最明顯的特點就是它用“《韻》”“《韻》又”“《韻》曰”“《省集韻》”“《廣集韻》”“《廣韻》”“《切韻》”等形式作了標注，這類以説明來源爲主的標注，是《新修玉篇》“彖音”的基本特徵，也是“彖音”的基本術語。《新修玉篇》中凡是有“重音”的字下，多數都標有“《韻》又××切”或“《韻》××切”。很顯然，這里的“《韻》”是諸家韻書的省稱，但“《韻》又”一詞具有概括性、模糊性，每個字頭下的重音具體來自哪部韻書還很難明確，這就需要我們作詳細分析。

二 “《韻》”的形式

《新修玉篇》“重音”材料中多有以“《韻》”爲標識者，其數量當不下上萬條。“重音”中“《韻》”不僅出現的次數多，其形式也複雜多樣。我們發現《新修玉篇》中標“韻”的音義材料主要有“《韻》”“《韻》又”“《韻》曰”“《韻》注”四種，以下我們分別作以詳述（以玉部字爲例，玉部所無者以他部之字示例之）。

（一）“《韻》又”

《新修玉篇》“重音”材料中“《韻》又”之後常常引出音切和釋義，這是增加“又音”（重音）的一種標識。如：

（1）玭，符真切，又：“部田切，珠也。”《夏書》作“蠙”。〇《韻》又：“部迷切，淮珠也。”（卷一·玉部五畫）

（2）珊，思安切，《說文》云：“珊瑚，色赤，生於海，亦生於山。”〇《韻》又：“《廣雅》曰：‘珊瑚珠也’”。〇《韻》又：“桑割切，珊瑚，生海中。”（卷一·玉部六畫）

“《韻》又”所表示的音義與其他重音義之間一般都用重音符號“〇”隔開，每個“〇”都表示一組不同的音義，但有時候《新修玉篇》也將取自同一韻書的若干釋義相同的不同音切用“××、××二切”“××、××、××三切”的形合併在一個“〇《韻》又”之下。如：

（3）㳽，余針切，行皃，亦作“冘”。〇《韻》又：“与

甘、余廉、弋感三切，徐行也。”〇又：“章監切，去聲，袩袡，行皃。”〇又：“章黶切，袩袡，行皃。”（卷十彳部·四至五畫）

（二）“《韻》曰”

《新修玉篇》除了用“《韻》又”引出重音義外，還經常用“《韻》曰”的形式只引出釋義，如：

（4）玉，魚欲切，《禮記》曰：“君子比德於玉焉，……故君子貴之也。”〇《韻》曰：“《白虎通》云：‘玉者，象君子之德，燥不輕，濕不重……’”（卷一·玉部一至三畫）

按，《廣韻》“魚欲切”下：“玉，《白虎通》曰：‘玉者，象君子之德，燥不輕，濕不重……。’”

此處“《韻》曰”中的內容與《廣韻》完全一致，《廣韻》此釋義對應的音切與《新修玉篇》首音切相同，故《新修玉篇》在引用此重音義時，將“魚欲切”省略而用“《韻》曰”的形式只列出釋義。又：

（5）玔，尺絹切，玉玔。《韻》曰：“玉環也。”（卷一·玉部一至三畫）

按，《集韵》：“玔，樞絹切，玉環。”

“《韻》曰”之後的釋義“玉環也”與《集韻》釋義一致，其中《集韻》“樞絹切”與“尺絹切”同音異切，故承上省略而用“《韻》曰”的形式只將釋義列出。

這些僅列釋義的“《韻》曰”形式，實際也是重音的一部分。因爲該重音與前面音切相同（包括同音異切、同音同切），所以承前省略而僅保留釋義部分。

（三）“《韻》注”

《新修玉篇》的“重音”標目還有“《韻》注”的形式，“注”指“注釋”“釋義”。“《韻》注”跟“《韻》曰”一樣後面常只列釋義，不列音切，如：

（6）日，人質切，陽之精也。《廣雅》云：“珠明曜靈東君并日名日實也，君象也，義和，日御也。”〇《韻》注：

“《說文》曰：‘實也，太陽精不虧，从口、一，象形。’”○《韻》又：“而力切，太陽精，李舟說。”（卷二十·日部一至三畫）

按，《廣韻》：“日，人質切，《說文》曰：‘實也，太陽精不虧，從口、一，象形。’”

這里的“《韻》注”用圓圈隔開，後面列有釋義，但未列音切，經對比我們發現該條目的釋義與《廣韻》内容一致。重音與首音音切相同，但釋文不同。故邢準承上省去“人質切”并以“《韻》注”的形式只引出釋義。由此看來，“《韻》注”和“《韻》曰”是一回事。

（四）“《韻》”

《新修玉篇》“重音”材料的標目還有省去“又”“曰”“注”而作“《韻》”的，如：

（7）玤，布孔、步講二切，《說文》云：“石之次玉，以爲系璧。一曰：‘若蛤蚌’。”○《韻》：“步講切。又周邑，地名。”（卷一·玉部四畫）

這里的“《韻》××切”是引出重音及釋義的，“《韻》××切”在引出又音（重音）加釋義時是“《韻》又××切”的省寫。

“《韻》又”“《韻》曰”“《韻》注”“《韻》”都以“《韻》”爲形式羅列重音義，都是邢準依據諸韻（《廣集韻》《省韻》《切韻》《廣韻》）增加的“重音”材料。所不同的是“《韻》又”“《韻》”側重引出音切加釋義，“《韻》曰”“《韻》注”側重引出釋義，它們是用途不同的不同術語。這些術語之間會偶有交叉，比如《新修玉篇》中有個别以“《韻》又”引出釋義、以“《韻》注”引出注音的情況，但只是偶爾混雜，並不影響術語間各自整體的功用。《新修玉篇》重音中“《韻》又”的形式數量最多，也最常見，所以我們討論時以“《韻》又”爲代表，指稱標“《韻》”的這一類重音。

三 "《韻》又"的來源、性質

《新修玉篇》中的"重音"內容複雜、形式多樣，要搞清其來源也比較困難。但我們知道"《韻》"是對所引韻書的模糊性標注，如果能確定"《韻》"的來源，《新修玉篇》的重音來源問題就能在很大程度上得到解決。從成書過程看，《新修玉篇》的"重音"主要包括原宋本《玉篇》中的重音（第一層次重音），王太著、秘祥等八人重修的《重修增廣類玉篇海》在宋本《玉篇》基礎上增加的重音（第二層次重音），邢準在《重修增廣類玉篇海》基礎上增加的重音（第三層次重音）三個層次。然而，《重修增廣類玉篇海》一書早已亡佚，《新修玉篇》中的"重音"又有諸多不同的表述方式，比如有作"又××切"者，有作"《韻》又××切"者，還有在"又××切"中間有"《韻》又××切"以及最後標明"《省韻》又××切""《廣集韻》又××切""《集韻》又××切"者，如：

(8) 琜，力達切，玉名。○又："紀力切，《埤蒼》云：'垂瑓，地名，出美玉。'"(卷一·玉部七畫)

(9) 瑸，布巾切，璘瑸，玉光也。○《韻》又："方閑切，瑸璘，玉文也。"(卷一·玉部九畫)

(10) 瑩，烏定切，瑩飾也。○又："永兵切，玉色。《詩》云：'充耳琇瑩'。"○《韻》又："餘傾切，石似玉也。"○又："烏迥切，聽熒，疑惑也。同作熒。"(卷一·玉部十畫)

(11) 碧，彼戟切，《山海經》云："商山下多青碧。"郭璞曰："亦玉類，今越嶲會無縣東山出碧。"……○《省韻》："兵彳切。"(卷一·玉部十畫)

如此眾多的"重音"看上去零碎雜亂，要搞清哪些是《增廣類玉篇海》在宋本《玉篇》基礎上增加的、哪些是邢準增加的，非常困難。但我們發現《新修玉篇》序言中邢準爲對比説明編纂特點列入了原《重修增廣類玉篇海》中“敦”字的完整音切及釋義，這個“敦”字就成了我們解決“《韻》又”來源及其性質問題的一個重要突破口。

以下我們對比列出了《重修增廣類玉篇海》和《新修玉篇》中“敦”字的音義（前者見於邢準《增修彖音引證群籍玉篇序》），發現二書中“敦”字十二個重音皆作“又××切”，而無一作“《韻》又××切”者：

字	《重修增廣類玉篇海》	《新修玉篇》
敦	都昆切，迫也。亦厚也。又姓，敦洽（治）①，衛之醜人也。 1. ○又：“都回切，《詩》云：‘敦彼獨宿。’” 2. ○又：“佗昆切，敦悃，心不明也。” 3. ○又：“徒渾切，大也。又敦煌，郡名。” 4. ○又：“徒官切，《詩》云：‘有敦瓜苦’”。 5. ○又：“都聊切，天子弓也，《説文》曰：‘畫弓也’，《詩》又作‘敦’字。” 6. ○又：“直由切，覆也禮‘每敦一幾’，劉昌宗讀。” 7. ○又：“徒到切，覆也。” 8. ○又：“之引切，布帛幅廣也，同作‘縳’。” 9. ○又：“徒晧切，覆也。《禮》：‘每敦一幾’”。 10. ○又：“徒損切，倱敦不慧也，	都昆切，迫也。厚也。又姓，敦洽（治），衛之醜人也。從攴。 1. ○又：“之引切，布帛幅廣也，同作縳。” 2. ○又：“都隊切，去聲，器名，周禮‘珠盤玉敦’。”一曰：“似瓿無緣，盟以歃血者。” 3. ○又：“徒晧切，覆也，《禮》‘每敦一幾’。上聲。” 4. ○又：“徒到切，覆也。” 5. ○又：“都回切，《詩》云：‘敦彼獨宿。’” 6. ○又：“他昆切，憞悃，心不明也。同作‘憞’。” 7. ○又：“徒渾切，大也。”又曰：“敦煌，郡名。” 8. ○又：“徒官切，《詩》云：‘有敦瓜苦。’” 9. ○又：“都聊切，天子弓也，《説文》曰：‘畫弓也’，《詩》又

① 《廣韵》作“洽”，“治”“洽”刻本難辨，極易混淆。

續上表

	同作‘他’。” 11. ○又：“都困切，暨也。” 12. ○又：“都隊切，器名，周禮‘珠盤玉敦’。”一曰：“似瓿無緣，盟以歃血者。”	作‘敦’，或從弓，亦作弴。” 10. ○又：“直由切，覆也。《禮》‘每敦一幾’，劉昌宗讀。 11. ○又：“徒損切，倱伅不慧，同作‘伅’。” 12. ○又：“都困切，暨也。”

以上二書首音及釋義一致（皆與今《宋本玉篇》同），首音之外的重音音切、釋義有細微差別，排列順序也不同。《新修玉篇》在《重修增廣類玉篇海》基礎上調整了重音排列順序，標示了聲調，替換了部分異寫字，除此之外並未將任何一處的“又××切”改作“《韻》又××切”（《重修增廣類玉篇海》之“敦”字本身也無一處“《韻》又××切”）。邢準《新修玉篇》序言所列“敦”字前還有這樣一段表述：

> 《篇》中字他音訓義極有脫遺，今略舉敦字已下五十六字以證之，具列於後。其敦字有一十三切，顯眾讀之義。余者姑以諸書注釋他音明之。

其中，《篇》指《重修增廣類玉篇海》，這段話是說《重修增廣類玉篇海》所列音義雖然相對全備，但有的字下音義漏失。邢準在序言後列舉了五十六個字，其中第一個字“敦”音義完備，後面的五十五字所列音義都是《重修增廣類玉篇海》中沒有的，也正是《新修玉篇》所要補充的。再對這些字作一番考察我們就會發現，《重修增廣類玉篇海》沒有的音義邢準《新修玉篇》在增補時都標上了“《韻》又”，或標在了“《韻》又”之後，如：

字頭	《重修增廣類玉篇海》待補音義	《新修玉篇》
陟	多則切，得也。周禮“陟夢”，言夢之所得。	知直切。登也，高也，外也。○《韻》又：“多則切，得也。《周禮》‘陟夢’，言夢之所得。”（卷二十二・阜部六畫）

續上表

昔紾	上倉各切，下徒典切。角理，犃也。《周禮》“老牛之角紾而昔”。一曰：‘垂絕皃’。	昔：思亦切，往也，久也，昨也。○《韻》又：“胡官切，堇類。”○又：“倉各切，犃也。《周禮》‘老牛之角紾而昔。’”“紾”字缺。(卷二十・日部四畫)
折	杜兮切。《禮記》曰：“吉事欲其折。”折爾，安舒皃。	士列切。《廣韻》又：“常列切，斷也。”《韻》又：“食列切，斷而猶連也。《說文》‘斷也。’又旨熱切，拗折。又虜複姓，南涼禿髮傉檀立其妻折屈爲皇后。”○又：“杜兮切。《禮記》云：‘吉事欲其折’，折爾，安舒皃。”○又：“征例切，斷也。《春秋傳》‘司馬置折俎’。徐邈讀。”○又：“時制切，曲也。”(卷六・手部四畫)
闇	烏感切，隱晦也。《禮記》云：“君子之道，闇然曰章。”	於紺切，閉門也。幽也，《韻》又：“冥也。”○《韻》又：“乙減切。隱暗也，《禮》‘君子之道，闇然日章。’”○又：“烏感切，隱晦皃。《禮記》：‘君子之道，闇然曰章。’”○又：“烏含切，治喪廬。《禮》：‘高宗諒闇三年不言。’”○又：“于金切，默也。何休曰：‘高宗諒闇。’”(卷十一・門部九畫)
牢	落侯切。削約，握之中央以安手也。《儀禮》云：“士喪握手用玄牢。”	力刀切，牲備也。廩倉也，又堅也。○《韻》又：“落侯切。削約，握之中央以安手也。《儀禮》：‘士喪握手用玄牢。’”(卷二十三・牛部三畫)

……

此外，我們還翻閱了與《新修玉篇》同源于《重修增廣類玉篇海》的《四聲篇海》，其重音皆作“又××切”“××、××二切”“又音×”等，而無一作“《韻》又××切”者，如：

(12) 賁，府文切，飾也。又：“符文切，三足龜也。”又：“孚員切，《山海經》云：‘桂林八樹，作賁隅。’”又：“布還切，古文斑駁也，文也。”又：“博昆切，勇也。《周禮》有虎賁氏。符非切，姓也，出《姓苑》。”又：“般美切，卦名，貴飾。”又：“方問切，有勇力也。”又：“房吻切，怒也。”又“力竹切，賁渾，地名。”(《四聲篇海·卷六》貝部·六畫)

(13) 夫，甫俱切，《說文》云：“丈夫，从一、大，以象簪。周制八寸爲尺，十尺爲丈，人長八尺，故曰丈夫。”又：“夫三爲屋，一家田爲一夫也。”又“音扶，語助也。”(《四聲篇海·卷八》夫部)

(14) 岮，徒河切，陂岮，不平之皃。又：“普何切。”(《四聲篇海·卷十一》山部·五畫)

由此看來，“《韻》又××切”都是邢準所增的音切，“《韻》”是邢準累增音義的標識。因爲邢準在《增修絫音引證群籍玉篇·序》中已經列出了他增補音義所據的四部韻書：《廣集韻》《省韻》《切韻》《廣韻》，所以我們基本可以確定“《韻》又”中的“《韻》”即指這四部韻書。

明確了“《韻》又”來源，也就明確了它的性質以及它在《新修玉篇》“重音”中的重要地位和作用。

1.“《韻》又”具有標示“重音”層次的作用。“《韻》又”中的“《韻》”類標識是引出重音及釋義的，因此它具有標示重音義的性質和作用。有“○”標識的很容易就能辨別出其爲重音義，但有時候首音義之下的重音並沒有用“○”標示出來，此時“《韻》又”和“《韻》”等就成了首音與重音之間最明確的標識，如：

(15) 玤，布孔、布講二切。《說文》云：“石之次玉，以爲系璧，一曰：‘若蛤蚌’。”《韻》：“步講切。又周邑，地名。”(卷一·玉部四畫)

“《韻》又”後標示的音義爲第三層重音，是邢準在《增廣類玉篇海》基礎上添加的（第一層次重音是原宋本《玉篇》中的，如“玤”字之“布講切”；第二層次爲王太《增廣類玉篇海》在宋本《玉篇》基礎上增加的重音，如下文“珙”字之“居悚切”，一般是在第一層重音之後、“《韻》又”之前，用“○”標出的重音)。這一屬性對於我們探究《新修玉篇》重音層次具有非常重要的作用。又如：

(16) 往，于兩切，古往也。行也。去也。之也。又至也。○《韻》又：“雨方切，之也，又音旺。”○又：“于放切，歸鄉也。”(卷十・彳部四至五畫)

(17) 珙，居容切，大璧也。○又：“居悚切，璧也。”○《韻》又：“戶公切，《說文》‘玉也。’”(卷一・玉部六畫)

有了“《韻》又”標識我們很輕鬆就能辨別“往”字“《韻》又”之前的部分爲首音義，“《韻》又”後面的部分爲邢準所增加的第三層重音；“珙”字“居容切”爲首音，“又居悚切”爲第二層次重音，“《韻》又”所引出的“戶公切”是邢準增入的第三層次重音。

2. “《韻》又”具有標示“重音”來源的作用。“《韻》又”除了引出音義、標示重音外，還說明它所引出的音義出自諸“《韻》”，這也就在一定程度上標明了來源。《新修玉篇》中王太增補的重音沒有標示來源，其所引之“八家篇韻”亦多亡佚，故難以考知。但是標有“《韻》又”的重音情況就大不相同了，根據“《韻》又”標識我們首先能確定它是邢準所據四部韻書中的音義，邢準《新修玉篇》序言在其“新字號樣”中列出四部韻書爲《廣集韻》《省韻》《切韻》《廣韻》，顯然“《韻》又”中的“《韻》”即是這四部韻書的省稱，再根據對《新修玉篇》所引《廣集韻》《省韻》《切韻》《廣韻》四部韻書性質與特點的考察，我們基本可以確定每條“《韻》又”材料的來源。

“《韻》又”中的“《韻》”是《廣集韻》《省韻》《切韻》《廣韻》四部韻書的省稱。然而“《韻》”畢竟只是一種模糊標注，它在具體的重音材料中指四部韻書中的哪一部，還需要我們對《新修玉篇》所引亡佚韻書作出考證后才能明確，這也就涉及了

"《韻》又"材料的離析。

四　"《韻》又"的離析

"《韻》又"是邢準在《重修增廣類玉篇海》基礎上增加的重音，邢準增加的重音一般都有"《韻》又××切"的標識，在"《韻》又"之後的多重音切因不宜重複標示而多在"《韻》又"之後簡省作"又××切"。我們發現邢準在《新修玉篇》中引用的這幾部韻書除《廣韻》（其實《新修玉篇》所引《廣韻》也不是今本《廣韻》，詳見下文）外都已亡佚，因此"《韻》又"的具體所指似乎已無從查證。

但在對《新修玉篇》所引亡佚韻書進行過一番考察之後，這個問題又變得可解了。因爲在亡佚韻書材料的輯考研究中，我們發現《廣集韻》《省韻》《切韻》《廣韻》四部書各自的音義特點都非常明確，掌握了這些特點我們就基本能對諸多"《韻》又"材料作出定位和離析。

（一）《廣集韻》

《廣集韻》顧名思義可能會與《廣韻》《集韻》有關，經對比考察，我們發現《新修玉篇》所引《廣集韻》實際上以《廣韻》爲底本、以《集韻》爲補充，融合了《廣韻》《集韻》二書。

《廣韻》中的音切及釋義，《廣集韻》大都進行了保留。其中，《廣韻》中的字頭、音切及釋義，《廣集韻》基本都收錄了。《廣韻》無該字（包括釋義）但有該音讀時，《廣集韻》就在該音讀下補入《集韻》的字形及釋義；《廣韻》無該字及音切、釋義時，《廣集韻》就補入《集韻》音讀、字形、釋義，并根據《廣韻》常用反切上下字改造《集韻》音切。邢準所增音切基本都是宋本《玉篇》《廣韻》等字韻書所無的，所以"用《廣韻》反切上下字新造音切"這就成了辨識《廣集韻》的重要特征；另外，因爲《廣集韻》還根據《集韵》對《廣韵》作了釋義方面的補充，所以音切與《廣韻》一致、釋義與《集韻》相關也是辨識《廣集韻》的重要特徵。

(二)《省韻》

《省韻》一書邢準又稱之爲《省集韻》。從名稱上看，它可能會與《集韻》有一定關係。經考察，我們發現《省韻》與《集韻》反切多數相同、少數不同，《省韻》中与《集韻》不同的音切約占 1/10。《省韻》與《集韻》釋義多數相同、少數不同，《省韻》對於"俗體""非是"的標注比《集韻》精細。因此，我們可以認定《省韻》是《集韻》的修訂本，其內容與《集韻》大體一致但又有所改良。

(三)《切韻》

《新修玉篇》引《切韻》的字多爲生僻字，而且還有很多不見於《廣韻》甚至不見於《集韻》的。《新修玉篇》所引《切韻》的音切常見"××反""××切"混用，這些音切多數都能在《廣韻》中找到，但有的音切包括又音在《廣韻》中查無，說明該《切韻》中字的小韻和又音多於《廣韻》。因此我們斷定它是孫愐《唐韻》、李舟《切韻》之後，宋代《廣韻》之前，未被《廣韻》參考過的一個增字本《切韻》。

(四)《广韵》

《新修玉篇》對《廣韻》也作了一定程度引用，但該《廣韻》是署名爲"江南《廣韻》"的，非今本《廣韻》。據考察，該《廣韻》除增加個別字、補充若干釋義外還彌補了今傳本《廣韻》又音反切不對應的問題，當是《廣韻》在南宋時期的一個修訂本。

根據對以上四部韻書特點的考察，我們基本可以分析出衆多"《韻》又"材料的不同來源，如：

(18) 丕，普邳切，《虞書》"嘉乃丕績"孔安國曰："丕，大也。"○《韻》曰："大也，亦姓。《左傳》'晉大夫

丕鄭’。”〇《韻》又：“府眉切，大也。”(卷一·一部)

按，《廣韻》“敷悲切”下：“丕，大也，亦姓。《左傳》‘晉大夫丕鄭’。”《廣韻》有“悲”字“府眉切”但該音切下無“丕”字。《宋本玉篇》：“普邳切，《虞書》‘嘉乃丕績’孔安國曰：‘丕，大也。’或作丕。”《集韻》“攀悲切”下：“丕，《說文》‘大也’，或从十，亦姓。”又“逋眉切”下：“丕，大也。”

“丕”字重音“《韻》又‘府眉切，大也’”與《集韻》“逋眉切，大也”同音異切、釋義相同。“逋眉切”在《廣韻》中對應的音切即是“府眉切”，但該音切下無“丕”字。以《集韻》音讀補《廣韻》，並且更換爲《廣韻》切語。根據這個特征，此條“《韻》又”來源於《廣集韻》。

(19) 下，何雅切，《易》曰：“化成天下。”下者，對上之稱也……《韻》曰：“賤也，去也，後也，降也。”又：“胡駕切，行下也。《易》曰：‘以貴下賤是也’。”〇《韻》又：“古訝切，借也，至也，易也，休假也。”〇又：“侯古切，下也。”

按，《宋本玉篇》：“下，何雅切，《易》曰：‘化成天下。’下者，對上之稱也……”“又何駕切，行下也。……”《广韻·上聲·馬韻》：“下，賤也，去也，後也，底也降也。胡雅切。”又《廣韻·去聲·禡韻》“胡駕切”下：“下，行下。又胡雅切。”《廣韻·去聲·禡韻》“古訝切”下：“假，借也，至也，易也，休假也。”

《集韵·上聲·姥韻》“後五切”下：“下，下也。”又《集韻·上聲·馬韻》：“下，亥雅切，《說文》：‘底也，指事。’”又《集韻·去聲·禡韻》“亥駕切”下：“下，降也。”又《集韻·去聲·禡韻》“居迓切”下：“下，以物貸人也，或省。亦作假。一曰：‘休告也。’”

可以看出，“下”字首音義與《宋本玉篇》同，重音一“又胡駕切”音義與《廣韻》一致，是據《廣韻》以改《宋本玉篇》；重音二“《韻》又古訝切”與《廣韻》“假”字音義全同，但《廣韻》此音切下無“下”字，《集韻》有同音異切的“居迓切”，且注明“‘下’亦作‘假’”。由此可知此“《韻》”爲《廣集韻》。重音三“又侯古切”，與《集韻》“後五切”同音異切、釋義同。《廣韻》有“戶”字“侯古切”，但此音切下無“下”字。可知此爲據《集韻》音讀增補《廣韻》，但在補入時換作了《廣韻》常用切語，或者可以說是以《廣韻》爲底本以《集韻》爲補充，這是《廣集韻》之音切特征。

(20) 玒，古雙切，玉名。又古紅切，玉名，“玜”同。○《韻》又：“戶公切，《說文》‘玉也’。”

按，《宋本玉篇》：“古邦、古紅二切，玉名。”《廣韻·上平·東韻》“古紅切”下：“玉名，又音江。”《广韵·上平·江韻》“古雙切”下：“玉名，又音工。”

《集韵·上平·東韻》“胡公切”下：“玒、珙，《說文》‘玉也’。或从共。”又《集韻·上平·東韻》“沽红切”下：“玒、玜，玉名。或从公。”又《集韻·上平·江韻》“古雙切”下：“玒、玜，玉名。或从公。”

“玒”字首音及第一層重音是在《宋本玉篇》基礎上根據《廣韻》進行的改作；重音二“《韻》又戶公切”與《集韻》“胡公切”同音異切、釋義同，又《廣韻》有“戶公切”但此音切下無“玒”字，很明顯這是據《集韻》以補《廣韻》，該“《韻》”指《廣集韻》。

(21) 玉，魚欲切，《禮記》曰：“君子比德於玉焉，……故君子貴之也。”○《韻》曰：“《白虎通》云：‘玉者，象君子之德，燥不輕，濕不重，……’”○又：“香救切，琢玉工。”○《韻》又：“新匊切，朽玉。又琢玉工。又姓，出《何氏姓苑》，後漢有玉況，字文伯，光武以爲司徒。”○又：

"相玉切，西番國名。亦姓。又新匊切。"(卷一·玉部一至三畫)

按，《宋本玉篇》："魚錄切，《禮記》曰：'君子比德於玉焉……故君子貴之也。'"《廣韻·入聲·燭韻》："玉，《白虎通》曰：'玉者，象君子之德，燥不輕，濕不重，……魚欲切。'"又《廣韻·入聲·屋韻》"息逐切"下："玉，朽玉。又琢玉工。又姓，後漢有玉況，字文伯，光武以爲司徒。"又《廣韻·入聲·燭韻》"相玉切"下："玉，西番國名。亦姓。又香救切，又新菊切。"《集韻·入聲·屋韻》"息六切"下："玉，琢玉工。"又《集韻·入聲·燭韻》"須玉切"下："玉，西戎國名，亦姓。"又《集韻·入聲·燭韻》"虞欲切"下："玉，《說文》：'石之美有五德……'又《集韻·去聲·宥韻》"許救切"下："玉，琢玉工。"

《新修玉篇》之"玉"字一共有四個音切，《集韻》也有四個，《廣韻》三個。《新修玉篇》首音切與《廣韻》同，釋義與《宋本玉篇》同。"重音一"承上省略音切，釋義與《廣韻》同。重音二"又香救切"（曉母宥韻）與《集韻》注音四"許救切"同音異切、釋義相同，《廣韻》在又音中附有"又香救切"（今《廣韻》小韻有同音之"許救切"，但其下無"玉"字，余乃永《新校互注》本在去聲宥韻"珛，朽玉"下補以"玊，同上"，但未說明來源）。此"《韻》"以《集韻》釋義補《廣韻》，當爲《廣集韻》。此處《廣集韻》作"香救切"，則其底本《廣韻》彌補了反切又音不對應的問題。

《新修玉篇》重音三"《韻》又新匊切"與《廣韻》注音三所列的又音同、釋義基本一致但多"出《何氏姓苑》"一句。重音四"又相玉切"（心母燭韻）與《廣韻》注音三同，釋義基本一致。"重音三""重音四"不論在音義方面還是在互注又音方面都與《廣韻》一致，當取自邢準所引《廣韻》。該本《廣韻》與今存《廣韻》相比不僅彌補了又音不對應的問題（又音不對應的問題《唐韻》中已有，今存《廣韻》因承襲《唐韻》而致混亂），釋義上也有所補充。

根據我們的考察，《新修玉篇》中該“玉”字重音分別引用了《廣集韻》和《廣韻》兩部韻書中的音義，我們發現《新修玉篇》“玉”字重音也相應地出現了兩次“《韻》”字標識，重音一、二同來源於《廣集韻》，重音三、四同來源於“江南《廣韻》”。它們都分別作“○《韻》曰……○又××切”和“○《韻》又××切……○又××切”，可見邢準所引重音來源與“《韻》”字標識的出現是一致的，同一來源的重音都安排在同一個“《韻》曰”或“《韻》又”之下，并稱爲一個“《韻》”組，引用了幾部韻書就有幾個“《韻》”（或“《韻》又”）組與之對應。

五 總 結

《新修玉篇》彙集音義材料之豐富，遠超《集韻》，其豐富的音義材料主要體現在重音中。《新修玉篇》的重音内容龐雜、形式多樣、層次衆多，給研究帶來了很大困難。但以上我們從“《韻》又”出發，找到了重音研究的突破口。通過《新修玉篇》與其同源字書《四聲篇海》以及《重修增廣類玉篇海》部分内容的比較，我們發現“《韻》又”是邢準彙增音義的獨特標識，並且以此爲基礎判别出了《新修玉篇》重音的三個層次。層次劃分是研究《新修玉篇》重音材料的重要一步，劃分出的三個層次又使我們對《新修玉篇》重音有了更明確地認識和把握，爲充分挖掘和利用這部字書的音韻材料奠定了基礎。

“《韻》”是邢準彙增音義的標識，邢準增加的音義主要來源於《廣集韻》《省韻》《切韻》《廣韻》四部韻書。在對《新修玉篇》所引這四部韻書音義特點進行考察的基礎上，我們對“《韻》又”材料進行了離析，發現其實每條“《韻》又”材料基本都能確定來源。由此，“《韻》”和“《韻》又”的性質、來源等問題也就得到了解決。

〔主要參考文獻〕

丁度．宋本玉篇．北京：中國書店，1983.

丁度．宋刻集韻．北京：中華書局，1989.

顧野王．原本《玉篇》殘卷．北京：中華書局，2004.

韓孝彥，韓道昭．重刊改併五音類聚四聲篇海//續修四庫全書：229經部·小學類．上海：上海古籍出版社，1996.

韓道昭．五音集韻校本．甯忌浮，校訂．北京：中華書局，1992.

孔仲溫．類篇研究．臺北：臺灣學生書局，1983.

梁春勝．《新修玉篇》《四聲篇海》引書考．中國典籍與文化，2008(4).

陸德明．經典釋文．北京：中華書局，1983.

司馬光．類篇．北京：中華書局，1984.

謝啟昆．小學考．上海：漢語大詞典出版社，1997.

邢準．新修絫音引證群籍玉篇//中華再造善本：金元編·經部．北京：北京圖書館出版社，2005.

余乃永．新校互注宋本廣韻．上海：上海辭書出版社，2000.

趙曉慶．《新修玉篇》注音材料研究．北京：中國傳媒大學，2012.

周祖謨．唐五代韻書集存．北京：中華書局，1983.

Preliminary Study on the Problem of "*Yun*" You（《韻》又）in *The New Revised Yu Pian*（《新修玉篇》）

Zhao Xiaoqing，Zhang Minquan

(Institute of language Studies，Chinese Academy of Social Sciences，Beijing，100732；College of liberal arts，Communication University of China，Beijing，100024)

Abstract：*The New Revised Yu Pian*（《新修玉篇》）is now the earliest and most complete edition of dictionary compiled in Jin Dynasty, and it is also well known as one of the dictionaries in ancient China which contains the most words. *The New Revised Yu Pian* (《新修玉篇》) has a great many ancient phonetic materials collected from many different rhyming dictionaries, which is of great value in phonology. These rich materials are embodied in multiple phonetic notations (重音), and the key elements in multiple phonetic notations are "*Yun* You" (《韻》又). However, the specific contents of "*Yun* You" (《韻》又) are still mystery. In order to fully excavate and study these materials, this paper does a preliminary study on "*Yun* You" (《韻》又) from its form, nature, and level, by which the related problems are solved.

Key words: Xing Zhun; *The New Revised Yu Pian* (《新修玉篇》); "*Yun* You" (《韻》又); preliminary study

(趙曉慶，中國社會科學院語言研究所，郵編 100732。
張民權，中國傳媒大學文學院，郵編 100732)

“夯”之讀音辨正*

李偉大

内容摘要：押韻及異文情況表明，近代通俗作品中常見的“夯”字有 bèn 的讀音。元明時期“笨”成爲常用口語詞，該詞用字形式多樣，“夯”是口語詞“笨”的書寫方式之一，屬於訓讀。“夯”讀 hāng 或 bèn 需要根據語境甄別。

關鍵詞：夯　笨　訓讀　注音

一　已有研究及存在的問題

“夯”在近代通俗作品中是個常用詞，其讀音一直以來頗有爭議。張雨薇（2014）梳理了代表性辭書及相關研究存在的分歧，在此基礎上對明清白話小説中常見的方俗詞“夯、夯漢、夯貨”的讀音和意義進行了考辨，認爲：“‘夯’無論是作動詞、名詞還是形容詞，無論是單獨使用還是作爲構詞語素，都應讀 hāng；‘夯’與‘笨’聲韻相去甚遠，難以通借；有些辭書中‘夯’讀 bèn，概因‘夯’作形容詞時與‘笨’意義相通而採取的特殊音注即‘義讀’。”文章注意到了現有辭書及相關研究存在

* 本文爲中山大學文科青年教師培育項目（中央高校基本科研業務費）“明清白話小説常用詞用字研究”（11100－31610130）成果。感謝匿名審稿人的修改意見，文中錯謬，概由作者本人負責。

的分歧，讀來頗受啟發，然該文認爲“‘夯’無論是作動詞、名詞還是形容詞，無論是單獨使用還是作爲構詞語素，都應讀 hāng”則過於絶對。文獻資料表明，“夯”有音 bèn 的情況。

丁小豹（2014）亦討論了“夯”的讀音和意義問題，認爲“‘夯 hāng’當是吴語記録‘憨’的方言記音詞”，“明代小説中的凡是有‘夯貨’在同一文中出現，‘夯’當依方音讀作‘hāng’，是‘憨’的方言假借字。到清代有的作者已經把‘夯’認做‘笨’的俗字了，以北方方言寫成的文學作品如果用‘夯’，則讀如‘笨’。”丁文認爲“夯”讀哪個音要具體問題具體分析，我們認同這種觀點，然該文有以下問題仍需商榷。一是方法論問題，該文認爲只要確定“夯”在某詞（夯貨）中的讀音，則作品中其他“夯”字讀音必然一致。這是没有弄清字與詞的關係，同一部作品中用一個字記録兩個不同讀音的詞是可能的，“夯”記録的是哪個詞要隨文分析。二是據以得出結論的語料數量不多，亦未對比作品不同版本異文情況，未考慮“笨”這個詞的諸多不同文字形式，又未仔細分析詞義，因此結論的可信度不强。如丁文認爲凡用“夯”字的，幾乎不用“笨”字，用“笨”字的，也幾乎不用“夯”，該文統計了 11 部作品（其中《聊齋志異》屬文言作品），其中《水滸傳》《金瓶梅詞話》《初刻拍案驚奇》二字出現頻率皆爲 0；對《紅樓夢》的統計因未注明版本，故結論存疑；《聊齋俚曲集》中“夯”出現 5 次，又都可以認爲是“笨”。可以説，在丁文統計的語料中，支持其結論“凡用‘夯’字的，幾乎不用‘笨’字”的僅有 3 部作品（《西遊記》《儒林外史》《醒世姻緣傳》），而支持“用‘笨’字的，也幾乎不用‘夯’”的只有《兒女英雄傳》一部。根據本文統計，至少在《二刻拍案驚奇》[①]《聊齋俚曲集》《三寶太監西洋記通俗演義》《姑妄言》《紅

① 本文所引小説語料，除特别注明外，皆出自《古本小説集成》。

樓夢》《綺樓重夢》等作品中，相關詞語既用了“夯”字，又用了“笨”（坌、体等）字。如清佚名《綺樓重夢》第十五回：“小鈺退進園來，向舜華道：‘我的小楷粗笨得很，煩妹妹代寫一寫，增增光。’”又第二十七回：“替另又派了幾個壯健老媽、幾名粗夯丫頭伴着他。”另，一般認爲《醒世姻緣傳》《聊齋俚曲集》都是山東方言作品，但丁文認爲“夯”（如“蠢夯”）在《醒世姻緣傳》中讀 hāng，是“憨”的音借，在《聊齋俚曲集》卻因有韻文存在，只能讀 bèn，就又變成“笨”的“俗字”了，未免扞格。三是認爲清代有的作者把“夯”作爲“笨”的俗字也屬臆斷。如丁文認爲《儒林外史》用“夯（hāng）”是因爲作者長居江浙，作品中有方言成分，但《儒林外史》已經是清代作品，按照丁文的説法，並不能排除“夯”是“笨”的俗字這種情況。文獻顯示，明清時期｛笨｝[①] 這個詞在口語裏大量使用，“夯”是記録｛笨｝的諸多文字形式中的一個，並無正字俗字之分。

本文認爲，“夯”曾用於記録｛笨｝這個詞，屬於訓讀而非“義讀”或“形借”。辭書中將 bèn 作爲“夯”的讀音之一是没有問題的，只是在書證的選擇上需慎重，因爲“夯”讀 hāng 還是 bèn 需要仔細甄别。

二　“夯”讀 bèn 的例證

張雨薇（2014）認爲“（夯）未見有同於和近於‘蒲本切’、折合成今音是 bèn 的讀音”，這種説法過於絶對，“説有易，説無難”是語言學界普遍認同的觀點，在本文收集到的語料中，“夯”有明確讀爲 bèn 的情況。由於漢字的特殊性，“夯漢”“夯

① 爲與文字形式相區别，本文以今之通行字外加｛｝表示詞，如｛笨｝這個詞的文字形式有“笨”“体”“坌”“倴”等，“夯（hāng）”表示｛夯｝這個詞。

貨”“粗夯”等詞的實際讀音在文獻中很難體現，故此，本文將列舉“夯”在韻文中明確讀爲 bèn 的語例，以證明“夯”曾用於記録｛笨｝這個詞。

(1) 無可傳燈，麽生啟運，這三昧火把賢劫都焚，笑那煮海酸丁夯。（明阮大鋮《雙金榜記》，第十八齣）

(2) 但見：狀貌猙獰，身軀粗夯。滿面落腮胡，僅長一丈；一張烏墨臉，頗厚三分。（明金木散人《鼓掌絶塵》第八回）

(3) 胡百萬笑吟吟，俺有眼也有心，你説俺就恁麽夯。頭上戴着簷氊帽，腰束皮鞓帶一條根，自然長官何消問。（《聊齋俚曲集·增補幸雲曲》第二十五回）

(4) 俺長了這麽大小，從没枉費分文，是怎麽粧化錢的自是有錢？蠢的蠢，夯的夯，空有臭錢不幫寸。（《聊齋俚曲集·窮漢詞》）

(5) 俺也曾替你拉人，俺也曾替你扒皴，俺也曾替你拿蝨子，使的渾身困。俺又不曾摸摸你的琵琶，俺又不曾弄弄你的瑶琴，去了我，看你燒火夯不夯！（清丁耀亢《續金瓶梅·遊戲品》第四十一回）

(6) 看他那形狀，令人絶倒。有幾句寫他的行樂，道：形容鹵夯，相貌猙獰。話語多粗俗，儀文没半分。心如頑石無微竅，腹内稠糊有一盆。（清曹去晶《姑妄言》第九卷）①

上述諸例中，“夯”與“焚”“分”“問”“寸”“困”等押韻，故讀 bèn 無疑。值得注意的是，《鼓掌絶塵》的編著者題爲“古吴金木散人”，“古吴”大概在今蘇州一帶，從作品中的具體描寫看，作者最爲熟悉的亦是蘇杭一帶，但其作品中亦用了“夯 bèn”字，因此，不能簡單地以作者的方言推斷“夯”的讀音。

① 本例中，“夯”雖未在韻脚位置，仍録出以作參考。

除了押韻以外，同一部作品前後的異文或不同版本的異文也是比較可靠的證據。我們以《紅樓夢》四個不同版本爲例進行了統計，情況如下表：

	庚辰本	戚序本	列藏本	程甲本
16 回：口角又｛笨｝	体	笨	体	笨
30 回：心拙口｛笨｝	体	夯	夯	夯
41 回：粗｛笨｝	体	笨	笨	—
68 回：粗｛笨｝	体	笨	夯	夯
62 回：又懶又｛笨｝	体	笨	原作“夯”，旁改爲“笨”	夯
67 回：｛笨｝鳥先飛	—	笨	笨	夯
77 回：｛笨笨｝的	原作“体”，旁改爲“体”	笨	原似作“体”，旁改爲“笨”	笨

從上表的對比可知，上述諸例中“夯”記録的就是｛笨｝這個詞，應讀成 bèn。

綜上，“夯”有 bèn 的讀音是確定的，現代方言中“夯”讀爲 hāng，但這不影響“夯”曾經用於記録｛笨｝這個詞，以現代方言用字的讀音去否定該字早期曾用於記録别的詞，從方法論上講是不科學的。

三　｛笨｝記作“夯”的原因

｛笨｝這個詞在中古時期已經產生，較早用例如《宋書》卷六十二《王微傳》：“小兒時尤粗笨無好，常從博士讀小小章句，竟無可得。”又《晉書》卷四十九《羊聘傳》：“豫章太守史疇以大肥爲笨伯。”宋代人們似乎把｛笨｝看作兩個詞，其一記作“笨”，義爲“粗笨”，《集韻·混韻》：“笨，不精也。”《類篇·竹部》：“笨，竹裹也。又普本切，一曰不精也。”因與身體有關，又從“人”記作“体”，《廣韻·混韻》：“体，粗貌。”其二記作“怽”，《集韻·混韻》：“怽，性不惠。”故清翟灝《通俗編》卷十五《性情》云：“《晉書》豫章太守史疇，以體肥大，目爲笨伯。《唐書》注：‘舉柩夫謂之体夫。’‘笨’‘体’皆粗率儜劣之貌，字通相用，而與‘怽’有主貌主性之别。”

關於“笨”爲何會有“粗笨”之義，明清時期學者們有過不少爭論，如清黄生《字詁》“苯”條：“用修譏晦庵目孔明爲盆，引《晉書》‘笨伯’字正之，鄭侯升《稗言》謂《晉書》亦誤，以‘笨’乃竹中青，而謂當作‘体’，然‘体’乃《篇海》俗增之字，古書所無，何足刊前人之謬耶？余考此字宜從艸作‘苯’，《廣韻》：‘苯䔿，艸叢生也。’叢生則與秀拔相反，以此思之，則苯之義可知矣。按：梁武《與陶隱居論書》云：‘少墨浮澀，多墨苯鈍。’正作此苯字，安知《晉書》從竹非傳寫之誤耶？”黄生認爲“笨伯”之“笨”當從艸，其義由“艸叢生”引申而來，亦頗牽强，“苯鈍”之“苯”即“笨”字，俗書“⺮”“艹”不别，二字相通。另，黄生認爲“体”是《篇海》俗增之字，亦不確。

元明以後，｛笨｝在口語中使用漸多，其本字爲何人們並不知曉，所以字面更爲多樣。

或記作“㤓”，元吴昌齡《東坡夢》第一折：“［行者云］徒弟也不㤓，一本《心經》讀了三年六個月，就念的‘摩訶般若波羅蜜’一句出來，這也不算㤓。”又同折：“［行者云］老官，小和尚心㤓，一本《心經》念了三年零六個月，還記不得，再説一遍。［東坡云］這個㤓和尚。”

或記作“坌”，元關漢卿《陳母教子》頭折：“［三末云］二哥，你得了官也。我和你有個比喻，我似那靈禽在後，你這等坌鳥先飛，我和母親説去。”元劉君錫《來生債》第一折：“［正末唱］哎，孩兒呵，我從今以後再不要你似這般當粗坌。”《水滸傳》（容與堂本）第二十七回：“轆軸般蠢坌腰肢，棒槌似桑皮手脚。”

或作“倴”，明李開先《寶劍記》第三齣：“［浄白］大叔不可以顔貌取人，這竈下倴漢生活，何難之有！”明馮惟敏《南吕一枝花·日食救護》曲：“站的站天生的心倴，看的看日射得晴昏。”《雍熙樂府》卷六《粉蝶兒·歸隱》曲：“惜性命粧些粗踈蠢倴，誰敢弄殘生施逞那僥倖奸讒。”

或作“膷”，《朝野新聲太平樂府》元無名氏《般涉調·耍孩兒·拘刷行院》曲：“摸魚爪老粗如扒齒，擔水腰肢膷似碌軸。”

或作“㨧”，《董西廂》卷四：“使了千百貫見錢，下了五七年㨧功。”

王學奇、王静竹（2002：63）指出：“坌、㨧、㤓、倴、膷各字，均係‘笨’的同音借用字。其中㨧、㤓、倴不見字書，可能是當時的俗體。”

或仍記作“笨”，明袁晉《隋史遺文》第二十一回：“他也没有一句好話對朋友講，扭捏這個粗笨身子，在人叢中挨來擠去，歡喜得緊，只是頭摇眼轉，亂跳亂叫。”又第二十七回：“咬金道：‘小弟粗笨，怎好結拜？’”清李漁《閒情偶記》卷十《籚瓶》：“風起灰颺，禦之無策，始覺前人呆笨。”

或仍記作“体”，如明羅懋登《三寶太監西洋記通俗演義》第九十七回：“下海之時，鱗甲粗体，尾巴摇擒，抓得山頭上石子兒雷一般響。”清西清《（嘉慶）黑龍江外記》卷六：“官員有力者，妻不生子或体愚不任家政，則更娶一妻，號二房。”

或仍記作“体”，《三寶太監西洋記通俗演義》第二十回：“老猴道：‘我這山上有一條千尺大蟒，他時常間下山來戲水。下山之時，鱗甲粗体，尾巴拗撟，招動了山上的亂石，故此響聲如雷。’”

或記作“本”，清佚名《爭春園》第四回：“内中一個家人，名唤米興，有些本力，便認定鮑剛打來。”

可見，元明時期｛笨｝義用字並不固定，“笨、本、体、[illegible]、坌、倴、㤓、胮、埲”等皆｛笨｝義之用字，因此，用“夯”記｛笨｝也是可能的，其特殊之處在於，上述“笨、体”等字皆记｛笨｝音，而“夯”則是因義近而借用。本文第二部分的語例説明“夯”本身即有讀 bèn 的情況，並非張雨薇（2014）所説的“義讀”或丁小豹（2014）所説的“形借”①。據《揚州方言詞典》（1996：324），“夯（hāng）”有“言語、行動粗魯，不能掌握分寸，往往失當（但不一定笨）；形體粗壯，看上去似乎很魯莽”兩個意思。《明清吴語詞典》（2009：248）“夯”條：“呆笨。謂人不利便曰笨，亦謂之夯（呼港切）。（光緒周莊鎮志 4 卷）”又“夯貨”條：“詈語，傻瓜，笨蛋。你以我不識字之故，嘗駡我‘粗坯’、‘夯貨’，你固細微伶俐，何以不早早發達？（花柳深情傳 2 回）”從書證及現代方言來看，“夯”不宜釋爲“笨”或“傻”。“不利便”中“利便”並非指人“聰明伶俐”，《漢語大詞典》“利便”條：“伶俐。元白樸《梧桐雨》楔子：‘我見其身軀肥矮，語言利便，有許多異相。’《水滸傳》第八十一回：‘原來這李師師是個風塵妓女，水性的人，見了燕青這表人物，能言快説，口舌利便，倒有心看上他。’”由語例可知，“利便”與“身軀肥矮”相對而言，是“靈活”而非“伶俐”之義，故“人不利

① 我們理解，丁小豹（2014）使用“形借”意在解釋“夯”與“笨”的通假關係，並推測一般讀書人見到“愚夯”等詞，因“夯”是俗字而不識，又因“愚笨”等詞常見，故將“夯”認作“笨”的通假字才讀爲 bèn，這裏丁文没有考慮書寫者用“夯”記録｛笨｝這個詞的可能性。丁文亦提及“訓讀”，但並未從訓讀的角度闡釋。

便”是指形體粗壯而不靈活，而非“呆笨”。《花柳深情傳》中“夯貨”與“粗坯”同義，指人因不識字而“粗疏、不能掌握分寸”，而非“傻瓜”。

因此，可以根據語義將｛夯｝分爲｛夯｝$_1$和｛夯｝$_2$。｛夯｝$_1$義爲“形體粗壯、行動不靈活”，如《元曲選》本鄭廷玉《忍字記》第一折：“你這般胖，立在我解典庫門首，知的囉是個胖和尚，不知的囉，［唱］則道是個夯神兒來進寶。”臧懋循音釋：“夯音享。”① ｛夯｝$_2$義爲“言行不能掌握分寸、魯莽”。｛笨｝亦可從語義上分爲｛笨｝$_1$和｛笨｝$_2$。明顧起元《客座贅語》卷一：“人之獃而不慧者曰‘笨’。”｛笨｝$_1$與｛夯｝$_1$同，爲“獃”之義，明楊文奎《兒女兩團圓》第四折：“我覷了這女艷姿，如此般蠢坌身子，藍縷腰肢。”｛笨｝$_2$與｛夯｝$_2$語義有所差别，義爲“不慧”。除此二義外，以“笨、坌”等表“言行不能掌握分寸、魯莽”者少見。張雨薇（2014）認爲，“夯（hāng）”由“大用力”引申爲｛夯｝$_1$及｛夯｝$_2$，又進一步引申爲“傻、笨”。但從用例、異文及“夯（hāng）”在現代方言中的意義情况來看，將有“傻、笨”義的“夯”看成是｛笨｝$_2$更爲合理②，如上文例（1）、例（4）中的“夯”及《紅樓夢》諸異文。再如：

（7）寶玉笑道：“諸事都説定了，我是夯雀兒先飛，我就先打稿兒了。”（清秦子忱《續紅樓夢》第二十五回）

（8）惜春聽了笑道：“兩個夯蹄子，連個風箏也不會放！人家的風箏怎麼就放起去了呢?”（清秦子忱《續紅樓夢》第二十八回）

---

① 此例《漢語大詞典》《漢語大字典》《近代漢語大詞典》皆注爲 bèn，當從音釋注爲 hāng。

② 我們推測，因爲元明時期｛笨｝$_2$已經成爲常用口語詞，與｛夯｝$_2$在語義上有了分工，因此｛夯｝$_2$就没有進一步引申。

此兩例承《紅樓夢》而來，其中“夯”皆是｛笨｝$_2$。例（8）是説兩個丫鬟“連個風箏也不會放”，顯然是説她們“不聰明”，才叫“夯蹄子”。

因｛夯｝$_1$、｛笨｝$_1$義同，｛夯｝$_2$、｛笨｝$_2$義近，故人們在記録｛笨｝這個詞的時候，或者側重其音記作“笨”“体”等，或者側重其義記作“夯”，即訓讀。在使用文字記録語言時，尤其是不知道詞語的本字時，訓讀的情況比較常見，如日語選用漢字作爲文字形式時就有這種情況，只借用漢字的義與形，音則讀日語音。訓讀在漢語方言中也較常見，如瓊州方言中｛糜｝記作“飯”，音［mue^{21}］，｛徛｝記作“站”，音［xia^{213}］，皆因“糜”“徛”等字不常見，故以常見的同義詞用字作爲文字形式。（參看梁猷剛 1984）

四　辭書中“夯”的注音問題

現有辭書及相關研究存在分歧的根本原因在於没有弄清｛笨｝與｛夯｝的語義差别及聯繫，也就不能正確分辨“夯”記録的是哪個詞。由於｛夯｝$_1$與｛笨｝$_1$同義，“夯”字又用於記録｛笨｝，因此，辭書中應特别注意注音、釋義與書證相契。“夯”字記録的既可能是｛笨｝，又可能是｛夯｝，書寫者當時使用的是哪個詞有時難以判斷，如《二刻拍案驚奇》卷二十二：“那些老小們看見銀子落地，大家來搶，也顧不得尊卑長幼，扯扯拽拽，磕磕撞撞。溜撒的，拾了大塊子，又來拈撮；遲夯的，將拾到手，又被眼快的先取了去。”同書卷二十五：“趙申道：‘我溜撒些，等我下去。’錢已道：‘我身子坌，果然下去不得，我只在上邊吊着繩頭，用些坌氣力罷。’”“溜撒”有“行動快速敏捷”之義，同與“溜撒”對言，一説“遲夯”，一説“身子坌”，聯繫上文例（2）《鼓掌絶塵》“身軀粗夯 bèn”例，“遲夯”之“夯”記録的很可能是｛笨｝，但也不能排除是｛夯｝。① 因此，在注音時不能一刀切，要根據語境綜合分析。

除在作韻脚時比較明確外，分析“夯”的讀音應考慮以下方面：

（一）從語義上分析，“夯”的意義明顯是｛夯｝$_2$，則應注爲 hāng；如是｛笨｝$_2$，則應注爲 bèn。

（二）是否有異文。白話作品中的口語詞用字比較隨意，並没有形成規範，尤其是一些新興口語詞，使用不同文字記録是比較常見的，在文獻傳抄、刊刻過程中前後用字不一也是可能的，這也造成同一詞使用兩個或多個不同漢字記録的情況。如果同一作品内部或不同版本有異文能夠説明“夯”記録的是｛笨｝，則應注爲 bèn。

（三）現代方言中讀音如何。某字在現代方言中的讀音對考證其古音是重要參考，但不應僅就某一方言斷定漢字之古音。如丁小豹（2014）以爲《西遊記》由江淮方言寫成，“夯貨”之“夯”讀爲 hāng，故推知其中“夯工”之“夯”亦當讀爲 hāng，實際上“笨（坌）工”一詞更常見（詳下），安可知作品中“夯”不訓讀爲 bèn？方言只能作爲確定詞語讀音的參考，因爲以現代

---

① 另外，由於“類化構詞”規律的作用，｛夯｝$_1$與｛笨｝$_1$在構詞時有可能存在類化。江藍生（2010）指出：“所謂類化構詞，是指甲、乙兩個語素以某一結構方式組合爲合成詞，那麽跟甲或乙詞性、意義相同的語素，可以替换甲或乙進入這一結構，構成兩個或兩個以上跟原合成詞同義的詞。”就本文來説，如果有“粗笨”一詞，因｛夯｝$_1$與｛笨｝$_1$同義，則有可能再産生“粗夯 hāng”一詞，反之亦然。這一問題較爲複雜，本文暫不討論。

方言證古語未必完全可靠。①

下面嘗試以“夯吃/夯幹”“夯貨”“夯漢/夯工”“精銀夯鈔”“蠢夯”等詞語爲例進行分析。

夯吃/夯幹

《醒世姻緣傳》第三十七回：“(狄希陳）尋思不出一個好計，想道：‘没有别法，只是夯幹罷了。’”此“夯幹”是指言行不計後果，魯莽行事。又第五十八回：“希陳道：‘我説你没有好話，果不然！咱只夯吃，不許多話！我合你説，你嫂子慣會背地裏聽人，這天黑了，只怕他來偷聽。’”明宋濂《篇海類編·通用類·大部》：“夯，揵夯，大用力。”“夯吃”即“用力埋頭吃”之義。從語義上看，上述兩語中“夯”應注爲 hāng。

夯貨

“夯貨”一詞多出現在《西遊記》及與此相關的書籍（如《續西遊記》《後西遊記》）中，明方汝浩《東度記》（三十九回）、凌濛初《二刻拍案驚奇》（卷二十一）、清華陽散人《鴛鴦針》（三回）、清佚名《雲中雁三鬧太平莊全傳》（十四回）、晚清緑意軒主人《花柳深情傳》（二回）中亦各有一例，其他文獻中少見，稍早或同時代文獻中｛笨貨｝一詞更不多見。清朱衣點《(康熙）重修崇明縣志》卷六：“謂人粗厲曰夯物。”“夯物”即“夯貨”，形容人“粗厲”而非“蠢笨”，今揚州方言仍有“夯貨”一詞，據《揚州方言詞典》，其中“夯”讀爲 hāng，當從。

---

① 現代方言與古代方言、白話文學作品的關係，可參看劉鈞傑（1986）、張雙慶（2012）的相關論述。張雨薇（2014）也注意到了這個問題（221頁注），但一則因爲作者没有注意到明清時期韻文中“夯”讀爲 bèn 的用例，没能分清“夯”字的現代讀音與元明時期｛笨｝這個詞之間的關係，二則｛笨｝與｛夯｝在意義上確有糾纏，導致作者没有貫徹“不能簡單地把古代某地的方言等同於現代某地方言，也不能僅憑書面上的形式把某個方言中所用的詞語完全等同於白話小説中所用的詞語”這一原則，仍是以現代方言爲出發點展開論述，進而導致一些詞語的注音出現失誤。

夯漢/夯工

清曹去晶《姑妄言》第十四回："遂將二人配了兩條精壯夯漢，一個名苗秀，一個名穀實。"又第十八回："命兒見他如此，只說他是個夯漢。"同書下文提到二人時，又作"坌漢"，《姑妄言》第二十三回："這水良兒、馬蚤兒的舊夫苗秀、穀實，雖是兩條坌漢，都陽物粗雄，腰間力猛。"又同回："那苗秀、穀實是鄉村中的坌漢，一點世事都不知的。""坌漢"上引明李開先《寶劍記》中記作"倴漢"，又作"笨漢"，清李緑園《歧路燈》第七十七回："自古道：'酒助懦夫怒氣，錢添笨漢精神。'"清陳森《品花寶鑒》第三十二回："誰知大傻子終日昏昏沉沉的在戲園閒闖，家中用一個笨漢，也甚不明白。"明佚名《肉蒲團》第十三回："道人見他形體粗笨，知道是個健漢，不但園地開種得來，連家裏的長工也當得過了。""形體粗笨"之"健漢"即"笨漢"也。因此，"夯漢"之"夯"當注爲 bèn。

又有"体夫"一詞，《漢語大詞典》"体夫"條："猶壯漢。謂從事笨重體力勞動的人。《資治通鑒·唐懿宗咸通十二年》：'葬文懿公主……賜酒百斛，餅餤四十橐駝，以飼体夫。'"又有"坌工"一詞，義爲"幹粗活的人"，承"体夫"而來，元佚名《看錢奴》雜劇第一折："我每日家不會做甚麼營生，則是與人家挑土築牆，和泥托坯，擔水運漿，做坌工生活度日。"又《金瓶梅》第三十三回："平安道：'娘們要過去瞧，開着門哩，來興哥看着兩個坌工的在那裏做活。'"《朴通事諺解·上》："後日是天赦日，去角頭叫幾個打牆的和坌工來築牆。"又作"笨工"，清唐英《燈月閒情·巧換緣》第十一齣："大哥，我們在此等候，就此同行罷。銀錢騙得生災病，泥土行中作笨工。"清章廷珪《(雍正)平陽府志》卷三十六："亦從無水手，不過種田農夫笨工强派應數已耳，豈平郡既有此等之人，太大等處獨無此等箍桶油水匠人及種田農夫笨工者乎？"又作"夯工"，清曹去晶《姑妄言》

第十回："況他又是風月行中歷過的人，比不得那個花子是夯工，他十分在行。”此“夯工”之“夯”注爲 bèn 較合適。

精銀夯鈔

《雍熙樂府》卷七《粉蝶兒·思怨》曲："使了些精銀夯鈔買人嫌。”張雨薇（2014）認爲“夯”音 hāng，意指物之“粗劣”，誤。這裏的“夯”是“響”的同音通假字，據《漢語大詞典》，元代發行紙幣，稱爲“鈔”，故俗稱現銀和銅錢爲“響鈔”。“精銀響鈔”文獻中屢見，如《雍熙樂府》卷三《端正好·柳青娘》曲："你待將精銀響鈔買轉，買不成盡世團圓。”又卷五《點絳唇·獲騶虞》套曲："也不願高官重爵，也不願精銀響鈔，只願得將俺民庶免差徭。”元秦簡夫《東堂老》第一折："出脱了些奇珍異寶，花費了些精銀響鈔。”上文“夯神”一詞臧懋循音釋“夯音享”，“夯”在《中原音韻·江陽韻》中與“享”“響”等同小韻，這都表明“夯”即“響”的同音通假字，而與物之“粗劣”無關。

蠢夯

“蠢夯”常用於形容人“性不慧”，《紅樓夢》第二十四回："如若寶叔不嫌侄兒蠢夯，認作兒子，就是我的造化了。”此例庚辰本、程甲本、蒙古王府本、戚序本、舒序本皆作“蠢笨”，唯列藏本、夢稿本作“蠢夯”，可見，此“夯”即｛笨｝。該詞上文引《粉蝶兒·歸隱》曲作“蠢倴”，又作“蠢坌”，明佚名《天湊巧》第二回："就是先生卻也不解，心中自思説：‘難道這樣蠢坌不通的，做得官，除非一旦豁然貫通。’”又作“蠢笨”，清李緑園《歧路燈》第八十五回："若是單靠着母親一個老人家見親，姿性蠢笨的，還不妨事；若是姿性聰明的，就要吃了虧。”清天花才子《快心編三集》第十回："遇能事的，又不肯輸心；若蠢笨的，又狠加貶駁。”《醒世姻緣傳》第六回："癡人愛野雞，野雞毛羽好，得隙想飛騰，稻粱飼不飽。家雞蠢夯材，守人相到老，終夜不貪眠，五更能報曉。野雞毛好如鮮花，自古冶容多破家。家雞打鳴好起早，兀坐深閨只績麻。”此例中“蠢夯”亦即“蠢笨”，從語義上分析，“家雞蠢夯”是形容妻子的，是言其“性不慧”，只知“深閨績麻”，而非“言行失當”。今很多方言中“家雞”又稱“笨雞”，“家狗”又稱“笨狗”，如清宗源瀚《（同治）湖州府志》卷三十三：“今通呼小而捷者曰哈叭狗，亦曰叭兒狗，長毛者曰猱獅狗，餘概曰草狗，亦曰笨狗。”《姑妄言》第九回有“夯狗”一詞，即“笨狗”，乃家狗之意。《（乾隆）德州志》卷四《疆域志·里保》有“劉夯狗莊”，皆可互爲參證。

《西遊記》第九十二回亦有“蠢夯”一詞：“那呆子聽見説打，慌了手脚道：‘師父今番變了，常時疼我愛我，念我蠢夯護我。哥要打時，他又勸解。今日怎麼發狠轉教打麼？’”這個詞與“粗夯”“魯夯”皆用來形容猪八戒，因而八戒又被稱爲“夯貨”。細考《西遊記》中“夯”的含義，主要用來形容粗壯有力（夯力量、夯身軀、生得夯）、言行魯莽（蠢夯、粗夯、魯夯），而非言“愚笨少智”。對於此點，張雨薇（2014）論述頗詳，然舉上例卻爲證明“夯”有“傻、笨”義，似有扞格之處。因此，在《西遊記》中，“蠢夯”之“夯”注爲 hāng 更合適。“蠢夯”之“夯”記録的可能是{笨}，亦可能是{夯}，辭書如收“蠢夯”，應分立條目，分别釋義及舉例。另，《西遊記》第八十五回有“夯工”一詞：“背馬挑包做夯工，前生少了唐僧債。”該詞除上引《姑妄言》外，暫未見其他用例，從《姑妄言》的異文及“夯工”的使用頻率來看，注爲 bèn 較合適；但也不能排除因類化構詞而讀“夯 hāng 工”的可能。

綜上，在有韻文、異文爲證或義爲“不聰明”時，“夯”當注爲 bèn；義爲“行事不能掌握分寸、魯莽”義時，“夯”應注爲 hāng。除此以外，應根據語境分析“夯”記録的是{夯}$_1$還是{笨}$_1$，在這種情況下，“夯”記録的是{夯}$_1$還是{笨}$_1$有時難以確定。

〔主要參考文獻〕

董解元. 西廂記諸宫調//續修四庫全書：第1738册. 上海：上海古籍出版社，2002.

楊朝英. 朝野新聲太平樂府//四部叢刊初編. 上海：商務印書館，1929.

劉君錫. 來生債//元曲選. 續修四庫全書：第1760册. 上海：上海古籍出版社，2002.

秦簡夫. 東堂老//元曲選. 續修四庫全書：第1760册. 上海：上海古籍出版社，2002.

吴昌齡. 東坡夢//元曲選. 續修四庫全書：第1762册. 上海：上海古籍出版社，2002.

佚名. 看錢奴//元曲選. 續修四庫全書：第1762册. 上海：上海古籍出版社，2002.

闕漢卿. 陳母教子//脈望館鈔校本古今雜劇. 古本戲曲叢刊四集. 北京：商務印書館，1958.

楊文奎. 兒女兩團圓. //脈望館鈔校本古今雜劇. 古本戲曲叢刊四集. 北京：商務印書館，1958.

李開先. 寶劍記//古本戲曲叢刊初集. 北京：商務印書館，1954.

阮大鋮. 雙金榜記//古本戲曲叢刊二集. 北京：商務印書館，1955.

宋濂. 篇海類編//續修四庫全書：第230册. 上海：上海古籍出版社，2002.

馮惟敏. 海浮山堂詞稿//續修四庫全書. 第1738册. 上海：上海古籍出版社，2002.

顧起元. 客座贅語//四庫全書存目叢書：子部. 濟南：齊魯書社，1995.

郭勛. 雍熙樂府. //四部叢刊續編. 上海：商務印書館，1932.

佚名. 肉蒲團. 刊本，日本東京大學東洋文化研究所藏. 江戶：青心閣，日本寶永二年（1705）.

蘭陵笑笑生. 金瓶梅詞話. 香港：太平書局，1982.

佚名. 朴通事諺解//汪維輝. 朝鮮時代漢語教科書叢刊. 北京：中華書局，2005.

曹去晶. 姑妄言//陳慶浩，王桂秋. 思無邪匯寶. 臺北：臺灣大英百科股份有限公司，2000.

蒲松齡. 聊齋俚曲集//蒲松齡集. 路大荒，整理. 上海：上海古籍出版社，1986.

海圃主人. 續紅樓夢新編. 于世明，點校. 北京：北京大學出版社，1990.

翟灝. 通俗編//續修四庫全書：第194册. 上海：上海古籍出版社，2002.

李漁. 閒情偶記//續修四庫全書：第1186册. 上海：上海古籍出版社，2002.

唐英. 燈月閒情// 續修四庫全書：第1766册. 上海：上海古籍出版社，2002.

黄生. 字詁//景印文淵閣四庫全書：第222册. 臺北：商務印書館，1983.

丁小豹. "夯貨"之"夯"音義考. 河北科技師範學院學報（社會科學版），2014（4）：70－73.

宫田一郎，石汝傑. 明清吴語詞典. 上海：上海辭書出版社，2005.

江藍生. 語詞探源的路徑：以"埋單"爲例. 中國語文，2010（4）：291－298.

李榮. 揚州方言詞典. 南京：江蘇教育出版社，1996.

梁猷剛. 瓊州方言的訓讀字. 方言，1984（2）：146－154.

劉鈞傑.《〈金瓶梅〉用的是山東話嗎?》質疑. 中國語文，1986（3）：224－227.

王學奇，王静竹. 宋金元明清曲辭通釋. 北京：語文出版社，2002.

張雙慶. 白話小説裏的方言詞語及其研究價值：以閩粤方言爲例//歷史語言學研究：第5輯. 北京：商務印書館，2012.

張雨薇. "夯""夯漢""夯貨"音義考辨//勵耘語言學刊：第1輯. 北京：學苑出版社，2014.

Re-discussion on Pronunciation of "夯"

Li Weida

(Department of Chinese, Sun Yat-sen University, Guangzhou, 510275)

Abstract: Based on rhyme and words with different forms, "夯" has the pronunciation of "*ben*" in near modern popular works. "*Ben* (笨)" is a commonly used oral word in Yuan and Ming Dynasty. "夯" is one of written forms of "*ben* (笨)", and it is "*xundu* (訓讀)" when "夯" is pronaunced. "夯" is pronounced *ben* or *hang* according to the context.

Key words: *ben* (夯) /*hang* (夯); *ben* (笨); *xundu* (訓讀); phonetic notation

(李偉大，中山大學中文系，郵編 510275)

敦煌詩歌同素異序詞研究*

——敦煌詩詞曲詞彙研究之一

洪　帥

内容摘要：論文首先對同素異序詞的概念做了界定，把同素異序詞分為共時的同素異序詞和歷時的同素異序詞。然後對敦煌詩歌中的267個同素異序詞做全面考察，分别從共時和歷時兩個角度考察其構成和發展。共時上從語法構成和結構分佈等方面對敦煌詩歌中的同素異序詞作詳細描寫。文章還從歷時角度分析了敦煌詩歌中的同素異序詞在現代漢語中的存廢情況，其中有14組全部保存，14組全部消亡，一存一亡的有81組。最後考察了敦煌詩歌中同素異序詞的產生和消亡的原因。同素異序詞的產生原因有押韻、避複、受方言影響等。同素異序詞部分詞語消亡，受到調序、文化心理、認知規律、使用習慣的影響，還有詞語反映的事物的消失引起詞語的消亡、舊語素的消失引起詞語的替換等原因。

關鍵詞：同素異序詞　敦煌詩歌　產生原因　消亡原因

敦煌詩歌是指1900年在敦煌藏經洞發現的詩歌，它具有時代確定、内容可靠、反映面廣、口語性強等優點，文獻價值巨

* 基金項目：國家社科基金青年項目“敦煌詩詞曲詞彙研究”（13CYY051），中國博士後科學基金第57批面上一等資助項目“敦煌詩詞曲構詞研究”（2015M570208），中國博士後科學基金第9批特别資助項目“唐五代漢語構詞研究”（2016T90176）。

本文曾在第16届全國近代漢語研討會上宣讀（江西南昌，2014年10月24－27日），汪維輝等先生給出了寶貴意見，匿名審稿專家也提出了寶貴的修改意見，謹致謝忱！文中謬誤概由作者負責。

大，是漢語史研究不可多得的珍貴資料。敦煌詩歌中出現了一批同素異序詞，這些同素異序詞大多是語素的順序變換，詞性詞義皆相同，組成聯合式複合詞。對敦煌詩歌同素異序詞的研究有助於近代漢語詞彙的研究，有利於我們認識漢語詞彙的構成規律，瞭解漢語詞彙生成和淘汰的規律，有助於我們瞭解漢語詞彙複音化的進程和規律。

一 "同素異序詞"的界定

漢語詞彙中有一些語素相同而語序相反的聯合式雙音詞，它們的意義相同或相近，如"聲音/音聲""共同/同共""人民/民人"等。這種詞彙現象，開始有的學者（丁勉哉 1957）稱為"同素詞"，但這個稱呼不嚴密，沒有抓住該類詞的另一個特徵即語素順序相異。後來，學者們都從語素和語序這兩個方面來命名，如有的叫做"字序對換"（鄭奠 1964），有的稱作"同素異序"（曹先擢 1979），有的稱作"同素反序"（何志華 1988），還有的稱作"同素逆序"（曹廷玉 2000）。為了突出這些詞語語序的不同，我們稱作同素異序詞。

同素異序詞有兩個層面，一是共時同素異序詞，即 AB 和 BA 兩種順序的詞都存在同一個時期內，如：聲音－音聲，土地－地土，大小－小大，變化－化變，等等（洪帥 2009）。二是歷時同素異序詞，即和不同時代相比（主要是和後代特別是和當代相比）語素順序不同的詞，通常標為 BA，如和現代漢語相比，東漢趙岐《孟子章句》裏的"涸乾""論議""薄淺""隘狹"就是 BA 式（洪帥 2009）。

我們要嚴格區分"語素"和"字"，漢語裏語素和字不是一一對應的。首先，同素異序詞必須至少由兩個語素組成，單語素複音詞只是一個語素，不能算同素異序詞。如"迤邐"和"邐迤”屬於連綿詞，本身只有一個語素，只是音節的異序，不屬於同素異序詞。其次，兩個詞的語素不同而只有文字相同不是同素異序詞。如“將軍”和“軍將”，“將軍”的“將”是動詞性語素，而“軍將”的“將”是名詞性語素，二者性質不同，意義也不同，所以“將軍”和“軍將”不是同素異序詞。第三，同素異序詞是指聯合式同素異序詞，如“逐日”和“日逐”一個是動賓式複合詞，一個是狀中式複合詞，“淚珠”和“珠淚”都是偏正式複合詞，結構不同，意義也不同，不屬於我們的研究範圍。

二　敦煌詩歌同素異序詞的共時分析

(一) 語法分佈

敦煌詩歌裏的共時同素異序詞（AB—BA）218 個，占全部同素異序詞的 76.66%，其中動詞最多，98 個，如：割捨－捨割，抛棄－棄抛；其次是名詞，84 個，如：音信－信音，灰塵－塵灰；然後是形容詞，26 個，如：閒暇－暇閒，辛苦－苦辛；副詞 6 個，如：總皆－皆總；連詞 2 個：雖然－然雖；數詞 2 個：三五－五三。

與現代漢語相比，敦煌詩歌中歷時同素異序詞（只有 BA 式的）49 個，其中動詞31 個，如：療醫，怪責；名詞 10 個，如：運命，息利；形容詞 6 個，如：盈滿，靜肅；數詞 1 個：兩兩三三；副詞 1 個：結終。我們把敦煌詩歌同素異序詞的詞類分佈情況列表如下：

表1　敦煌詩歌同素異序詞語法分佈

	動	名	形	副	數	連	總計	比率
AB—BA	98	84	26	6	2	2	218	81.65%
BA	31	10	6	1	1	0	49	18.35%
總計	129	94	32	7	3	2	267	
比率	48.31%	35.21%	11.99%	2.62%	1.12%	0.75%	100%	100%

（二）結構分佈

1. 兩種順序（AB—BA）都存在的，109組。

按詞性又可分作名詞、動詞、形容詞、副詞、連詞、數詞等。

（1）動詞49組，其中雙音詞48組，如：

割捨—捨割

1）若能割捨施些些，如此初叫不可說。（談信《秋吟一本》，14/166/6307）[①]

2）世間難捨割，無過財色深。（王梵志《世間難舍割》，4/223/538）[②]

二詞義同，都是捨去的意思。二者皆可做及物動詞，亦可做不及物動詞。"捨割"是個新詞，不見於唐前文獻，在同時代文獻裏亦有用例。如《敦煌變文校注·八相變》："捨割世間恩愛，唯求佛果菩提。"（黃征，張涌泉1997：512）《漢語大詞典》收錄"割捨"，未收"捨割"，似當補。

展開—開展

3）滿卷玲瓏實碎金，展開無不稱人心。（白居易《寄盧協律》，6/49/2612）

4）玉函開展處，降福助明君。（《皈依三寶詩三首》其二，10/111/4447）

二者都有打開的意思。二詞都是新詞。又見於唐代其他文獻。唐韓愈《寄崔二十六立之》："開展放我側，方餐涕垂匙。"

---

① 引用《全敦煌詩》（張錫厚主編，作家出版社，2006年）的例子，列出作者及題目，冊數/卷數/頁碼，如"14/166/6307"指《全敦煌詩》第14冊166卷第6307頁。

② 王梵志詩皆引自項楚先生《王梵志詩校注》（上海古籍出版社，1991年），列出作者及題目，卷數/詩歌標號/頁碼，如"4/223/538"指第4卷第223首第538頁，下同。

(《全唐詩》10/340/3817)① 孟郊《戲贈陸大夫十二丈》:"春水(一作風)徒蕩漾,荷(一作蓮)花未開展。"(《全唐詩》11/373/4188)這裹是"開放"的意思,是"開展"的一種特殊情況。《漢語大詞典》"展開"條以《朱子語類》為始見例,較晚。"開展"條以蘇轍詩為始見例,該義項也是以《朱子語類》為始見例,較晚。

其他還有:遨遊—遊遨,離別—別離,束妝—妝束,禮拜—拜禮,喜歡—歡喜,誹謗—謗誹,夢寐—寐夢,沉浮—浮沉,通達—達通,亂離—離亂,琢磨—磨琢,拋棄—棄拋,醒悟—悟醒,推辭—辭推,囑咐—咐囑,流通—通流,談論—論談,變化—化變,輪迴—迴輪,生死—死生,爛壞—壞爛,分離—離分,尋思—思尋,供應—應供,持誦—誦持,悲慟—慟悲,供獻—獻供,出入—入出,歸還—還歸,捨棄—棄捨,遮攔—攔遮,會合—合會,巡遊—遊巡,灑掃—掃灑,舞蹈—蹈舞,燃燒—燒然(燃),振動—動振,改移—移改,譭謗—謗毀,聚集—集聚,覆蓋—蓋覆,養育—育養,競爭—爭競,睡眠—眠睡,欽敬—敬欽,如似—似如。

四字成語1組:ABCD—CDAB,偷光鑿壁—鑿壁偷光。

5)匡衡鑿壁偷光學,專錐刺股有蘇秦。(無名氏《古賢集》,8/77/3474)

6)食時辰,偷光鑿壁事殷勤。(無名氏《十二時》其三,12/143/5426)

這是用西漢匡衡鑿壁偷光的故事表示刻苦讀書。《西京雜記》卷二:"匡衡字稚圭,勤學而無燭。鄰舍有燭而不逮,衡乃穿壁引其光,以書映光而讀之。"

(2)名詞42組,其中雙音詞41組,如:

---

① 《全唐詩》皆引自《全唐詩》(中華書局,1960年),後面分別標註冊數、卷數和頁碼,如10/340/3817指出自《全唐詩》第10冊340卷第3817頁,下同。

夢魂—魂夢

7）咫尺音書猶不達，夢魂何處得歸還。（無名氏《恨到荒城一閉關》，8/72/3364）

8）昨來魂夢傍陽關，省到燉煌奉玉顏。（無名氏《夢到沙州奉懷殿下》，8/71/3341）

二詞皆是偏義複詞，皆指“夢”。《胡笳十八拍》中“夢魂”與“夢”前後同義相應。二者皆是新詞，不見於唐前文獻，見於同時代文獻。唐張若虛《代答閨夢還》：“夢魂何處入，寂寂掩重扉。”（《全唐詩》4/117/1184）韋莊《應天長》：“碧天雲，無定處，空有夢魂來去。”（《全唐詩》25/892/10077）言只有夢中來往。

音信—信音

9）故人聞到雁傳書，雁去雁來音信希。（無名氏《故人聞到雁傳書》，8/80/3554）

10）朝暮啼多淹損眼。信音稀。（無名氏《阿曹婆詞》第三，11/126/4975）

二者都是消息的意思。例 9）“音信稀”，例 10）“信音稀”，“音信”同“信音”，意思完全相同。也見於同時期其他文獻。如唐宋之問《至端州驛見杜五審言沈三》：“雲搖雨散各翻飛，海闊天長音信稀。”（《全唐詩》2/51/626）白居易《花下對酒二首》之一：“故園音信斷，遠郡親賓絕。”（《全唐詩》13/434/4801）“信音”是新詞。岑參《楊固店》：“長安只千里，何事信音稀。”（《全唐詩》6/200/2091）呂巖《七言》：“但隨天地明消息，方識陰陽有信音。”（《全唐詩》24/856/9677）《漢語大詞典》引用宋周邦彥《解連環》詞為“信音”的始見例，較晚。

其他還有：帝主—主帝，功勳—勳功，旅客—客旅，灰塵—塵灰，妃嬪—嬪妃，珍珠—珠珍，錢財—財錢，羅網—網羅，塵埃—埃塵，蒼穹—穹蒼，鼙鼓—鼓鼙，年歲—歲年，領袖—袖領，羽毛—毛羽，語言—言語，夢幻—幻夢，皇帝—帝皇，精神一神精，紀綱一綱紀，姓名一名姓，兒童一童兒，靈魂一魂靈，因緣一緣因，虎狼一狼虎，塵俗一俗塵，身心一心身，神靈一靈神，錯失一失錯，真容一容真，功效一效功，意志一志意，疾病一病疾，城池一池城，威嚴一嚴威，斧斤一斤斧，財物一物財，光輝一輝光，功課一課功，賢良一良賢。

四字成語 1 組：AABB—BBAA，生生世世—世世生生

11）生生世世說真言，妙法聽幽玄。（無名氏《求因果》之五，12/147/5547）

12）閉眼必得上天堂，世世生生人欽謁。（談信《秋吟一本》，14/166/6307）

世世代代，永久。"生生世世"多用於發願文，六朝已見。《全後魏文》卷五十四李和之《造像記》："願生生世世，恒與善會。""世世生生"隋朝已見。《全隋文》卷七隋煬帝《荅釋智顗遺旨文》："世世生生，師資不闕。"《漢語大詞典》未收"世世生生"，似當補。

（3）其他。

除動詞、名詞外，還有形容詞、副詞、連詞、數詞等。

形容詞 13 組：閒暇一暇閒，長久一久長，勤苦一苦勤，痛苦一苦痛，堅牢一牢堅，深淺一淺深，腸斷一斷腸，恒常一常恒，芬芳一芳芬，細微一微細，親疏一疏親，辛苦一苦辛，延長一長延。

副詞 3 組：始終一終始，共同一同共，總皆一皆總。

連詞 1 組：雖然一然雖。

數詞 1 組：三五一五三。

2. 與現代漢語相比，只有 BA 式的。

與現代漢語相比，敦煌詩歌裏有些詞語現代漢語只用其異序形式，我們以《現代漢語詞典》為參照，稱之為 BA 式。這類詞語有 49 個。

動詞 30 個：縛束，療醫，怪責，藏掩，捨施，越跨，繕修，除剪，棄背，呼招，鬥戰，鬥打，穎脫，辯答，弄戲，濟接，染汙（污），怪責，制遏，點檢，歌歡，等齊，謀計，抑壓，減削，竊盜，怕懼，荷負，留殘，想料。

名詞 10 個：運命，害災，雄雌，第宅，誤失，宗祖，息利，途路，殃禍，篋箱。

形容詞 6 個：盈滿，靜肅，均平，峭峻，周圓，靜潔。

副詞 1 個：結終。

BBAA 式 2 個：（數詞）兩兩三三，（動詞）下氣低聲。

我們把敦煌詩歌中同素異序詞的結構分佈情況列成下表：

表 2　敦煌詩歌同素異序詞結構分佈

類型	兩種順序都有的 109 組								只有一種順序的 49 個					
	AB/BA						AABB/BBAA	ABCD/CDAB	BA				BBAA	
	動	名	形	副	連	數	名	動	動	名	形	副	動	數
數量	48	41	13	3	1	1	1	1	30	10	6	1	1	1

三　敦煌詩歌同素異序詞的歷時分析

經濟原則是語言學的一個重要原則，如果在一種語言中有兩個意思完全相同的詞語這顯然是語言的冗餘，增加了人們的記憶負擔，給語言使用者造成了不必要的麻煩，不利於人們的交流。同素異序詞的並存不符合語言的經濟原則，敦煌詩歌中的同素異序詞在後世有不同的發展走向，它們在語言競爭機制的影響下逐漸分化，有的全部消亡逐漸退出歷史舞臺，有的全部保存但有了分工，當然最多的還是一存一亡，符合語言規律的保存下來，違反語言規律的被逐漸淘汰。我們查檢了敦煌詩歌中二序皆存的同素異序詞在《現代漢語詞典》(第6版)的收錄情況，全部保存下來的有14組，全部消亡的有14組；大部分是一存一亡，有81組。

(一) 全部保存

有些同素異序詞在後世全部保存下來，這樣的有14組：

動詞6組：沉浮－浮沉，聚集－集聚，離別－別離，亂離－離亂，喜歡－歡喜，展開－開展。

名詞5組：蒼穹－穹蒼，紀綱－綱紀，靈魂－魂靈，羅網－網羅，夢幻－幻夢，語言－言語。

形容詞3組：痛苦－苦痛，腸斷－斷腸，細微－微細。

這些詞語完全同義的不多，只有“蒼穹－穹蒼”(《現代漢語詞典》(以下簡稱《現漢》)皆釋為“天空”)、“綱紀－紀綱”(《現漢》皆標為書面語)、“斷腸－腸斷”三組。這三組有一個共同點：都是文言詞，只用於書面語，口語一般不用。

大多數同素異序詞的意思有了細微的區別。如“喜歡－歡喜”，二者意思不同，前者為及物動詞，後者為不及物動詞。又如“網羅－羅網”，“羅網”只有名詞義，“網羅”還有動詞義，如“網羅人才”。“展開－開展”開始兩者都可帶具體名詞作賓語。後世“開展”的賓語範圍擴大，還可以帶抽象的名詞，如“開展活動”等。

(二) 全部消亡

在敦煌詩歌裏兩種順序都有的同素異序詞中，全部消亡的有14組。其中，動詞6組：束妝－妝束，爛壞－壞爛，持誦－誦持，供獻－獻供，如似－似如，改移－移改。名詞4組：魂夢－夢魂，帝主－主帝，真容－容真，斧斤－斤斧。形容詞2組：堅牢－牢堅，恒常－常恒。副詞1組：總皆－皆總。數詞1組：三五－五三。

(三) 一存一亡

敦煌詩歌裏成組的同素異序詞，有的發展到現代漢語，一個消亡了，一個仍然存在。如“賢良－良賢”。二詞義同，都是指有德有才的人。“賢良”常見，是舊詞，先秦就已出現。《周禮·地官·師氏》：“教三行：一曰孝行，以親父母；二曰友行，以尊賢良；三曰順行，以事師長。”“良賢”是臨時性組合，在其他文獻中罕見，《漢語大詞典》只收“賢良”，未收“良賢”。

敦煌詩歌中的同素異序詞，在現代漢語中一存一亡的有81組，我們把現代漢語尚存的詞放在前面，已經消亡的詞放在後面。

動詞37組：割捨－捨割，遨遊－遊遨，禮拜－拜禮，誹謗－謗誹，夢寐－寐夢，通達－達通，琢磨－磨琢，拋棄－棄拋，醒悟－悟醒，推辭－辭推，囑咐－咐囑，流通－通流，談論－論談，變化－化變，輪回－回輪，生死－死生，分離－離分，尋思－思尋，供應－應供，悲慟－慟悲，出入－入出，歸還－還歸，捨棄－棄捨，遮攔－攔遮，會合－合會，巡遊－遊巡，灑掃－掃灑，舞蹈－蹈舞，燃燒－燒然（燃），振動－動振，譭謗－謗毀，覆蓋－蓋覆，養育－育養，競爭－爭競，睡眠－眠睡，欽敬－敬欽。其中，動詞性成語1組：鑿壁偷光－偷光鑿壁。

名詞32組：音信－信音，功勳－勳功，旅客－客旅，灰塵－塵灰，妃嬪－嬪妃①，珍珠－珠珍，錢財－財錢，塵埃－埃

① 我们說的存亡是就口語而言。《現代漢語詞典》（第6版）收錄“妃嬪”詞條，未收錄“嬪妃”。在對“嬪”的解釋中，專門標明〈書〉，舉了例子“嬪妃”，这似乎是以書面語釋“嬪”。《現漢》中的例證不一定都是口語，對於一些粘著語素會舉一些書面語或古語詞做例子，如“品”的〈書〉“吹奏”義下舉例“品萧”，“侜”字解釋為：“〈書〉誑：～張（欺騙；作偽）”。我們不能據此認為“品蕭”和“侜張”是現代漢語口語中還存活的詞語。正因為《現漢》的編者也認為“侜張”已不常見，所以專門以括注形式標註其義。像這樣的例子還很多，我們不能據此認為“嬪妃”還存活在現代漢語中。就“妃嬪”和“嬪妃”在《現漢》釋語中使用的情況來看，《現漢》釋語中相同的意思都用“妃嬪”，如在“後宮”“婕妤”“西宮”的釋語中共出現了5處“妃嬪”，而未見“嬪妃”，這似乎也從側面證明了“妃嬪”尚存而“嬪妃”已亡。

塵，鞞鼓—鼓鞞，年歲—歲年，領袖—袖領，羽毛—毛羽，皇帝—帝皇，精神—神精，姓名—名姓，兒童—童兒，因緣—緣因，虎狼—狼虎，塵俗—俗塵，身心—心身，神靈—靈神，錯失—失錯，功效—效功，意志—志意，疾病—病疾，城池—池城，威嚴—嚴威，財物—物財，光輝—輝光，功課—課功，賢良—良賢。其中，名詞性成語1組：生生世世—世世生生。

形容詞8組：閒暇—暇閒，長久—久長，勤苦—苦勤，深淺—淺深，芬芳—芳芬，親疏—疏親，辛苦—苦辛，延長①—長延。

副詞2組：始終—終始，共同—同共。

連詞1組：雖然—然雖。

四　敦煌詩歌同素異序詞產生的原因

同素異序詞，大部分是由歷史原因造成的，比如在漢語複音化過程中語素順序不定，所以兩種順序並存。也有一些異序詞是由於修辭和文體的需要而臨時產生的。如：

（一）押韻

有的異序詞只是為了押韻的需要臨時出現。如“功勳”出現5例，“勳功”只出現1例，在歷代文獻中也很少出現，唐前文獻中僅在《全隋文》中找到1例②，在明清文言小說中出現了個別用例。《漢語大詞典》未收，這是合適的。“勳功”在《梁僧政邈真贊》裏，和“宗、叢、籠、松、空、風、通、凶、弘、蹤、隆、恭、薨、崩、東、春、容、窮”押東韻，不用“功勳”而用

① “延長”在敦煌詩歌裏是形容詞，久遠的意思。

② 《全隋文》卷二十二《張公禮〈龍藏寺碑〉》：“探賾索隱，應變知機，著義尚訓禦之勤，立勳功事勞之績，廓廟推其偉器，柱石捐其大材。”

“勳功”是為了押韻的需要。

再如“苦辛”。在敦煌詩歌中，“辛苦”出現 29 例，位置靈活，“苦辛”只出現 11 例，且位置固定，僅出現于句尾。如：

13）塞上無媒徒苦辛，不如歸舍早寧親。縱令百戰穿金甲，他自風（封）侯別有人。（無名氏《無名氏詩四十二首》之九，8/69/3291）

在這首詩中，“苦辛”同“辛苦”，用“苦辛”就是為了和“親”“人”押韻。

14）燉煌數度訪來人，握手千迴問懿親。蓬轉已聞過海畔，萍居見說傍河津。戎庭事事皆違意，虜口朝朝計苦辛。縲絏儻逢恩降日，宿心言豁在他辰。（《非所寄王都護姨夫》，8/72/3360）

在這首詩裏，“苦辛”的“辛”與“人、親、津、辰”押韻。

（二）避複

也就是為了讓詩歌語言更加活潑，避免重複呆板，所以同一個意思有時故意用同素異序詞表示。如：

15）右通達於廣內，左達通於承明。（無名氏《新合六字千字》，45/2364）

“通達”出現 7 次，“達通”只出現 1 次，是為了避免與前面的“通達”重複而換序。

（三）受方言影響

中國幅員遼闊，南北方言的不同也影響著同素異序詞的形成。如“音信—信音”這組詞，“音信”是通語，“信音”主要用於南方。宋周邦彥《浪淘沙慢》詞：“念漢浦離鴻去何許？經時信音絕。”明梁辰魚《浣紗記·捧心》：“今經一月，再無信音。”《警世通言·玉堂春落難逢夫》：“三更鼓做了這個夢，半夜搥床搗枕哭到天明，埋怨着我不接三官，今日特來問問三舅的信音。”清李漁《巧團圓·得妻》：“只為天人互逼使報德，公心變作私圖，望眼將穿，如何人杳信音疏。”有些逆序詞在現代漢語普通話中已經消失，但是在方言中還在使用。如北方方言中，“毛羽”在河南洛陽和浙江金華（許寶華 1999：833），“失錯”在河北保定，“言語”在北京、齊齊哈爾、曲沃、成都等仍然使用。更多的是保留在南方方言中，如“鬥打”在湖南雙峰（許寶華 1999：929）、溫州（李榮 2002：3007），“染污”在廣州（許寶華 1999：4446），“怪責”在廣州（許寶華 1999：3592）、雷州（李榮 2002：2425），“點檢（檢查）”在臺灣（許寶華 1999：4058），“名姓”在崇明、廈門（李榮 2002：1497），“久長”在雷州、海口（李榮 2002：408），“魂靈”在杭州、上海（李榮 2002：4659），“縛束”在建甌、福州（李榮 2002：5838），“捨施”在福州、廈門（李榮 2002：2283），“怕懼”在揚州、績溪、丹陽、上海、婁底（李榮 2002：2423）等仍在使用。

五　敦煌詩歌同素異序詞消亡的原因

同素異序詞的消亡是個很複雜的現象，有語言內部規律的驅動，也有語言外部社會活動的影響，既受到認知規律的影響，又受到民族文化心理和使用習慣的限制，還受到語言符號能指和所指關係的制約。敦煌詩歌同素異序詞的消亡受到以下因素的影響。

（一）調序

同素異序詞的留存與消亡與調序有關，如符合平上去入四聲順序的詞容易保存下來。丁邦新（1969：165）發現並列語中兩個成分的排列有自然的音韻關聯：“在《國語》中，所有雙音節並列語的兩個成分除屬於同一個聲調以外，它們是按聲調的不同而排列的。”丁邦新（1975：35）又考察了《論語》《孟子》和《詩經》中的並列複音詞，明確地說：“‘平上去入’四調排名的次序恰好是各調字用為並列語成分時大致的先後。”王雲路(2007/2011：105)說，兩種並列方式並存時，符合平上去入規律的得以保存，“符合調序者往往戰勝異序形式，因為平、上、去、入這一順序符合人們的自然發音規律，換句話說，就是順口。”敦煌詩歌中也是如此。如根據《廣韻》，“醒”是上聲迥韻，“悟”是去聲暮韻，“醒悟”是上去組合，符合調序規律，保存下來，“悟醒”是去上組合，不符合調序規律，被淘汰。又如“旅”是上聲語韻，“客”是入聲陌韻，“旅客”是上入組合，符合調序規律，保存下來，“客旅”是入上組合，不符合調序規律，所以被淘汰。“皇帝－帝皇”中前者符合四聲調序留存下來，後者違背調序被淘汰。

敦煌詩歌中兩種順序皆存、現代漢語一存一亡的詞語有 81 組。其中聲調相同的 35 組，其中平平連用 28 組，上上 2 組，去去 3 組，入入 2 組。除去兩組成語，還剩 44 組，因為符合調序規律而保存下來的 31 個，占 70.45％。符合調序規律而被淘汰的詞語有 13 個，占 29.55％。平上連用的 3 個：毛羽，狼虎，終始；平去 4 個：爭競，眠睡，名姓，同共；平入 2 個：磨琢，咐囑；上去 1 個：動振；上入 1 個：捨割；去入 2 個：蓋覆，病疾。可見，調序在同素異序詞的消亡中起著重要的作用，在聲調不同的詞語中，有三分之二的詞語都符合調序規律。

（二）文化心理

同素異序詞的產生和留存情況還受到民族文化心理的影響，漢民族裏有很強的等級觀念和宗法觀念，比如在表示尊卑、吉凶、正反、好壞的詞語裏，表示正面意義的語素在前的更容易保存下來，如“生死－死生”“深淺－淺深”“親疏－疏親”中表正面意義的語素在前的“生死”“深淺”“親疏”保存下來，相反的形式被淘汰。

（三）認知規律

符合認知規律的詞語容易保存下來。認知規律優先於聲調規律，有時候聲調規律和認知規律衝突時，符合認知規律的詞語保存下來。比如，突顯的、重要的事物往往更能引起人們的注意，在構詞上表示這樣事物的語素經常放在前面，如"虎"比"狼"大，對人們的威脅也大，更具有突顯性，所以"虎狼"戰勝了"狼虎"，雖然不符合調序規律（虎狼是上平連用）。"姓"是去聲勁韻，"名"是平聲清韻。但是，"姓"是一個家族的代號，"名"是個體的標誌，"姓"比"名"重要，所以"姓名"最終戰勝了"名姓"。

那些符合時間順序，符合事物發展規律的詞語容易保存下來，如事物的發展總是從"始"到"終"的，所以"始終"最終戰勝了"終始"，雖然不符合聲調規律。"疾"是身體不適，是小毛病，"病"是"疾加也"（《說文·疒部》），事物的發展都是循序漸進，由淺入深的，所以符合事物發展規律的"疾病"戰勝了"病疾"。

（四）使用習慣

同素異序詞的存亡原因很複雜，還與使用習慣等有關，如常用語素在前的容易保存下來，如"供應－應供，捨棄－棄捨，會合－合會"中，"供"比"應"常用，"捨"比"棄"常用，"會"比"合"常用，所以由這些常用語素在前組成的"供應""捨棄"和"會合"戰勝了它們的逆序詞，保存了下來。

（五）詞語反映的事物（所指）消失引起詞語（能指）的消亡

索緒爾（1916/1980：101）提出語言符號的概念，把概念和音響形象的結合叫做符號，認為"語言符號連結的不是事物和名稱，而是概念和音響形象"，並用所指（signifiant）和能指（signifié）分別替代概念和音響形象，很好地把詞語的音和義區別開來了。敦煌詩歌同素異序詞中，有的是隨著詞語所指的消亡而消亡，如：帝主一主帝。隨著封建社會的終結，這些詞反映的事物在現實生活中已經消失。“帝主一主帝”這組詞消失得最徹底，即使在電視劇、戲曲等反映古代生活的作品中也不再運用，而是用“皇帝、皇上”等更常用的同義詞稱呼。

（六）舊語素（能指）的消失引起詞語的替換

有的語素隨著歷史的發展已經消亡，其意義已不為人瞭解，相應的以之為組成成分的詞語也發生了變化，有的與更常見的語素結合用更常用的造詞方式構造新詞，替換了原來的詞語。如“斧斤一斤斧”，其所指尚存，作為人們劈材的工具從古至今一直存在於人們的生活中，但是能指已經消失，現代漢語已不再用“斧斤一斤斧”，代之以新的詞形“斧子”。這是因為語素“斤”在現代漢語中已經消亡，非專門研究古漢語的人已不能理解其意義，於是人們以中心語素“斧”為核心加上一個派生語素“子”構成了一個表義更明晰的詞語“斧子”。

敦煌詩歌中的同素異序詞有 14 組全部保存下來，14 組全部消亡，81 組同素異序詞中保存下來一個，淘汰另一個。在全部保存下來的 14 組中，意義大多有了分化，二者意義不再完全相同。有的是出現了相應的替代形式，如“斧斤一斤斧”被更口語化的“斧子”取代。大部分同素異序詞是在發展過程中淘汰一個，保留一個，這說明同素異序詞總體上是個消極現象，不符合語言的經濟原則，增加了人們記憶的負擔，不利於人們的交際，所以在後世的發展中那些更符合語言規律、為人們喜聞樂見的形式保留下來，相應的異序詞則淹沒在歷史的塵埃中。不過研究這些異序詞有利於窺探漢語詞彙的構造規律，瞭解詞語產生、發展和消亡的原因，有利於漢語詞彙史的建立。

〔主要參考文獻〕

曹廷玉．近代漢語同素逆序同義詞探析．暨南學報（哲學社會科學），

2000 (5).

曹先擢. 並列式同素異序同義詞. 中國語文, 1979 (6).

丁邦新. 國語中雙音節並列語兩成分間的聲調關係//"中央研究院"歷史語言研究所集刊: 第 39 本下冊　慶祝李方桂先生六十五歲論文集. 1969.

丁邦新. 論語、孟子及詩經中並列語成分之間的聲調關係//"中央研究院"歷史語言研究所集刊: 第 47 本第一分冊. 1975.

丁勉哉. 同素詞的結構形式和意義的關係. 學術月刊, 1957 (2).

何志華. 郭注雙音詞中的同素反序現象. 江西大學學報, 1988 (2).

洪帥. 《孟子》趙注中的同素異序詞. 重慶工學院學報 (社科版), 2009 (10).

洪帥. 敦煌詩歌詞彙研究. 北京: 光明日報出版社, 2013.

黃征, 張涌泉. 敦煌變文校注. 北京: 中華書局, 1997.

李榮. 現代漢語方言大詞典. 南京: 江蘇教育出版社, 2002.

彭定求. 全唐詩. 北京: 中華書局, 1960.

索緒爾. 普通語言學教程. 高名凱, 譯. 北京: 商務印書館, 1980.

王雲路. 論四聲調序與複音詞的語素排列. 漢語史研究集刊: 第 10 輯, 成都: 巴蜀書社, 2007.

項楚. 王梵志詩校注. 上海: 上海古籍出版社, 1991.

許寶華, 宮田一郎. 漢語方言大詞典. 北京: 中華書局, 1999.

張錫厚. 全敦煌詩. 北京: 作家出版社, 2006.

鄭奠. 古漢語中字序對換的雙音詞. 中國語文, 1964 (6).

中國社會科學院語言研究所詞典編輯室. 現代漢語詞典. 6 版. 北京: 商務印書館, 2012.

A Sutdy of Word Pairs of Inverse Morphemes in Dunhuang Poems

Hong Shuai
(College of Chinese Language and Literature of Northwest Normal University)

Abstract: First of all, this paper made a definition about the inverse morphemes which was divided into synchronic ones and diachronic ones. Then, this paper studied 267 inverse morphemes in Dunhuang poems on their formation and development from the viewpoints of both synchronic and diachronic perspectives respectively. The paper described grammar structure and distribution of inverse morphemes in Dunhuang poems from synchronic viewpoint. The article analyzed the survive and elimination of inverse morphemes in Dunhuang poems in modern Chinese. There was 14 pairs of words survived and 14 eliminated while 81 pairs with one survived and the other eliminated. Finally, the paper inspected the reason of their generation and elimination. The reasons for generation are inverse morphemes in are adapt to rhyme to avoid repetition and the influence of dialect, etc. The reasons of elimination are that some words are affected by the linguistic internal reasons such as the order of the tones, the words replacement caused by the disappearance of old morpheme, and some words are influenced by external social reasons such as national cultural psychology, cognitive rules, pragmatic habits and the disappearance of the objects, etc.

Key words: inverse morphemes; Dunhuang poems; reasons of generation; reasons of elimination

(洪帥，西北師範大學文學院，郵編 730070；中國社會科學院語言研究所，郵編 100732)

《禮記·學記》“佔畢”[①]釋義[*]

俞理明　周艷梅

内容摘要：《禮記·學記》中“今之教者，呻其佔畢”一句中的“佔畢”，漢代鄭玄和清人王引之有不同釋義。该文通過共時和歷時的兩個層面，調查分析“佔畢”的結構、語源及發展軌跡，希望對《學記》中的“佔畢”有正確的理解，並且認為，這與詞彙休眠現象以及重解出新義有關。

關鍵詞：佔畢　占　釋義　詞彙休眠　詞彙重解

一　“佔畢”一詞的歧見及共時語料調查

《禮記》是儒家學者解釋説明經書《儀禮》的文章選集，其中的《學記》是我國古代著名的教育論著，由於其經學地位，研究闡釋《學記》者不勝枚舉，見智見仁，未免紛歧。其中對“今之教者，呻其佔畢，多其訊，言及於數，進而不顧其安”[②]一句

---

*　本文爲教育部人文社會科學重點研究基地重大項目“歷代筆記小説俗語詞彙釋”（15JJDZONGHE013）前期成果。

①　“佔畢”源於《學記》，後也作“佔嗶”“佔俾”“佔俾”，本文仅討論“佔畢”。

②　該句有多種斷句法，對“今之教者，呻其佔畢”的斷句沒有分歧，而對其後半部分斷句有異議，主要有以下四種：沈嘯寰、王星賢點校的《禮記集解》將其斷句為“多其訊，言及於數，進而不顧其安”；饒欽農點校的《禮記訓纂》則為“多其訊言，及於數進，而不顧其安”；中华書局《四书五经》（2009）為“多其訊言，及於數進而不顧其安”；曹順慶《中華文化原典讀本》爲“多其訊言，及於數，進而不顧其安”。此謹取第一種。

中的"佔畢"就至少有兩種不同認識：一類釋"佔"為"視"，意即所看到的簡冊；一類釋"佔"為"笘"，簡冊之意，"佔畢"同義連文，意即簡冊。

釋"佔畢"為所看到的簡冊，以鄭玄為代表。鄭玄《禮記註》："佔，視也；簡謂之畢。……言今之師自不曉經之義，但吟誦其所視簡之文。"唐陸德明《禮記音義》："佔，勑沾反，視也。"宋朱熹《儀禮經傳通解》，元吳澄《禮記纂言》、陳澔《禮記集說》，清孫希旦《禮記集解》，今人楊天宇《禮記註說》中，釋義皆與鄭玄同。

但清代王引之《經義述聞》卷三十二《通說下》認為："佔，讀為笘。《說文》曰：'潁川人名小兒所書寫為笘。'又曰：'籥，書僮竹笘也。'《廣雅》：'笘，䉌也。'春秋齊陳書字子占，佔占並與笘同，佔亦簡之類。故'佔畢'連文。鄭謂'吟誦其所視簡之文'，殆失之迂也。"清朱彬《禮記訓纂》、郭松燾《禮記質疑》，今人胡平生、陳美蘭譯註《〈禮記〉〈孝經〉》，丁鼎《禮記解讀》，呂友仁、呂詠梅譯註《禮記全譯孝經全譯》，王夢歐《禮記今註今譯》同意王氏之說。

《漢語大詞典》（以下簡稱《大詞典》）釋"佔畢"："謂經師不解經義，但視簡上文字誦讀以教人。後亦泛指誦讀。"並引《學記》"呻其佔畢"及鄭玄注為書證。而在"笘"字條，《大詞典》釋其為古代孩童習字的竹片，引王引之"佔畢連文"之說為證。可見，《大詞典》對"佔畢"一詞的解釋也前後不一，莫衷一是。

對"佔畢"的兩種不同解釋，實際將"佔"和"佔畢"分別看成了兩種不同的詞性和結構：一種將"佔"作為動詞，"佔畢"即為動詞為定語的偏正式結構；一種將"佔"當作名詞，"佔畢"為"佔""畢"同義連文的聯合式結構。

《說文》中有"占"無"佔"，"佔"是"占"的後起區別字，但現存《禮記·學記》版本中都作“佔畢”。《禮記》的成書年代雖存有分歧，但該書為戰國至秦漢年間的作品並無異議。鑒於此，筆者通過國學寶典及北大語料庫調查了該時段“佔（占）”的語料，未發現“佔（占）”作動詞為“視”義與其他名詞構成偏正式合成詞的例子；而在合成結構中的“占”大多與“占卜”義有關，除字書和人名之外，也未發現“占”直接作“笘”解的例證。因此，難於通過當時的佐證來判定兩種解釋的是非。

“呻其佔畢”為“V＋其＋NP”結構，V與NP構成動賓關係。《禮記》中此類結構共有138個用例①，其中NP為聯合式結構的有66例；NP為定中偏正式結構的31例。定中結構中，名詞作定語的25例，數詞作定語的3例，形容詞作定語的2例，動詞作定語的僅1例，見於《禮運》“疏布以冪，衣其澣帛。醴醆以獻，薦其燔炙”之“澣帛”，“澣”同“浣”，“澣帛”指經過煮練染色的絲織品。從當時的語言環境可以看出，“佔畢”為聯合式結構的可能性更大，但是也不排除為偏正結構的可能。

二 承襲鄭說的“佔畢”

“佔畢”一詞在《學記》中出現後，在現存語料裡直到唐末才见新例：

(1) 使佔畢者三省，營巢者九思，垂訓之異六也。（崔致遠《大唐新羅國故鳳巖山寺教謚智證大師寂照之塔碑銘》，见清陸心源《唐文拾遺》卷四十四）

此處“佔畢”與“營巢”相對，“佔”為動詞，作“視”解。

---

① 此處統計未包括諸如“專致其精明之德”“稱揚其先祖之美”之類的NP，因為此類NP後加“之”構成的中心語才是V的賓語，與本文討論的結構不符，故未計在內。

但"佔畢"已不是"所看的書"這樣的名詞性偏正結構，而是一個動賓結構，相當於現在的"看書"，意為不出聲地讀書。

《說文》:"占，視兆問也。從卜口。"《大詞典》"占"字條第一個義項:"指用龜甲、蓍草占卜，預測吉凶。"《易·繫辭上》:"以制器者尚其象，以卜筮者尚其占。"《周禮·春官·占人》:"凡卜簭，君占體，大夫占色，史占墨，卜人占坼。"鄭玄注:"體，兆象也。色，兆氣也……周公卜武王，占之曰:'體，王其無害。'凡卜象吉，色善，墨大，坼明，則逢吉。"因"占"有看兆象的動作，後有了"視"義，《易·革》:"未占，有孚。"虞翻注:"占，伺視也。"楊雄《方言》:"占，伺視也。……窺，其通語也。"

"看書"是學習的一種方式，由此"佔畢"也泛指學習或治學，此義項《大詞典》未列，但後代頗有用例:

(2) 江南佔畢生，往來習羊腸。(宋文天祥《保州道中》)

(3) 若造化到，必不見短；不然，終歲俛首佔畢何為者？不須問江東神，鄙人便是也。(明歸有光《小簡》)

(4) 陋予亦胡為，學問本狂瞽。三年事佔畢，竟日拘訓詁。環列紛叩難，類敵張勁弩。(明張孟兼《送鄭叔車》)

(5) 又未暇從事佔畢，乃勤於學業，遂能貫通如此，固命世雄才之一端哉！(清趙翼《廿二史札記》卷三十二)

(6) 蓋吾人佔畢，必始宋學，洎肄舉業，益違雅訓，迨至反而從事其本，則少小之所溫燅者，如油入面，去之卒不能盡。(清包世臣《藝舟雙楫》卷二)

(7) 自念半生佔畢，於道無聞，且以心悸疾，不克為湛深之思。雖詩詞小技，亦未底於成，近歲屏棄不作，暇惟觀書以悦志，偶有得即書之，兼及平昔所聞見，隨筆漫錄，不沿體例，積成八卷，名曰《雜識》。(清陸以湉《冷廬雜識》

自序）

因“佔畢”有“看書”義，“看書”與“讀書”同義，“佔畢”因此成為“讀書”的同義詞，像南宋學者史繩祖《學齋佔畢》序言：“昔人有言，讀書百遍，其義自見。又有云，舊書不厭百回讀，熟讀深思子自知。此則《禮記·學記》之呻其佔畢而多其訊也……遇有所得，質之於師友而不謬也。則隨而錄之，積久成編……故裒為一編，命之曰《學齋佔畢》。”明胡應麟《少室山房筆叢·史書佔畢》也用此義。古人讀書大多是吟誦的方式，由此“佔畢”又有了吟書的意思，即“誦讀”。

(8)《課讀聲》云：“……青氈寂寂遺編在，紗幔依依問字頻。記得芸牕佔畢處，尚留餘韻樂慈親。”（清陸以湉《冷廬雜識》卷一）

(9) 土方其佔畢咿唔，則期報於科第祿仕；或少讀古書，窺著作之林，則責報於遐邇之譽，後世之名。（清曾国藩《曾國藩家书·聖哲畫像記》）

(10) 秦客露坐中庭，見生猶於燈下作咿唔聲，因呼生出，曰：“酷暑逼人，何不於此間納涼，乃猶作佔畢計，豈將射策於金華殿上耶？”（清王韜《淞隱漫錄·林士樾》）

(11) 曉亭於康熙戊寅授奉國將軍，累官倉場總督，晨夕佔畢，作儒生詠。（清徐珂《清稗類鈔·文學類》）

(12) 乾隆四十年御製《隨安室》詩：隨安舊書室，是處與題名。況昔棲遲地（雍正二年曾居此讀書），如聞佔畢聲。（清朱彝尊、于敏中《日下舊聞考》卷二十二）

以上各例中“佔畢”與鄭注一脈相承，意義由“看的書”演變為“看書”和“讀書”，並由不出聲的閱讀變為朗讀，“佔”原意為動詞性的“視”義。

三 支撐王氏的"佔畢"用例

在先秦，"畢"就可與"冊"組成具"簡冊"義的結構，如《尚書·周書·畢命》："康王命作冊畢，分居里，成周郊，作《畢命》。"同時"占"也作名詞，如《世本》："陳桓子生書，字子占，書生子良堅，以王父字為氏。"《廣韻·鹽韻》："占，亦姓，陳大夫子占之後。"陳書是春秋時齊國大夫，字子占，"占"姓一族因陳書而起，此處"占"與"書"有關，為"笘""書冊"之義。

《說文》："笘，折竹箠也。潁川人名小兒所書寫為笘。"段玉裁注："此別一義，籥下曰書僮竹笘也，用此義。"《廣雅·釋器》："篰、籥、篥、籎、笘、籙，觚也。"王念孫疏證："觚，通作觚。"在《說文》"籥"字段注："按笘謂之籥，亦謂之觚，蓋以白墡染之可拭去再書者，其拭觚之布曰幡。"《急就篇》："急就奇觚與眾異。"顏師古注："觚者學書之牘，或以記事，削木為之，蓋簡屬也。……其形或六面，或八面，皆可書。觚者，棱也。以有稜角，故謂之觚。"引申指書寫用的絹帛或紙。陸機《文賦》："操觚以率爾，或含毫而邈然。"李善注："觚，木之方者，古人用之以書，猶今之簡也。""簡冊"義的"佔畢"在宋元明清的文獻裡有很多用例。

(13) 故人千里寄書來，三復塵襟頓豁開。勸我從容深燕養，莫將佔畢苦沉埋。(宋朱熹《寄擇之》)

(14) 惟世之學者，或不足以知此，而勞於記誦佔畢之間以為事，是以語之至者，既扞格而不入於心，惟其粗厲而不平者感而入焉。則其間勃然而鬥而怒矣，亦何樂之云哉！(宋朱熹《至樂齋記》)

(15) 今年為蛇年，此日是人日。江右一龍鍾，山中舊

佔畢。獨坐守《太玄》，一笑發狂疾。悠悠王正意，衰涕感麟筆。（宋文天祥《人日》）

（16）伏念臣器匪夙成，材無特異。徒歸依於鞠育，每親炙於高明。欲善在身，忘髡髦之至弱；知書可學，慕佔畢之相從。庶繇受教於童蒙，覬獲成能於壯大。（宋曾鞏《代皇子延安郡王謝表》）

（17）託孤嘯於烟月兮，委逸才於篇翰。徒飛揚於迮地兮，孰知得志之為憾。遺佔畢於來世兮，徒組藻之可尋。謂厥智之殫此兮，非彼昊疇與明。”（元吳師道《吳禮部詩話》）

（18）士無賢不肖，由科目而進者，終其身可以無營，而顯榮可立望。士亦曰，吾事畢矣。故曰士之終。佔畢之事，不可以莅官也；偶儷之詞，不可以臨民也。士之仕也，猶始入學也。（明歸有光《送王汝康會試序》）

（19）讀書以明聖賢理道為先，徒呻吟佔畢，汩沒章句間，非所貴也。（明吳偉業《姚胤华墓志铭》）

（20）段生湖海士，矯志營儒術。道心既渟泓，俠氣亦迸逸。臂鷹弄丸劍，亡羊視占畢。結客少年場，摳衣大儒室。（清錢謙益《三良诗》）

（21）夫學則古昔，文守矩範，士之榮行也，懷挾坊本，規模時墨，士之醜行也。凡在佔畢，共服此論。（清包世臣《却寄戴大司寇書》）

（22）若不改此根本之謬誤，則他日此二科中所養成之人才，其優於佔畢帖括之學者幾何？而我國之文學、經學不致於墜於地不已，此余所爲不能默尒而息者也。”（清王國維《奏定經學科大學文學科大學章程書》）

上面“佔畢”都作名詞結構的“簡冊”解，其中用例大多在王氏之前，這也可能是促成王氏立論的語用支撐。該義項《大詞典》未收，失之。

四 結 論

"佔畢"在《學記》中出現後，至晚唐新羅人崔致遠使用前，期間近千年的時間，在現存的文獻中未有發現，宋代以後才較多地使用，其中原因和當時特定的歷史背景有關。唐代以後科舉興盛，尤其宋代"四書"作為儒家經典的核心，受到高度重視，使來自《禮記》的"佔畢"一詞又活躍起來，但在語用中它向兩個不同方向發展。

具"視"義的"占"由最初的"占卜"義演變而來，"占卜"有"視兆象並預測"的語義，後在演變過程中逐漸失去"預測"語義，僅留"視"義，這為鄭玄釋"佔畢"之"佔"為"視"提供了語義依據。鄭氏理解的"佔畢"為動詞作定語的名詞性偏正結構，而《禮記》裡確實存有此類結構的例證，可見鄭玄最初的解釋與當時語境一致，合乎情理。後世典籍裡，"佔畢"以動賓結構的形式出現，並由表示無聲的看書（治學）進一步演變為有聲的讀書（誦讀）。

"佔畢"以典故的形式出現，在用典的過程中後人對該詞的理解出现分歧。自宋始，人們對"佔畢"的理解已偏離了鄭玄的釋義標準，由此產生新義，出現了較多"佔畢"作"簡冊"義的用法，這為王引之重新解釋"佔畢"提供了语用基础。而先秦有"占"作"簡冊"義"笘"的例證，也有"冊畢"這樣同義連文的名詞性結構，這就為王氏之說提供了依據。加上"占"的"視"義直到西漢仍未發展成熟（東漢年間才出現如"佔視""視佔""占觀""眥占"等"視"義明顯的"占"的用法），從而為王引之釋"佔"為"笘"預留了空間。

從"佔畢"的語源、演變及用例來看，鄭玄、王引之對"佔畢"的解釋均"於古有徵"而各有不足，僅憑現存的語料斷定孰是孰非，已經很困難，似乎也沒有必要。因為词義是可變的，數百年來兩種詞義的“佔畢”都使用著，並在書面語中約定俗成。還有像朱熹這樣的大家，一方面把“佔畢”的“佔”釋為“視”，另一方面又把“佔畢”作為簡冊理解，兼收並蓄，說明這兩個詞義都已經成立。《大詞典》對《禮記》之“佔畢”，應以兩可釋之，並補出“學習或治學”“簡冊或書籍”兩義項，這樣更周全一些。

觀察“佔畢”一詞，有兩點在詞彙史上有啟發意義。首先，是詞的“休眠”現象，即一些古代文獻曾經用過但已經退出交際、失去活力的詞，受後代社會語用因素的刺激，重新煥發活力。“佔畢”在上古文獻中僅見一例，但到唐宋以後，在文人中卻流行開來，用例頗豐。漢語有豐富的歷史文獻，其中保存了大量已經退出交際的歷史詞語，這些詞語只要還在文獻中保存著，就仍然是漢語詞彙的邊緣成分，隨時有可能“卷土重來”。其次，是詞義發展關係中，在本義引申之外，存在重解出新義的現象。從歷史關係來看，鄭註比較近古，但後人除了承用鄭註，還對“佔畢”的語素及結構作了重新的解讀，導致“佔畢”一詞的新義產生。重解產生的新義，雖然也是以“佔畢”為基礎，但這個新義跟舊義之間並不存在任何直接關係，而僅僅是同形。但這種同形導致的不同詞義又非常近似、密切關聯，形成漢語詞義歷史發展中另類的標本，值得我們深入思考。

〔主要參考文獻〕

陳澔. 禮記集說. 北京：北京圖書館出版社，2005.

陳新雄. 為《禮記學記》“大學之教也”段進一解. 南京師範大學文學院學報，2002 (1).

丁鼎. 禮記解讀. 北京：中國人民大學出版社，2010.

郭松燾. 禮記質疑//清代稿本百種匯刊. 臺北：文海出版社，1974.

禮記；孝經. 胡平生，陳美蘭，譯注. 北京：中華書局，2008.

劉震.《學記》釋義. 濟南：山東教育出版社，1984.

呂友仁，呂詠梅. 禮記全譯；孝經全譯. 貴陽：貴州人民出版社，2009.

十三經注疏. 阮元，校刻. 北京：中華書局，2009.

孫希旦. 禮記集解：第三十六卷. 沈嘯寰，王星賢，點校. 北京：中華書局，1989.

王夢鷗. 禮記今註今譯. 臺北：商務印書館，2009.

吳澄. 禮記纂言. 北京：北京圖書館出版社，2005.

楊天宇. 禮記註說. 鄭州：河南大學出版社，2010.

俞理明. 詞彙歷史研究中的宏觀認識. 江蘇大學學報（社會科學版），2008（3）.

袁健惠. 從語法視角看《禮記·學記》中的歧義斷句. 漢字文化，2009（6）.

朱彬. 禮記訓纂：第十八卷. 饒欽農，點校. 北京：中華書局，1996.

The Interpretation of "*Zhanbi*"（佔畢）In *The Book of Rites* · *Learning*

Yü Liming, Zhou Yanmei

(Institute for Non-orthodox Chinese Culture, Sichuan University, Chengdu, 610064)

Abstract: In *The Book of Rites* · *Learning*, there is a saying "*Jing Zhi Jiaozhe*, *Shen Qi Zhanbi*"（今之教者，呻其佔畢）, which means the teaching of teachers in contemporary society echos to what the books said. In this sentence, the word "*zhanbi*"（佔畢）, meaning "repeat what the books say", has been given different interpretations by different readers from Zheng Xuan in the Han Dynasty until now. This essay investigates the structure, origin, and development of "*zhanbi*"（佔畢）diachronically and synchronically, and wishes to give proper explanation of it, and to arouse reflection on the emergence, development and using conditions of specific words in lexical history.

Key words: *The book of Rites*; *The book of Learning*; Zhanbi; Zhan; interpretation

（俞理明、周艷梅，四川大學中國俗文化研究所，郵編 610064）

“虛簹”“葫蘆提”考源

楊　琳

内容摘要：“虛簹”之義，頗難索解，學者們曾提出過多種解釋，如本義為空箱子，引申指空話；屁的諱詞；本義為漁具，比喻機關、手段；“虛囂”之形誤；等等。然都缺乏依據，難以成立。本文認為“虛簹”即“虛嗊”，義為虛假哄騙。宋代以來文獻中有“葫蘆提”一詞，義為糊塗，然“葫蘆提”何以有糊塗義則不得其解。本文指出：古代把用提拉方式舀取液體的器具稱為“提”，“葫蘆提”指用來提舀液體的葫蘆。在民俗觀念中，渾圓的東西往往被賦予呆傻的屬性。葫蘆渾圓，所以也用來比喻糊塗呆傻的人和事物。前人不知“葫蘆提”的名物義，所以不得其門而入，無從窺見理據。

關鍵詞：虛簹　葫蘆提　詞源

一　虛簹

《金瓶梅詞話》第四十五回有“虛簹”一詞，出現的語境是：元宵節期間西門慶家叫了妓院的李桂姐、吳銀兒等人來彈唱，活動還沒結束，妓院派人來接李桂姐、吳銀兒回去，月娘再三挽留李桂姐，她還是找藉口回去了，吳銀兒則主動留下不走。文中說：

> 月娘便說：“銀姐，你這等我才喜歡。你休學李桂兒那等喬張致。昨日和令（今）早，只相臥不住虎子一般，留不住的，只要家去，可哥兒家裡就忙的恁樣兒，連唱也不用心

唱了。見他家人來接，飯也不吃就去了，就不待見了。銀姐你快休學他。”吳銀兒道：“好娘，這裡一個爹娘宅裡，是那裡去處？就有虛簣，放著別處便（使），敢在這裡使？桂姐年幼，他不知事，俺娘休要惱他。”

“虛簣”一詞古代典籍中僅此一見，其義難明。學者們曾提出過多種解釋，臚列如下：

A. 本義為空箱子，引申指空話。魏子雲（1988：312）：“簣，箱類。所說‘虛簣’，乃空箱子之意。揆其語意，似是說，縱然別處放著空箱子；引申說來便是空話，意思是解釋家中確是有事，決不是虛假之詞，找一句托詞來要他回去接客，就急著要回去。”

B. 屁的諱詞。王利器（1988：338）：“虛簣，屁的諱詞。‘使虛簣’即放屁。今徐州方言仍有此語，見《徐州方言志》（語文出版社，1985年）‘虛劕’條。‘簣’與‘劕’音同。”梅節（2004：214）：“虛簣，‘簣’疑為‘恭’之同音字。‘虛恭’即屁之諱詞。徐世榮《北京土語詞典》：‘出虛恭，即放屁，是文雅的說法。’李申《徐州方言志》謂今徐州仍有此語。銀姐說，有屁也不敢在爹娘這裡放，即不敢在這裡撒野。”李申（2013）也力主“虛簣”即“虛恭”，並認為“使”有“放”義，“使虛簣”即放屁的諱詞，“引申貶指人指空撒謊，弄虛作假”。

C. 本義為漁具，比喻機關、手段。鮑延毅（1993）：“‘虛簣’即‘罜麗’（或‘罜籠’）。……沛縣棗莊一帶，或稱之為‘虛籠（簣）’。此種漁具，竹篾編成，呈圓錐狀，腰間細，內裝卡子。捕魚時，對著水流平放淺水中。魚蝦進入，莫能復出。《金》中之‘使虛簣’（籠），是用其比喻義，有‘設機關’、‘弄手段’的意思。”

D. “虛囂”之形誤。張鴻魁（2009）：“此處的‘簣’是‘囂’字俗形造成的訛誤，‘虛簣’當是‘虛囂’。……可以直譯為‘滑頭’或‘花招’。”

E. 義為欺騙行為。白維國（2011：1762）：“虛篢，虛頭；欺騙行為。”

F. 即“虛哄”。王夕河（2012：258）：“‘篢’字實是‘哄’的借音字，義也同‘哄’，‘虛篢’即同‘虛哄’。‘哄’俗釋作‘誑誘也’，故‘虛篢’當是虛著哄著的意思，實際上也就是欺騙的意思。”

上面的解釋可分為三類。

第一類只有釋義，沒有交代依據，如 E 解。沒有依據，屬於隨文猜測，無從取信。

第二類就本字作解，如 A、C 兩解。《集韻·感韻》：“匴，箱類。或作篢。”音古禫切，今讀 gǎn。黃侃《蘄春語》：“吾鄉為死者作齋，編竹為小匧以盛紙錢曰篢，而讀籠上聲。恒言箱匧亦多曰箱篢。”說“虛篢”為空箱子、為漁具，可以成立，但進而說空箱子、漁具比喻空話，比喻機關、手段，仍為想象，並無事實上有這些比喻義存在的依據。

第三類認為“篢”非本字，如 B、D、F 三解。

B 解認為“虛篢”即“虛恭”，不無依據，但在《詞話》語境中，理解為“屁”，文意不諧。從上下文來看，妓女吳銀兒對西門慶家的女主人說話很恭敬，不大可能說粗話。語言中也未見有“使虛恭”“使屁”的說法。李申說“使”有“放”義，舉的例子有元劇《秋胡戲妻》第四折：“你個使牛郎休更想。”《水滸全傳》第五十一回：“便罵你這三家村使牛的，打甚麼緊?”這裡“使”的直接意義應該是“使喚”，正如上海話中稱牧童為“看牛郎”，浙江溫嶺話中稱牧童為“牽牛細”，不能認為“看”“牽”直接就有放的意思。即便“使”直接有放牧之義，也與“從肛門排出臭氣”義的“放”扯不到一起。

D 解說“篢”為“囂”之形誤的依據是：“囂”之俗字作

“囂”，中間作“頁”。“俗字形得不到規範承認，就容易發生變異。‘囂’字有可能傳抄中錯成‘篢’。這只需要：1）下面脫落兩‘口’；2）上面兩‘口’變成‘竹’頭。這都不是多麼難以想像的事。”不難看出，形誤說也是出於想象，而且是不大合理的想象，難以采信。

F解雖然也是猜測多於實證，卻是幸而言中。《漢語大詞典》：“虛哄，虛空；虛假。”“虛哄”還有哄騙義［下（1）、（2）兩例］。該詞明代常見。例如：

（1）將你真心承敬，你把我虛情虛哄。（明郭勳《雍熙樂府》卷十六明佚名《錦庭樂》）

（2）心驚聳，姻事多虛哄，婿匪乘龍，女偏跨鳳。（明佚名《贈書記》第三十一齣）

（3）風塵奔走徒虛哄，頃刻勞君舟楫功。（明張鳳翼《紅拂記》第二齣）

（4）歎一場好事成虛哄，任龍鍾雙袖漬啼紅。（明周履靖《錦箋記》第二十八齣）

“虛哄”也寫作“虛嗊”。明俞大猷《正氣堂集》卷十三《論招撫欲誠征勦規模欲大》：“今行調苗狼等兵不日將集，若說盡許投撫，俱不進勦，俱是虛嗊之言，賊亦不信。”欺騙義之“哄”本字為“嗊”。明蘭茂《韻略易通》卷上《一東洪》：“嗊，誘也。”“哄，眾聲。”釋義有別，後者即“哄堂大笑”之“哄”。但世俗用字，常把“嗊”寫作“哄”。明郭一經《字學三正》第一冊《時俗杜撰字》：“嗊，俗作哄。”《古今圖書集成·字學典》卷一百四十五《方言部匯考三·江南志書·音不轉而字誤者》：“依為捱，么為歪，姥為媽，坫為店，捌為撥，嗊為哄。”

欺騙義之“嗊”來自“貢”。“貢”有上貢義。《廣雅·釋詁一》：“貢，上也。”被貢者尊高，由此引申為妄自尊大義。唐慧琳《一切經音義》卷二十二《新譯大方廣佛華嚴經》卷二十一：

“貢高,《廣雅》曰:‘貢,上也。’謂受貢上之國自恃尊高,則輕易附庸之國。今有自高陵物,欲人賓服者,則亦謂之貢高。”妄自尊大則虛誇不實,故又引申為欺騙義。南朝梁僧佑《弘明集》卷八:“漢之張陵,誣謂貢高,呼曰米賊,亦被夷剪。”隋闍那崛多譯《佛本行集經》卷二十六:“若人自慢心不思,貢高欺他不廣問。”唐地婆訶羅譯《方廣大莊嚴經》卷十二:“佛語迦葉:‘汝非羅漢,何為貢高自稱羅漢?’於是迦葉心驚毛竪,慚懼稽首。”南北朝道經《太上靈寶元陽妙經》卷五:“所謂嗊嗃惑者,心懷諂妄,構架百端,因公傍私,潛行威勢,身為出家,誑惑眾生,取他財物,詐言道術,無真實相,如是之事,名為嗊嗃惑。”“嗊嗃”是為了表示“貢高”特有的含義而造的區別字,所以“嗊”的讀音肯定同“貢”。

明代世俗“嗊”可能還讀作“拱”。明宋濂《篇海類編》卷七《口部》:“嗊,胡孔切,舊音汞。”“汞”《廣韻·董韻》本來就讀胡孔切,宋濂注“舊音汞”,表明“汞”明代已不讀胡孔切,而是讀如“拱”(這就是今天讀 gǒng 的來源),否則“舊音”二字就不知所云了。《西遊記》第八十回:“八戒嗊著嘴道:‘師父,莫信這弼馬溫哄你!’”這裡的“嗊”就是借作“拱”。“拱”和“貢”只是聲調有上、去之別而已。

總之,“嗊”讀音同“貢”或“拱”,“篢”《廣韻·東韻》音古紅切,“篢”和“嗊”在明代聲韻皆同,故《詞話》借“篢”作“嗊”。

“使”可與虛假義的詞搭配。如元代南戏《王魁》之【中呂過曲·兩休休】(明徐子室輯《南曲九宮正始》第四册):“娼妓門庭无中有,只使虛脾弄甜口。”“虛脾”謂虛情假意。明張楚叔《吳騷合編》卷一馮海浮《閨怨已刻》:“他一迷的使虛花,想的他一腳兒回來,實心不到家。”“虛花”謂虛假不實。《詞話》“使虛篢”的說法與此同例。

二 葫蘆提

宋代以來文獻中有"葫蘆提"一詞。《漢語大詞典》:"葫蘆提,亦作'葫蘆蹄'、'葫蘆題'、'葫蘆啼'。猶糊塗。"其他詞典及學人的訓釋基本相同。然"葫蘆提"何以有糊塗義則不得其解。

吳曉鈴(1947)解釋說:

> "提"字既能與"葫蘆"連在一起,那麼"葫蘆提"一語便可成立。但是它與"糊塗"的相互關係還是不能夠尋出。"葫蘆"和"糊塗"是疊韻字,所以前者寓有後者的意義似乎可通,然而"提"字豈非又是贅辭!求諸文字不得其解,我倒想起了當我年幼在家中做錯了某件事情的時候,父母常要罵我"葫蘆倒提"的話來。"葫蘆倒提"和"葫蘆提"完全相同,有"糊塗""馬胡"的意義,二者的來源當然也一樣,至少在宋代就有了。這是我鄉中的一句普通俗語,"倒"字讀上聲,"提"字不讀平聲而讀如去聲。曾經問過父親,父親說我鄉仍拿葫蘆做盛各種液體的容器,依容量分做三種:四兩的、半斤的和一斤的葫蘆。以繩提之,購買貯藏皆很便利。若把葫蘆倒提了來,裡面的液體必要一滴不剩地流了出來,其聲與"糊塗"相似,而提葫蘆的人其糊塗也就可想而知了。
>
> 本詞的解釋至此可算完了,但是,為什麼宋元人說"葫蘆提"而不說"葫蘆倒提"呢!那,我以為"倒"字是後來加上去的,現在我鄉仍有少數的人說"葫蘆提"不加"倒",或者宋元也有人在"葫蘆提"之外也講"葫蘆倒提"亦未可知。

龍潛庵(1985:879)的解釋與此類似:"'葫蘆提'應是

‘葫蘆倒提’之略語。”“葫蘆提”是無法理解成“葫蘆倒提”的，而“葫蘆倒提”之語宋元未見，略語說缺乏依據。

王學奇、王靜竹（2002：476）：“‘葫蘆提’是‘鶻突’的轉音，而‘鶻突’即‘糊塗’也，‘提’字是語尾詞。”“提”無詞尾用法，此說也不足信從。

從最初的用例來看，“葫蘆提”原本是名詞，而非形容詞。明陶宗儀《說郛》卷四十三下引北宋張耒《明道雜誌》：“錢穆內相本以文翰風流著稱，而尹京，為近時第一。余嘗見其剖決，甚閒暇，雜以談笑諢語，而胥吏每一顧問，皆股栗不能對。一日因決一大滯獄，內外稱之。會朝處，蘇長公譽之曰：‘所謂霹靂手也。’錢曰：‘安能霹靂手，僅免葫蘆蹄也。’”“霹靂手”指辦事果斷迅速的人，與之相對的“葫蘆蹄”無疑也是名詞。宋程大昌《演繁露》卷二《鶻突》：“《師友談紀》云：錢穆父尹開封，剖決無滯，東坡朝次，譽為霹靂手。穆父曰：‘敢云霹靂手？且免鶻鷺蹄。’即俳優以為鶻突者也。”“鶻鷺蹄”即“葫蘆蹄”，亦即“葫蘆提”，釋為“鶻突者”，義為糊塗人。這是當時人解釋當時語，應該可靠。宋吳曾《能改齋漫錄》卷五《辨誤·霹靂手胡盧提》：“余見王樂道記輕薄者改張鄧公罷政詩云：‘赭案當衙並命時，與君兩個沒操持。如今我得休官去，一任夫君鶻露蹄。’乃作鶻露蹄，何耶？更俟識者。”“與君兩個沒操持”謂兩人在位無所作為，“一任夫君鶻露蹄”是說你儘管作你的糊塗官就是了。元佚名《水仙子·冬》：“隨時達變變崢嶸，混俗和光有甚爭？只不如胡盧蹄每日相逐趁，到能夠吃肥羊飲巨觥，得便宜是好好先生。若要似賈誼般般正，如屈原件件醒，到了難行。”此謂不如像糊塗人那樣互相追隨遊樂。

元馬致遠《陳摶高臥》（元刊本）第四折：“您好是輕薄相，我又不寂寞恨更長。乾把那蝶夢驚回，多管葫蘆蹄害癢。早則是臥破月昏黃，直睡到日出扶桑。知我著忙，不爭如此顛狂。早朝聽的靜鞭三下響，識甚酬量。”這是陳摶對朝廷派來色誘他做官的美女們的唱詞。“多管葫蘆蹄害癢”是說多半是你們的葫蘆蹄癢癢，對我動手動腳，把我從美夢中驚醒。這裡的“葫蘆蹄”貶稱美女們的手，是一種照字面的活用。

“葫蘆蹄”之“蹄”文獻中多寫作“提”。元張可久《醉太平·感懷》：“文章糊了盛錢囤，門庭改做迷魂陣。清廉貶入睡餛飩，葫蘆提倒穩。”這是說糊塗蟲反倒官坐得穩。元馬致遠《雙調·夜行船·秋思》：“眼前紅日又西斜，疾似下坡車。不爭鏡裡添白雪，上床與鞋履相別。休笑巢鳩計拙，葫蘆提一向裝呆。”這是說所謂糊塗人從來就是裝傻。

“葫蘆提”也指稀裡糊塗、不明不白的事物，謎團。元佚名《紅繡鞋·遇美》（明郭勳《雍熙樂府》卷十八）：“葫蘆題猜不破，死木藤無回活。”明佚名《尋親記》第十齣：“葫蘆提不辯個分明，怎教我一筆招認?”清文康《兒女英雄傳》第二十四回：“我原為找這麼個地方兒，近著父母的墳塋，圖個清浄。誰倒是信這些因啊果啊、色呀空的葫蘆提呢?”這些用例中的“葫蘆提”也都是名詞。寫作“題”是為了切合“謎團”義。

引申為糊塗之義，變為形容詞。明王驥德《古本西廂記》卷一：“葫蘆提，方言，糊塗之意。”金董解元《西廂記諸宮調》卷二：“又恐賊軍不知媸細，葫蘆提把寺院焚燒。”元張國賓《薛仁貴》第一折：“薛仁貴本等是個莊農，倒著他做了官；我本等是官，倒著我做莊農，軍師好葫蘆提也。”明淩濛初《二刻拍案驚奇》卷二十一：“那不認的，落得多受了好些刑法，有甚用處?不由你不葫盧提一概畫了招伏。”

由糊塗引申為胡亂、粗略、草草等義。宋黎靖德《朱子語類》卷一百一十七：“先生問畓及二友：‘俱嘗看《易傳》，看得如何是好？何處是緊要？看得愛也不愛？愛者是愛他甚處？’畓等各對訖。先生曰：‘如此只是鶻盧提看，元不曾實得其味。此書自是難看，須經歷世故多識，盡人情物理，方看得入。'"“鶻盧提看”謂粗淺地看，與下文“不曾實得其味”相對。袁賓等（1997：127）釋為“糊裡糊塗，糊塗”，文意未諧。清楊潮觀《吟風閣雜劇·題詞》：“顛倒看來，葫蘆提起，青史何人姓氏香?”此謂大略說來。《水滸傳》第二十六回：“我本待聲張起來，卻怕他沒人做主，惡了西門慶，卻不是去撩蜂剔蠍？待要胡盧提入了棺殮了，武大有個兄弟，便是前日景陽岡上打虎的武都頭，他是個殺人不眨眼的男子，倘或早晚歸來，此事必然要發。”此謂草草入棺。元佚名《海門張仲村樂堂》楔子：“（同知云）你怎生不拜?（正末云）我曲不下這腰，洒家腰疼。（同知云）你若不拜呵，我不放你回去。（正末云）我葫蘆提拜兩拜罷。”此謂胡亂（隨便）拜兩拜。明馮夢龍《喻世明言》卷三十八：“叵耐這瞎老驢，與兒子說道你常來樓上坐定說話，教我分說得口皮都破，被我葫蘆提瞞過了。”此謂胡亂瞞過。金董解元《西廂記諸宮調》卷一：“道著保也不保，焦也不焦，眼睉睽地佯呆著，一夜葫蘆提鬧到曉。”此謂亂哄哄鬧到天亮，乃胡亂義之引申。

今廣東潮州閩語中“葫蘆”有胡弄、胡來的意思（許寶華、宮田一郎 1999：5921），如：“這撮鋼筋地塊葫蘆來個?”（這些鋼筋是從哪裡胡弄來的?）“勿葫蘆噲。”（別胡來。）這是將胡亂義用於動詞。

由上可知，“葫蘆提”最初是比喻人或事物的，所以它的喻體應該是一種名物。前人不作具體分析，將所有“葫蘆提”一概釋為糊塗，難怪無從窺見其理據。

古代把用提拉方式舀取液體的器具稱為“提”。宋邵雍《夢林玄解》卷十三《夢占》有“酒提漏斗”占，“酒提”指舀酒的器具。“葫蘆提”指用來提舀液體的葫蘆，如果用來提舀酒，那它就是酒提，用來提舀油，那它就是油提。金李純甫《水龍吟》詞：“功名半紙，風波千丈，圖個甚麼？雲棧揚鞭，海濤摇棹，爭如閑坐？但罇中有酒，心頭無事，葫蘆提過。""葫蘆提過"字面上是說將罇中的酒用葫蘆提舀出來喝，但同時也寄託了酒醉中糊塗過日子的意思，一語雙關。"葫蘆提"之"提"是動詞的名物化，正如"鞋拔""書立"之"拔""立"轉指名物一樣。由於生活中經常要跟醋、油、酒等物打交道，所以葫蘆提是人們司空見慣的用具，這是它被用作喻體的語言基礎。

與"葫蘆提"相關的是，有一種鳥叫"提葫（壺）蘆"，人們認為其叫聲類似"提葫蘆"，故聞者以為是在勸人飲酒。明慎懋官《華夷花木鳥獸珍玩考》卷七引《九華山志》："提壺蘆，狀類燕子，色錯黃褐，春日則叫，曰'提壺蘆沽美酒'，人多見之。"古人常在飲酒的詩文中提及該鳥。宋歐陽修《歐陽文忠公集》卷三《啼鳥》："獨有花上提葫蘆，勸我沽酒花前傾。"宋蘇軾《和子由柳湖久涸忽有水開元寺山茶舊無花今歲盛開二首》之一："如今勝事無人共，花下壺盧鳥勸提。"宋王十朋集注："提壺蘆，鳥語也。"宋畢仲游《西臺集》卷十八《提葫蘆行》："提葫蘆，竹叢裡鳴，昔嘗見人學，今乃聞爾聲。……離家去國已牢落，況復飢渴貪前程。是時聞爾勸沽酒，下馬解帶留長亭。"金元好問《遺山集》卷十二《戲題醉仙人圖》："門外山禽喚沽酒，胡蘆今後大家提。"自注："提胡蘆沽美酒，禽語也。"明李濂《嵩渚文集》卷五《禽言三十五首》之十五："提葫蘆，葫蘆提，世間萬事不可稽。顏淵短折盜蹠永，首陽餓死夷與齊。提葫蘆，勸汝酒，汝醉即眠勿開口。""提葫蘆"字面意思是提起葫蘆（飲酒），這跟"葫蘆提"之名顯然是一脈相通的。

在中國民俗觀念中，渾圓的東西往往被賦予呆傻的屬性。如"瓜"就有呆傻之義，俗語詞有"傻瓜""瓜子"（傻子）等。"渾"有渾圓義，古稱天為"渾天"，即是圓天之義，由此"渾"引申為糊塗義。宋孫光憲《北夢瑣言》卷一："（唐文宗皇帝）又問暮曰：'卿家有何圖書？'暮曰：'家書悉無，唯有文貞公笏在。'文宗令進來。鄭覃在側曰：'在人不在笏。'文宗曰：'卿渾未曉。但甘棠之義，非要笏也。'"《紅樓夢》第十四回："同那些渾人吃什麼！"《現代漢語詞典》（第6版）："渾，糊塗，不明事理：渾人｜這人真渾。"《説文》："頑，梱頭也。從頁元聲。"段玉裁注："《木部》曰：'梱，梡木未析也。''梡，梱木薪也。'凡物渾淪未破者，皆得曰梱。凡物之頭渾全者，皆曰梱頭。"《漢語大字典》據此將"頑"的本義釋為"難劈開的囫圇木柴"，《漢語大詞典》釋為"未劈開的囫圇木頭"，兩部辭書未得《説文》"梱頭"之義。"頑"在頁部，頁的本義是人頭，所以"頑"的本義應跟人的頭部有關，不應扯到木柴上去。"梱頭"義為"渾圓的腦袋"，引申為愚笨。《廣雅·釋詁一》："頑，愚也。"《老子》二十章："眾人皆有以，而我獨頑似鄙。"三國魏王弼注："無所欲為，悶悶昏昏，若無所識，故曰頑且鄙也。"葫蘆渾圓，所以也用來比喻糊塗呆傻的人和事物。《紅樓夢》第四回"薄命女偏逢薄命郎，葫蘆僧亂判葫蘆案"，後一句蘊含著"糊塗僧亂判糊塗案"之意。北京話中稱不愛説話的老實人為"傻葫蘆兒"，稱醉倒的人為"倒地葫蘆兒"，醉倒的人神智糊塗，故稱為"葫蘆"。突厥語中 qapaq 是葫蘆的意思，引申指笨蛋、蠢貨。qapaq baʃ 是葫蘆頭（腦袋），比喻糊塗蟲、笨蛋（趙相如 2012：92）。這跟漢語的引申軌跡是一樣的，可為參證。"葫蘆提"是從功用的角度給葫蘆命名的，本身仍然是葫蘆，作為隱喻的喻體，它跟"葫蘆"是相同的。

葫蘆不僅是提舀酒的工具，同時也充當直接飲用的酒杯。元周仲彬《鬥鵪鶉·自悟》："問甚鹿道做馬，鳳喚做雞，葫蘆今後大家提，別辨是和非。"此謂今後大家只是提起葫蘆飲酒自醉，不要論辨是非。元代王伯成《般涉調·哨遍·贈長春宮雪庵學士》："耳若聾，口似緘，有人來問佯裝憨。胡蘆提了全無悶，皮袋肥來最不憨。"此謂提起葫蘆喝酒，煩悶全無。這些例句中的"葫蘆"前人也大都解釋為糊塗，未免過於粗疏。

〔**主要參考文獻**〕

白維國. 白話小說語言詞典. 北京：商務印書館，2011.

鮑延毅.《金瓶梅》方言詞語零劄. 徐州師範學院學報，1993（2）.

傅憎享. 金瓶梅妙語. 瀋陽：遼海出版社，2000.

黃霖. 金瓶梅大辭典. 成都：巴蜀書社，1991.

李申. “虛簣”訓釋商榷//漢語史研究集刊：第16輯. 成都：巴蜀書社，2013.

李申. 金瓶梅方言俗語彙釋. 北京：北京師範學院出版社，1992.

龍潛庵. 宋元語言詞典. 上海：上海辭書出版社，1985.

梅節. 金瓶梅詞話校讀記. 北京：北京圖書館出版社，2004.

王夕河.《金瓶梅》原版文字揭秘. 桂林：灕江出版社，2012.

王學奇，王靜竹. 宋金元明清曲辭通釋. 北京：語文出版社，2002.

吳曉鈴. 葫蘆提. 中央日報：俗文學週刊，1947－01－16.

許寶華，宮田一郎. 漢語方言大詞典. 北京：中華書局，1999.

張鴻魁. 釋“虛簣”並論俗字“囂”：《金瓶梅》俗字訛字例釋. 中國語文，2009（4）.

趙相如. 突厥語與古漢語關係詞對比研究. 北京：社會科學文獻出版社，2012.

Etymological Tracing to *Xugong*（虛簣）and *Huluti*（葫蘆提）

Yang Lin

（School of literature，Nankai university，Tianjin，300071）

Abstract：There are many divergent views on the meanings and motivations of the words *xugong*（虛簣）and *huluti*（葫蘆提）. This thesis makes a comprehensive textual research and tries to resolve the problems mentioned above.

Key words：*xugong*（虛簣）；*huluti*（葫蘆提）；etymology

（楊琳，南開大學文學院，郵編 300071）

《南海寄歸内法傳》“將看”考

譚代龍

内容摘要： 學界對唐代義淨《南海寄歸内法傳》中“將看”的異文有不同的看法。從版本異文、文義和“將”的用法描寫等方面情況觀察，“將看”應作“將箸”。“將箸”寫成“將看”的原因在於字形相近。

關鍵詞：《南海寄歸内法傳》　將看　將箸

唐代著名高僧義淨（635—713）於公元 691 年寫成的《南海寄歸内法傳》一書，共四卷，四萬餘字，是一部關於古代印度、東南亞佛教軌儀以及中國佛教史的著作，在中印佛教史、中印文化交流史乃至古代醫學等領域都具有重要的研究價值。古往今來有不少學者對其中的語言文字有過深入的研究，但時至今日，在該書的語言文字解讀工作上，仍然存在諸多疑難之處。本文討論卷四“古德不爲”中的“將看”。

一

為便於討論，下面根據王邦維先生《南海寄歸内法傳校注》完整引出相關文字：

> 三法師之聰慧也。讀《涅槃經》，一日便遍。初誦斯典，四月部終。研味幽宗，妙探玄旨。教小童則誘之以半字，誠無按劍之疑；授大機則瀉之於完器，實有捧珍之益。昔因隋

季道銷，法師乃梗還楊府。諸僧見說，咸云魯漢，體多質朴。遂令法師讀《涅槃經》，遣二小師將看隨句。法師于時慷慨喉吻，激揚音旨。旦至日角，三帙已終。時人莫不慶讚請休，嗟歎希有。此乃衆所共知，非私讚也。

王邦維先生在"將看"下面寫有一條校記說：金本、麗本、大本訛作"將箸"。

《南海寄歸内法傳校注》採用的底本是宋刻磧砂藏大藏經。校記中的"金本"指的是趙城金藏本大藏經，"麗本"指的是高麗藏本大藏經，"大本"指的是日本大正大藏經。王先生依據磧砂藏，認爲金本、麗本、大本的"將箸"是不對的，而應該作"將看"。

其他相關著作也作出了自己的選擇。

1896年，日本著名學者高楠順次郎將《南海寄歸内法傳》翻譯成英文在英國出版，這個英譯本影響深遠，讓國際學術界認識到了《南海寄歸内法傳》的巨大學術價值。高楠順次郎對這段話中的"遂令法師讀《涅槃經》，遣二小師將看隨句。法師于時慷慨喉吻，激揚音旨"的英文翻譯是：

> They compelled the new-comer to read the Sûtra of the Great Decease, and ordered two under-teachers to see it done sentence by sentence. His tone was grave and, sorrowful as he raised his voice in reading.

其中的 to see 就是"看"，可見高楠順次郎採用的底本中，也是寫作"將看"。

華濤先生翻譯的《南海寄歸内法傳》中，這段話的現代白話譯文是：

> 當地僧人見法師外貌質樸，以爲沒有學問，便令法師讀《涅槃經》，並派兩個小僧人一句一句地看著。法師於是慨然通讀，聲音激揚。

可見，華濤先生也認爲應作“將看”[①]。

與上面三位處理不一樣的是日本學者宮林昭彦、加籐榮司的《現代語譯南海寄歸内法傳》，該書于2004年由日本株式會社法藏舘出版。他們對這段話中的“遂令法師讀《涅槃經》，遣二小師將看隨句。法師于時慷慨喉吻，激揚音旨”的日文翻譯是：

> 遂に（その寺では善遇）法師に『涅槃経』を読ませることにしたのである。（このとき諸僧は法師の値踏みのため、）二人の小師に（命じて、その読みの精確さを確認、検証するべく、本文の各）句に随って箸で（指し示）させたのである。（善遇）法師は時に慷慨の喉吻（の震え）あり、（時に声）音も旨（趣）も激し揚がり。

可以看出，他們選擇了“將箸”，但沒有討論這個問題。

二

那麼，到底是哪一種觀點是正確的呢？這是本文想要解決的問題。

我們認爲，“將看”應作“將箸”。下面對此觀點加以論證。

第一，有版本依據。除了前面觀察到的金本、麗本、大本均作“將箸”，筆者查看了新近公佈的高麗大藏經初雕本[②]《南海寄歸内法傳》，其中，“將看”也作“將箸”。而金本和高麗大藏

① 根據華濤先生的前言，本書的底本就是王邦維先生的《南海寄歸内法傳校注》。

② 王邦維先生《南海寄歸内法傳校注》使用的高麗藏，為朝鮮高麗王朝高宗三十三年（1246）刻本。實際上，高麗大藏經一共有3個版本，即：1011年的高麗藏初雕本，1094年的高麗小藏經，1246年的再雕大藏經，也就是流傳至今的高麗大藏經。第一部雕版大藏經是中國宋代的開寶藏，刻於971－982年。30年之後的高麗藏初雕本（1011年）即是根據開寶藏而刻。

經初雕本均早於磧砂藏。

第二，從語義上看，"將看隨句"不通，"將箸"則很好理解。

"遂令法師讀《涅槃經》"中的"讀"應理解為"誦讀"，"諸僧見說"應當指的是楊府諸僧聽説法師能夠誦讀《涅槃經》，因此想驗證一下，"遂令法師讀《涅槃經》"。同時爲了驗證，"遣二小師將箸隨句"，即用筷子指著文句，逐字逐句核對法師的誦讀是否正確。這種情況是可以理解的。

第三，從"將"字在《南海寄歸內法傳》中的使用角度來看，也應該作"將箸"。根據我們的統計，"將"字共出現 86 次，其中有 4 次用作"將息"，1 次用作"調將"，"將"的詞義是"將養"，與"將看"或者"將箸"無關，可以不予討論。除去"將看"，下面對另外 80 次"將"字的使用情況加以討論。我們根據"將"字搭配情況和句法地位分類觀察，結果如下：

1. 前接動詞，構成並列結構。義為取、拿、用。共 4 例，如：

欲起之時，須以右手滿掬取食，持將出外。(卷一)

2. 前接副詞，搆成狀中結構，充當中心語。共 5 例，用例如：

諸君但有好詩讚者，明日旦朝，咸將示朕。(卷四)

這一類"將"字在結構上與前面的副詞關係更近，可以翻譯成"取、拿、用"。

3. 後接名詞，構成述賓結構，充當述語。義為取、拿、用。共 6 例，用例如：

東夏宜將密絹，或以米柔，或可微煮。(卷一)

或可人人自將坐物，略辦香花，不在營費。(卷三)

4. 後接名詞或名詞性短語，構成介賓結構，作介詞。義為取、拿、用。共 24 例，用例如：

然後以其豆屑，或時將土，水撚成泥，拭其脣吻，令無膩氣。（卷一）

食罷將其瓶水遍灑衆前，上座方爲施主略誦陁那伽他。（卷一）

大士捐目捐身，即令乞士將身目而行施。（卷四）

乃將手親附，但見熱氣衝頭，足手俱冷。（卷四）

5. 後接代詞，構成介賓結構，作介詞（2）。共 2 例，用例如：

若將此以爲輕者，餘更何成重哉？（卷三）

將此調停，萬無一失。（卷三）

這一類與上一類實質上一致。

6. 後接動詞或動詞短語，構成述補結構，充當述語。共 18 例，用例如：

或露體拔髮，將爲出要。（卷一）

不嚼楊枝，便利不洗，食無淨觸，將以爲鄙。（卷一）

復將三丸入於厠内，安在一邊，一將拭體，一用洗身。（卷二）

餘有一丸，將洗瓶器。（卷二）

這一類"將"字在結構上與後面的動詞或動詞短語，構成述補結構，可以大致翻譯成"用，用來"。

7. 後接動詞，構成述補結構，充當述語。共 9 例，用例如：

其漆器或時賈客將至西方及乎南海，皆不用食，良爲受膩故也。（卷一）

食罷餘殘，並任衆僧令小兒將去。（卷一）

所有施物，將至衆前。（卷二）

駕幸太山，天皇知委，請將入内供養。（卷四）

這一類"將"字在結構上與後面的動詞或動詞短語，構成述補結構。該類"將"字與上一類"將"字的不同之處在于，後面的動詞都是位移動詞，可以大致翻譯成“取、拿”。

8. 後接動詞或動詞短語，構成狀中結構，充當狀語。義為即將、將要。共 9 例，用例如：

西方僧衆將食之時，必須人人淨洗手足，各各别踞小牀。（卷一）

大師影謝，法將隨亡。（卷三）

此則教將滅而不滅，行欲訛而不訛。（卷三）

法師將終，先一年内，所有文章雜史書等，積爲大聚，裂作紙泥。（卷四）

9. 後接名詞，構成狀中結構，充當狀語。義為即將、將要。共 2 例，用例如：

日既將午，施主白言時至。（卷一）

若海槎之遇將一日，即生津之幸會二師也。（卷四）

10. 後接動詞，構成並列結構。拿。共 1 例，用例如：

而復通身惣鐵，頭上安四股，重滯將持，非常冷澁，非本制也。（卷四）

從以上介紹可以看出，如果把“將箸”處理作“將看”，“將看隨句”不能放進其中的任何一種結構，而“將箸隨句”則反映的是“將”字的常用用法。所以我們認爲本文討論的“將箸”也應該屬於上面的第 3 類用法。

三

下面我們要設法回答的問題是，“將箸”爲什麽會被寫成“將看”。

我們認爲，這是版本傳抄過程中，由於形近而造成的誤字，但其間有一個曲折的過程。

首先，在《南海寄歸内法傳》不同版本中，“箸”字可與

“著”字混同①，如：

其量影法，預取一木條，如細箸許，可長一肘。（卷三）

大本校註：箸＝著【宋】②

折其一頭四指，令竪如曲尺形，勿使相離，竪箸日中，餘杖布地，令其竪影與卧杖相當，方以四指量其卧影。（卷三）

按：箸，麗藏初雕本、麗本、金本、大本作“著”。

其次，“著”又常作“着”，如：

鉢履曼荼羅，著泥婆娑，即其真也，譯爲圓整著裙矣。（卷二）

按：著，麗藏初雕本、金本作“着”。

耽著斯文，久來誤我，豈於今日而誤他哉！（卷四）

按：著，麗藏初雕本、金本、麗本作“着”。

而在唐宋抄本或刻本中，“着”與“看”字非常相似，故易相混。下面根據黄征先生《敦煌俗字典》列出敦煌文獻中的“着”與“看”字的圖片：

着：

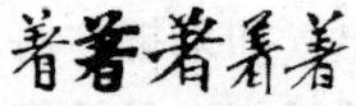

看：

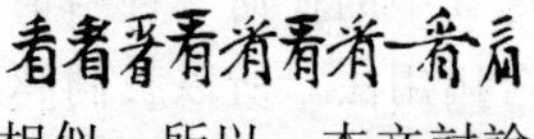

可以看出，二字字形相似。所以，本文討論的“將箸”被寫成了“將看”，實際上有可能是經歷了“將箸/將著/將着/將看”這麼一個曲折的流變過程。並且我們認為，“箸/著/着/看”諸字相互混淆的情況，應該廣泛地存在於古籍的寫本、刻本之中③。希望本文的討論有助於我們進一步發現並解釋更多的相關用字

① “⺮”“艹”相混為俗字中常見現象。

② 大正藏校記中的“宋”，指南宋思溪藏。

③ 裘錫圭（2013，215～216）對“箸—著—着”三字的關係作了深入分析，可以參看。

現象。

〔主要參考文獻〕

高楠順次郎. A record of the Buddhist religion as practised in India and the Malay Archipelago. New Delhi：Munshiram Manoharlal Publishers Pvt. Ltd，1998.

宮林昭彥，加籐榮司. 現代語譯南海寄歸内法傳. 京都：法藏館，2004.

華濤. 南海寄歸内法傳（今譯）. 臺北：佛光文化事業公司，1998.

黄征. 敦煌俗字典. 上海：上海教育出版社，2005.

裘錫圭. 文字學概要（修訂本）. 北京：商務印書館，2013.

王邦維. 南海寄歸内法傳校注. 北京：中華書局，1995.

An Analysis of “将看” in *A Record of the Buddhist Religion as Practiced in India and the Malay Archipelago*

Tan Dailong

(Department of Chinese Language and Literature, Sichuan International Studies University, Chongqing, 400031)

Abstract: There exist different views on the variant of “将看” in *A Record of the Buddhist Religion as Practiced in India and the Malay Archipelago* by Yijing in Tang Dynasty. In this paper, it is proved that “将看” should be “将箸” from the perspective of different editions, contexts and the usage of “将”. The miswriting is caused by the similarity of character between “看” and “箸”.

Key words: *A Record of the Buddhist Religion as Practiced in India and the Malay Archipelago*；将看（*jiangkan*）；将箸（*jiangzhu*）

（譚代龍，四川外國語大學中文系，郵編 400031）

南戲語詞釋證六則*

趙家棟　殷艷冬

内容摘要：南戲是北宋末年發源於浙江溫州一帶的一種戲曲形式，其語言口語化程度高，方俗詞語豐富。文章對南戲戲文中存有爭議的六個詞語作了釋證，如將“哱息”釋爲“呸”；將“掤扒”釋爲“捆綁起來打”；將“散嗽”釋爲“插科打諢時所講的隱語、調侃語”等。同時還補正了大型辭書收詞釋義上的疏失。

關鍵詞：南戲　哱息　掤扒　散嗽　釋證

南戲發源於浙江溫州一帶，因流行於宋元兩朝，故被稱作“宋元南戲”。南戲作爲一種民間藝術形式，語言以通俗易懂見長，多俚語俗諺和方言土語，口語化程度高，具有較高的語言學研究價值。錢南揚、王季思、俞爲民等學者先後對南戲戲文作了校勘並出版相關論著，如錢南揚《永樂大典戲文三種校注》《元本琵琶記校注》，王季思《全元戲曲》，俞爲民《宋元四大南戲讀本》等。一些斷代語言詞典也關注到南戲詞彙的價值，編撰時有選擇性地收錄並進行解釋，爲我們釋讀南戲文本提供了便利。不少以南戲詞彙爲研究對象的專書論文也嘗試運用語言學理論對南戲詞彙作系統考察。整體而言，南戲詞彙研究呈現出繁榮的態

* 基金項目：國家社科基金重大項目“漢語史語料庫建設與研究”（編號：10&ZD117）、江蘇高校優勢學科建設工程資助項目（PAPD）及南京師範大學優秀高層次人才科研啓動基金項目。

勢。文章從戲文中選取了六個詞語，通過查檢相關資料爲這些詞語的詞義作釋證，並嘗試運用語言學理論探求詞義的來源，進而補正《漢語大詞典》（以下簡稱作《大詞典》）等大型辭書在收詞釋義上的疏失。

【哼息】

（淨上白）哼息！自家今日眼跳，有些個不好。李瓊梅緣何到如今不來，知它是怎生？（元《小孫屠》第二十齣）

按：錢南揚（2009：320）將“哼息”釋爲“噴嚏聲”，並云：“古人迷信，以噴嚏、眼跳都是事情發生的預兆，往往凶多吉少，故云不好。”《大詞典》（卷3頁353）收錄“哼息”一詞，釋爲“象聲詞，形容打噴嚏的聲音”。我們認爲該詞釋義值得商榷。

“哼息”應同於“哼㗎”。“㗎”音“西”，是“息”的俗寫。《康熙字典（增訂版）》（頁190）：“‘㗎’，俗‘息’。東魏《道瓚造像碑記》：‘懼念傷蘭，斷㗎絶草。’”《中華字海》（頁409）：“‘哼㗎’表示斥責或唾棄，相當於‘呸’。見《琵琶記·牛氏規奴》。”《琵琶記·牛氏規奴》原文作：“哼㗎！老畜生，吃你識秋茄晚結，遲花晚發，老自老，似京棗，外面皺，裡面好。”另外在《琵琶記》第十六齣中也出現“哼㗎”一詞：“（淨）哼㗎！你怕吃打，便賣老婆。骨臀難得？老婆難得？”

結合語境可以看出“哼㗎”在句中帶有明顯的斥責義。“哼息”同“哼㗎”，應與表示憤怒或鄙斥的感歎詞“呸”語義相同，釋作“噴嚏聲”有失妥當。《大詞典》在收詞時，未明“息”與“㗎”的字際關係，失收“哼㗎”一詞。另《大詞典》未審錢注之誤而直接引用其說，當補正。

【忔戲】【扢戲】

因緣契合，算來非容易。一雙兩美，我也成忔戲。（元《小孫屠》第十齣）

按：《大詞典》（卷 7 頁 412）收錄了“忔戲”一詞，釋作“可愛、美滿”，首證引宋趙長卿《念奴嬌·席上即事》，原文作“忔戲笑裡含羞，回眸低盼，此意誰能識？”“忔戲”本義應爲“美好”，構詞語素“忔”有“喜”義。《廣韻·迄韻》：“忔，喜也。許訖切。”後來“忔戲”由“美好”義引申出“可愛、美滿”義。該詞又常隨文生訓，還可表示“有趣”“好事”等義。

“忔戲”在《大詞典》（卷 6 頁 346）中有一個異形詞“扢戲”，釋爲“猶可喜。謂好事”，引例爲《小孫屠》第十齣“一雙兩美，我也成扢戲”。查檢永樂大典抄錄本《小孫屠》，發現原文寫作“忔戲”而非“扢戲”。筆者在中國基本古籍庫、漢籍全文檢索系統等幾個權威的電子語料庫中對“忔戲”“扢戲”進行檢索，只發現了“忔戲”用例，未曾見到“扢戲”用例。

“扢”爲多音字，音“許迄切”時，《集韻·迄韻》：“扢，奮舞貌，一曰喜貌。”《莊子·讓王》：“子路扢然執干而舞。”成玄英疏：“扢然，奮勇貌也。”陸德明釋文：“扢，許訖反，又巨乙反，魚乙反。李云：‘奮舞貌。’司馬云：‘喜貌。’”“扢”“忔”音近，司馬彪爲“扢”所作的注解“喜貌”應是“扢”的假借義，“扢”字本身無“喜”義。今查閱現存文獻，未見有“扢戲”一詞，所以《大詞典》中的“扢戲”應該是一個僞詞目。另外《漢語方言大詞典》（頁 1828）在收詞時也收錄了“扢戲”，並舉《張協狀元》《小孫屠》《西廂記諸宮調》爲例，今核稽諸本，原文皆作“忔戲”。規範起見，應去掉“扢戲”保留“忔戲”。

【麻搥撒子】

> （生唱）公吏人排列兩邊，不由我心驚膽戰。怎推這鐵鎖沉枷，麻搥撒子？（元《小孫屠》第十一齣）

按：“麻搥撒子”，錢南揚（2009：302）解爲“腦箍”。今謂該注解有誤。“腦箍”“麻搥”“撒子”都是古代的刑具，但是它們的具體所指不同。

“腦箍”是一種箍頭的刑具。《宋史·刑法志》:“或纏繩於首,加之木楔,名曰‘腦箍’。”該刑具始于宋代,一直沿用到明、清。明梁辰魚《浣紗記》第四十三齣:“(末):‘伯嚭,你那尸位素餐的老賊,你那亡家敗國的老賊,叫左右的把腦箍上起來。’”

“麻搥”即“麻槌”。《龍龕手鏡》:“搥,都回反,摘也。又直追反。棒搥也。”可知“搥”音“直追反”時除了有“敲擊、捶打”義外,還有“棒槌”“鼓槌”義,與“槌”字互通。“麻槌”指的就是用麻絞紮成的粗而短的鞭槌,行刑時一般先用水將其浸濕再抽打犯人。如元關漢卿《蝴蝶夢》第二折:“休說麻槌腦箍,六問三推,不住勘問,有甚數目,打的渾身血污。”元孟漢卿《魔合羅》第四折:“比及下撒子,先浸了麻槌,行杖的腕頭加氣力。”

那“撒子”又是什麼呢?“撒子”即“桚指”,是一種用小木棍夾手指的刑具,元孟漢卿《魔合羅》“比及下撒子”在四部備要本《元曲選》中作“比及下桚指”。“桚指”又作“拶指”“拶子”“桚子”“撒子角”“拶”等,如:

(1)把申春嚴刑拷打,藺氏亦加拶指,都抵賴不得,一一招了。(明淩濛初《初刻拍案驚奇》卷十九)

(2)叫院婆。討拶子過來。(丑)奶奶饒恕。(明無名氏《四賢記》第十七齣)

(3)早準備桚子麻槌,下著的國家祥瑞,將一塔乾淨田地,將這廝跪只。(元高文秀《誶范叔》第四折)

(4)殺威棒,獄卒斷時腰痛;撒子角,囚人見了心驚。(明施耐庵《水滸傳》第十二回)

(5)顧公云:“拶夾雖爲極苦,猶自可忍。惟棍則痛入心脾,每一下著骨,便神魂飛越矣。”(明賀復征《文章辨體彙選》卷六百四十一)

在衆字形中，“拶”應爲本字。“拶”音“姊末切”，本義爲“逼迫、擠壓”，《玉篇·手部》：“拶，逼拶也。”《集韻·曷韻》：“拶，逼也。”名動相因，後來將夾手的刑具也稱爲“拶”。《正字通》：“拶，刑具。《莊子》：‘罪人交臂歷指。’注：‘即今背剪拶指也。’”值得注意的一點是當“拶”由“逼迫、擠壓”引申出“夾手的刑具”時，語音發生了變化。“拶”字入聲清化，塞尾消失後轉入主要元音相同的陰聲韻，後陰陽對轉，又轉入陽聲韻，普通話讀作［$tsan^{214}$］。“拶指”古又稱作“櫪㯚”“柙指”。《説文·木部》：“櫪，櫪㯚，柙指也。”段注：“柙指如今之拶指，故與械杻桎梏爲類。”

在《集韻》中，“拶”與“撒”同屬曷韻，“拶”爲精母，“撒”爲心母，兩字讀音相近，所以在一些通俗文學作品中“拶子”常寫作“撒子”。“桚”同“拶”，但出現時間晚於“拶”字，《康熙字典》：“桚疑即拶、桚二字之僞。”因爲“桚”與“拶”字形相近，兩者常混用，所以“拶子”又可以寫作“桚子”。

綜上所述可知，“麻搥”“撒子”和“腦箍”是古代三種不同的刑具，錢説未作考證導致出現注解失誤。

【掤扒】【拼扒】

(1)（生）誰知命運遭乖蹇，今朝受刑憲。免教受掤扒，感恩即非淺。（元《小孫屠》第十一齣）

(2)（淨）分明是你把妻兒騙，今日怎胡言？拷打更拼扒，如今怎睪免。（元《小孫屠》第十一齣）

按：“掤扒”一詞常出現在宋元明時期的戲文和小説中，該詞亦作“繃扒”“繃巴”“絣扒”“絣把”“棚扒”“棚机”“棚琶”“門扒”等，如：

(3) 我則索從頭兒認下，禁不的這吊拷與繃扒。（元曾瑞《留鞋記》第二折）

(4) 可憐奴婢呵，頭一個去承當，怎受得許多繃巴吊

榜。(清楊潮觀《吟風閣雜劇·信陵君義葬金釵》)

(5) 這一班禁子人等，都是和雷横一般的公人，如何肯絣扒他?(明施耐庵《水滸傳》第五十一回)

(6) 有刑罰徒流絞斬，吊拷絣把。設而不用，束杖理民寬雅。(金董解元《西廂記諸宮調》卷八)

(7) 由你由你，既待捨死忘生，怕什麼吊拷棚扒。(元楊梓《豫讓吞炭》第三折)

(8) 冬冬的打得我難存濟，緊緊的棚朳的我沒奈何。(元睢玄明散套《耍孩兒·詠鼓》)

(9) 棚琶拶壓，不怕不招。(明湯顯祖《牡丹亭》第四十齣)

(10) 我往常時看别人笞、杖、徒、流、絞，今日個輪到門扒吊拷。(元無名氏《替殺妻》第三折)

錢南揚(2009：32)將這組詞釋爲“把罪犯捆翻在地以示眾。”《大詞典》(卷6頁696)將“掤扒”釋作“謂繩捆索綁”，將“絣扒”(卷9頁850)釋作“剝去衣服捆綁起來”。《宋金元明清曲辭通釋》(頁64)將“綳扒”釋爲“扒掉衣服，捆綁起來，是封建社會的酷刑之一”。結合文獻用例，筆者對這組詞進行了考察，提出了新的看法。

“掤扒”中“掤”本字應爲“繃”，意爲“捆綁”。《説文·糸部》:“繃，束也。从糸，崩聲。《墨子》曰:‘禹葬會稽，桐棺三寸，葛似繃之。’”“掤”“絣”“棚”“門”等與“繃”音近，在語言使用的過程中被借用，從而使得該詞出現多種寫法。

明確了“掤”義，那“扒”字該作何解呢?我們認爲“掤扒”中的“扒”有“擊打”義。《集韻·黠韻》:“扒，破也，擊也，或作捌。”通過繫聯，我們認爲“扒”與“擎”“捭”“批”應屬同一語源，都有“擊打”之義。“擎”，《説文·手部》:“擎，别也。一曰擊也。”《廣韻·屑韻》:“擎，小擊。”“捭”，《説文·

手部》："搥，反手擊也。"段注："搥，《左傳》曰：'宋萬遇仇牧於門，搥而殺之。'《玉篇》所引如是。今《左傳》作'批'，俗字也。""批"爲"搥"的俗字，南朝宋劉義慶《世説新語·德行》："有參軍見鼠白日行，以手板批殺之。"

就中古音來看，"扒"爲幫母黠韻入聲字，"擎"爲滂母屑韻入聲字，"搥""批"爲並母屑韻入聲字。"扒""擎""搥""批"聲母同爲雙唇音，韻母同屬山攝，音近義通。《廣雅·釋詁》："擎、搥、批，擊也。"以"擊"字合訓"擎""搥""批"，可見它們之間具有同源關係。

綜上，筆者認爲"掤扒"中的"扒"有"擊打"義。"掤扒"的意思應該解釋爲"捆綁起來打"。因語音上的聯繫，"扒"也可寫作"琶""巴""杋"等，後者主要用於記音。又"掤扒"經常與"吊拷"組合成"掤扒吊拷"。"掤扒"指"捆綁起來打"，"吊拷"指"吊起來拷打"，兩者形成並列的狀中結構。

【散嗽咳呵】

敢一個小哨兒喉咽韻美，我説散嗽咳呵如瓶貯水。（元《宦門子弟錯立身》第十二齣）

按：錢南揚（2009：250）將"散嗽咳呵"注爲"散嗽咳即道白。道白比較自由，不受曲調板眼的拘束，故云散。嗽即是咳，同義疊用，也稱聲嗽……可見嗽咳即是説話"。今謂錢南揚先生對"散嗽咳呵"一語的斷句有待商榷，"散嗽咳"不應放在一起解釋，"散嗽"和"咳呵"是兩個獨立的詞語。

"散嗽"，《大詞典》（卷 5 頁 477）釋同"散咳嗽"，解釋爲"説話。亦指説話的音韻、聲腔"。程學頤（1983：144）："散嗽，也作'聲嗽'、'散説'，意即説話，宋元時行院市語；在宋元戲曲中，與曲文相對稱，即爲念白、道白。""嗽"有"吮吸""咳嗽"義，其字義無法解釋"散嗽"的詞義由來。我們認爲"散嗽"中的"嗽"另有本字，其本字應爲"叜"。《方言》："叜，隱也。”郭璞注：“謂隱匿也，音搜，索也。”“廋”由“藏匿、隱蔽”義可以引申出“隱語”義。古代有“廋辭”之說，又作“廋詞”“廋文”，意爲“隱語”。元周密《齊東野語》：“古之所謂廋辭，即今之隱語，而俗所謂謎。”廋辭的作用重在鬥趣、暗示，語言具有趣味性。

我們認爲“散嗽”即“散廋”，指的是“表演者插科打諢時所講的隱語、調侃語”。“散嗽”滑稽搞笑，具有調節氣氛，調動觀衆興趣的作用。如朱有燉【北雙調重疊字雁兒落過得勝令】《詠美色》：“常在這樽前席上花間月底藏鬮打令閒談散嗽會耍笑同歡樂。”“散嗽”又同“聲嗽”，鄭西村（1988：446）提出“聲嗽”包括“行院聲嗽——砌語和市語聲嗽——歇後語諺語等調侃語。”“砌語”指“隱語”，該觀點恰好印證了我們的結論。

而“咳呵”應爲“開呵”，又作“開阿”“開喝”，常直接省作“開”，爲戲曲界的行話。明代徐渭《南詞敘錄》（頁 246）：“開場：宋人凡勾欄未出，一老者先出，誇說大意，以求賞，謂之‘開呵’。今戲文首一齣，謂之‘開場’，亦遺意也。”即一人上場爲接下來的正式演出作開場白，如：

(1) 你這般浪子何須自開阿。（元石德玉《紫雲庭》第二折）

(2) 有我時滿朋和氣登時起，一分提錢分外多。若有閑些兒個了，除是：撲煞、點砌、按住、開喝。（元睢玄明散套《耍孩兒·詠鼓》）

(3)（外扮老夫上，開）“老身姓鄭，夫主姓崔，官拜前朝相國，不幸因病告殂。”（元王實甫《西廂記》楔子）

綜上所述，錢注將“散嗽咳”看成是一個詞是不正確的，“嗽”“咳”在此處並非同義疊用，同時強拆“咳呵”一詞會導致“呵”字無從說解。王鍈（2005：174）也否定了錢注說解。筆者在對“散嗽”釋證時，還發現《大詞典》在詞條設立上有失誤。

《大詞典》（卷 5 頁 477）“散嗽”“散咳嗽”兩詞條都釋爲“說話。亦指說話的音韻、聲腔”。其中“散咳嗽”是一個錯誤的詞條。編者未明“散嗽咳呵”的意思直接援引錢注設立詞條，在引例時又誤將“我說散嗽咳呵如瓶貯水”引作“我說散咳嗽呵如瓶貯水”，從而導致出現錯誤詞條。

【砌末】【細末】

> （旦）去又不得，不去又不得。（末）孩兒與老都管先去，我收拾砌末恰來。（淨）不要砌末，只要小唱。（元《宦門子弟錯立身》第四齣）

按：“砌末”一詞，錢南揚（2009：230）注解爲“演戲用的道具”，並認爲“砌末”又作“細抹”。

“砌末”指“演戲用的道具”，注解正確。“砌末”又稱爲“切末”。《行院聲嗽·器用》：“切末，演出中的道具佈景也。”《通俗編·俳優》：“《元雜劇》：凡出場所應有特設零雜，統謂砌末。如《東堂老》《桃花女》以銀子爲砌末；《兩世姻緣》以鏡畫爲砌末；《灰闌記》以衣服爲砌末；《楊氏勸夫》以狗兒爲砌末，《度柳翠》以月兒爲砌末，今都下戲園猶有‘鬧砌末’語。”可見“砌末”除了指“演戲用的道具”之外，還指“演戲所需的服裝和佈景”。

關於“砌末”的語詞來源，衆說紛紜，比較有說服力的是程學頤、王貞珉的觀點。程學頤（1983：194）根據《說文》的解釋從詞源角度入手考察“砌末”的詞義由來。《說文·石部》（頁194）：“砌，階甃”。“階”本義指“臺階”，“甃”本義指“井壁”，“階甃”意爲“堆砌井邊臺階”，故“砌”有“堆積裝飾”義。另外程文（1983：373）指出：“在宋元行院語中，凡與奏藝演劇有關的，均可稱‘末’。”所以“砌末”用以指戲曲表演中具有增設情節、裝點人物作用的東西。王貞珉（1980：173）則認爲“砌末”一詞源于蒙古語“砌末克”。“蒙古語‘砌末克’是一切裝飾品的總稱，如人佩戴的裝飾品，帳篷裡的擺設等等都叫‘砌末克’。”這一推斷有其合理性，因爲“砌末”產生於元朝，元朝蒙、漢民族相互融合，語言滲透現象明顯，漢語從蒙古語中吸收了不少詞彙，如出現在南戲作品中的“站赤（驛站）”“兀剌赤（馬夫）”“也棘赤（去）”等，所以“砌末”也可能是個外來詞。

錢南揚在校注中指出“砌末”又作“細抹（末）”，並舉《雲頂德敷禪師章》爲例。筆者認爲這一注解有誤。“細抹（末）”同於“砌末”的觀點蓋始于王國維（1998：97）：“砌末之語，雖始見元劇，必爲古語。案宋無名氏《續墨客揮犀》（卷七）云：‘問今州郡有公宴，將作曲，伶人呼細末將來，此是何義？對曰：凡御宴進樂，先以弦聲發之，然後眾樂和之，故號絲抹將來。’……余疑砌末或爲細末之訛。蓋絲抹一語，既訛爲細末，其義已亡，而其語獨存，遂誤視爲將某物來之意，因以指演劇時所用之物耳。”王國維認爲“砌末”是“細抹（末）”的音訛，而“細抹（末）將來”原爲“絲抹將來”，後來人不明“細抹（末）將來”的本義，根據上下文誤將“細抹（末）”理解爲“演戲所用之物”。但這只是一種猜測，缺乏例證證明，不能使人信服。

此外，《雲頂德敷禪師章》原文云：“懷安軍雲頂德敷禪師，成都帥請就衙升座，有樂營將，出禮拜起。回顧下馬台曰：‘一口吸盡西江水即不問。’請師吞卻階前下馬台。師展兩手唱曰：‘細抹將來。’營將猛省。”例句中“細抹”一詞表示的應該是一個動作而非某一道具。另《獨醒雜誌》卷十有類似記載：“其人已恥爲僧發其故習，乃袖出義白石問曰：‘請獻藥石。’僧應曰：‘吾年耄矣，齒牙動搖，不能進是，煩賢細抹將來。’觀者大笑，其人愧服。”筆者認爲兩例證中的“細抹”義同，表示將某物碾爲細末。不少學者將其中的“細抹”理解作“砌末”，但就目前搜集到的資料來看，未見有“細抹”用同“砌末”的例證，故將

“細抹”看成是“砌末”一聲之轉的觀點還需進一步商討。

〔主要參考文獻〕

程學頤.《宦門子弟錯立身》重注//藝術研究資料：第8輯. 杭州：浙江省藝術研究所，1983.

程學頤. 關於“砌末”//藝術研究資料：第5輯. 杭州：浙江省藝術研究所，1983.

陳志勇. 宋元戲曲“砌末”考論. 藝術百家，2006（2）.

漢語大詞典編輯委員會. 漢語大詞典. 上海：漢語大詞典出版社，1986—1997.

錢南揚.《永樂大典戲文三種》校注. 北京：中華書局，2009.

王學奇，王靜竹. 宋金元明清曲辭通釋. 北京：語文出版社，2003.

王貞珉. 明代方言俗語彙編敘錄//活頁文史叢刊：第5輯.［出版地不詳］：［出版者不詳］，1980.

王國維. 宋元戲曲史. 上海：上海古籍出版社，1998.

王鍈. 詩詞曲語辭例釋. 北京：中華書局，2005.

許寶華、宮田一郎主編. 漢語方言大詞典. 北京：中華書局，1999.

徐渭. 南詞敘錄// 中國戲曲研究院. 中國古典戲曲論著集成：第3冊. 北京：中國戲劇出版社，1959.

張玉書，陳廷敬. 康熙字典：增訂版. 王宏源，增訂. 北京：社會科學文獻出版社，2015.

冷玉龍，韋一心. 中華字海. 北京：中華書局，1994.

鄭西村. “鶻伶聲嗽”新釋//南戲論集. 北京：中國戲劇出版社，1988.

Explanation on Six Difficult Words and Expressions in *Naxi*（南戲）

Zhao Jiadong，Yin Yandong
(School of Literature，Nanjing Normal University，Nanjing，210046)

Abstract：*Naxi*（南戲）is a kind of Chinese dramatic forms born in Wenzhou in Zhejiang Province at the end of the Northern Song dynasty. The language of *Naxi*（南戲）has great degree of colloquialism which contains abundent dialect words and colloquial words. This paper presents a new explanation on six difficult words and expressions in *Naxi*（南戲）. For example *Boxi*（哱息）is *Pei*（呸）；*Bengba*（掤扒）means tied up and struck；*Sansou*（散嗽）is the enigmatic language that the opera actors make funs. Meanwhlie，this paper corrects the errors in some large-scale Chinese dictionaries.

Key words：*Nanxi*（南戲）；*Boxi*（哱息）；*Bengba*（掤扒）；*Sansou*（散嗽）；explanations

（趙家棟、殷艷冬，南京師範大學文學院，郵編 210097）

“九合諸侯”之“九”辨正

李　輝

内容摘要：《論語·憲問》中“桓公九合諸侯，不以兵車，管仲之力也”，歷來各家對於“九”的解釋都不同。從字義與用法上可大致分為兩大類。“九”之字義：1）實數之説，2）虛數之説，3）聚合義之説；“九”之用法：1）假借之説，2）同源通用之説。本文首先對各家觀點進行概述，分別其異同；之後通過對於“九”“勼”“糾”“鳩”音形義的分析，並且根據行文進行語法上的推理，從而證明“九”本字似當為“勼”，“九”與“糾”乃是同源通用，且“九合”解釋為“糾合”之義為上。

關鍵詞： 九合諸侯　九　勼　糾　鳩

《論語·憲問》中“桓公九合諸侯，不以兵車，管仲之力也”，“九”究竟該解釋成何義為上，至今仍無定論。今試為之辨正。

一　“九合諸侯”之“九”歧解分類辨析

對於“九合諸侯”的解釋，前人有撰文考證，也綜合各家説法進行比較。有人分成四種觀點，有人舉出七種觀點，但是分類都含混在一起，不成系統。今對“九合諸侯”之“九”先從字義分類，再從用法分類；先辨正字義該為何，再辨正用法該為何。

（一）字義

1. 實數之説

實數之説主要是將“九”解釋為“九次”“十一次”或者

“第九次”。

1）主張“九次”的為鄭玄，“九合諸侯”即為“九次會盟諸侯”。

2）主張“十一次”的為邢昺，“九合諸侯”即為“十一次會盟諸侯”。

3）主張“第九次”的為羅泌，“九合諸侯”即為“第九次會盟諸侯”。

以上三種實數之説皆不可取。原因如下：

首先，管仲任齊桓公相期間，齊國與諸侯會盟的次數遠不止九次，也不止十一次。李家祥曾考證，僅據《左傳》記載此期間會盟就多達十九次。（李家祥 1985）。後人根據《史記》之説“兵車之會三，乘車之會六”，從而認為是九次會盟諸侯乃誤。

其次，認為是“第九次會盟諸侯”就更不可取。若依此《論語·憲問》的意思就要翻譯成：“桓公第九次會盟諸侯，不用兵車，這是管仲的功勞”，言下之意豈不成了前八次會盟諸侯是用兵車的，且不是管仲的功勞，明顯不符邏輯。而且對於《荀子·王霸》“齊桓公九合諸侯，一匡天下”，也要解釋成“齊桓公第九次會盟諸侯，（於是）匡正天下”，也不合邏輯。

2. 虛數之説

根據清人汪中《述學·釋三九》的觀點，多認為“九”乃是虛數，表示多次。楊伯峻先生在其《論語譯注》中便持此觀點①。《古代漢語大詞典》收錄【九合】一詞，解釋如下：“合，會盟。指春秋時稱霸的諸侯為鞏固霸業而多次會盟。《論語·憲問》：‘桓公九合諸侯，不以兵車，管仲之力也。’按齊桓公會盟

---

① 楊伯峻《論語譯注》（北京：中華書局，2009 年）第 149 頁：“九合，齊桓公糾合諸侯共計十一次，這一‘九’字實是虛數，不過表示其多罷了。”

諸侯不止九次，此云‘九合’，非指實數。”（徐紋 2007）對於《荀子·王霸》的解釋也按“虛數之說”，“九”非實指，是泛言多次。

汪中對於“三九”解釋是極為精闢的：“九者，數之終也……因而生人之措辭，凡一二之所不能盡者，則約之以三，以見其多。三之所不能盡者，則以九約之，以見其極多。此言語之虛數也。”（汪中 2005）並且舉出許多例證：

司馬遷《報任少卿書》：“若九牛亡一毛。”虛數，指多數或多次。

《墨子·公輸》：“九攻，而墨子九卻之。”

“虛數之說”可謂較為合理，也廣為大家所接受。但是根據其他材料仔細推敲上下文的語法關係，“虛數之說”則不甚恰當，非對“九合諸侯”之“九”解釋的上選。理由如下。

首先觀看下面幾則材料：

《晏子春秋·問下篇》：“吾先君桓公，從車三百乘，九合諸侯，一匡天下。”

《荀子·王霸》：“齊桓公九合諸侯，一匡天下，為五伯長。”

《韓非子集解·十過第十》：“昔者，齊桓公九合諸侯，一匡天下，為五伯長，管仲佐之。”（王先慎 1998）

通過對語料庫的搜索，“九合諸侯”多與“一匡天下”連用。故《論語·憲問》中“九合諸侯”之義應與“九合諸侯，一匡天下”之義相同。陳平在其文章中認為，“九”之所以不解釋為“虛數”，是因為“九合諸侯，一匡天下”之中，“九合”應與“一匡”相對應。其認為“一匡”中“一”和“匡”是同義連言，故“一”和“匡”都是動詞。由於前後相對的關係，故“九”與“合”也是動詞，從而說明“九”解釋為“虛數之說”不妥（陳平 2012）。

筆者以為此種說法略為牽強，應該從“九合諸侯，一匡天下"前後語法關係以及實際語義邏輯進行分析：

"九合諸侯，一匡天下"乃是條件複句，前面"九合諸侯"是條件，後面的"一匡天下"乃是結果。也就是說若沒有"九合諸侯"，也就不可能"一匡天下"。按照"虛數之說"，此句該解釋為"多次會盟諸侯，才一匡天下"。這時候發現達到"一匡天下"這一結果的條件只是"多次會盟諸侯"，邏輯上發生了錯誤。

因為諸侯會盟，只有一個是盟主，其餘都是成員國。按理說成員國也叫做"多次會盟諸侯"，那麼這些成員國也"一匡天下了"麼？顯然沒有。只有盟主才叫做"一匡天下"。故"九合諸侯，一匡天下"應該解釋為"糾結集合諸侯，才一匡天下"為妥，"九"釋為動詞比釋為虛數更為上。

3. 聚合義之說

通過上述行文已經得出"九"解釋為動詞為上，對於"九"動詞之義的解釋主要集中在"聚合義之說"①。

《莊子·天下》："禹親自操橐耜，而九雜天下之川。"郭象注："九讀糾，糾合錯雜也。"（劉文典 1980）

《類篇·九部》："九，聚也。"（司馬光 1984）

可以發現"九"解釋為"聚合之義"沒有太多分歧，也比"虛數之說"更為合理。但是究竟是"九"與"鳩""糾"通假，還是"九、糾"本是同源之詞，可以通用？

(二) 用法

1. 假借之說

此說以為"九"同"糾"，有"聚集"義，如馮其庸、鄧安生的《通假字彙釋》。其條目為：九，數詞，八加一之和。《說文》："九，陽之變也。"《論語·憲問》："桓公九合諸侯，不以兵

① 宋朱熹注謂《春秋傳》僖公二十六年"九"作"糾"，督也，古字通用。雖也解釋為動詞，但其認為乃是"督察矯正"之義，不妥。

車，管仲之力也。”朱熹集注：“《春秋傳》作糾，督也，古字通用。”按《左傳·僖公二十六年》作“糾合諸侯”，“九”當“糾”之借。糾，聚合（馮其庸，鄧安生 2006：16）。

陳浚在《論語話解》一書中則說：“九通糾，糾是結連。”（孫敬友 2010）

2. 同源通用之說

同源通用說認為“九”與“勼”“糾”同源通用。王寧先生即持此觀點。王寧先生在其主編的《古代漢語》一書中認為：“九”應是“勼”“糾”，當“集合”講。“九”也是從“集合”的意義發展來的，與“勼”“糾”同源通用。（孫敬友 2010）

《玉篇·鳥部》：“鳩，或作勼。”（顧野王 1983）

《經典釋文》：“鳩，《說文》作‘勼’。”（陸德明 1983）

因此若討論“九合諸侯”之“九”在動詞義上是“假借”還是“同源通用”，便要分析“九、糾、鳩、勼”這幾個字音形義的關係。

二 “九”本字似當為“勼”

九，《說文·九部》：“九，陽之變也。象其屈曲究盡之形。凡九之屬皆從九。”（許慎，段玉裁 1981）朱駿聲通訓定聲：“按究盡者，聲訓之法。屈曲有形，究盡豈有形乎？古人造字以紀數，起於一，極於九，皆指事也。一、二、三、四為積畫，餘皆變化其體，無形可象，亦無意可會，於六書則指事云爾。”（朱駿聲 1984）

對於“九”的本義各家說法不一，那麼究竟“九”是數詞還是本另有他意？

谷衍奎（2003）認為九為指事字。甲骨文是在獸類的尾巴根處加一丿，表示尾巴根處，指出屁股的所在，當是“尻”的本字。金文大同，篆文變得不像了。隸變後楷書寫作九。《說文》對其本義解釋不當，本義是尻尾，借為數詞。①

張舜徽直接認為"九"的本義是"糾合"，象伸手取物之形。丁山早期認為"九""丩"無別，所指"交相糾繚之象也"；而其後期則認為"'九'本肘字，象臂節形。臂節可屈可伸，故有糾屈義"（李孝定 1960：4188）。高緍鴻認為"九為勾之象形文"，而勾亦有"糾屈"義。

裘錫圭先生的《文字學概要》第三章《漢字的形成和發展》中寫道："沒有文字的民族往往已經知道用符號記數。我國原始社會使用的幾何形符號，估計也不會沒有這種用途。古漢字除了使用象具體事物的符號之外，也使用少量幾何形符號。"（2013：23）並列舉從一到十的數字：

一	二	三	四	五	六	七	八	十
一	二	三	亖	X	∧	十	八	丨

裘錫圭先生沒有列舉數字"九"，但是解釋道："數字'九'，多數文字學者認為是一個假借字。"以上列舉的各家觀點也都大多認為"九"的本義不應當為數詞，只是後來借為數詞。但本義為數詞之說仍有其合理性，一因創造數字之始皆以幾何之形表示數字，獨以數字"九"從它處借用頗為不恰；二因甲骨文、金文中"九"用為數字（甲金篆隸大字典編寫組 2010）無他用法。

不過仔細分析，"九"本義還是與"聚合義"的聯繫更緊密，首先觀看"九"的字形：

① 谷衍奎. 漢字源流字典. 北京：華夏出版社，2003.

九					
前三·二二·七	前二·一四·一	前四·四〇·三	戍嗣子鼎	宅 簋	古 幣
殷商時期				西周時期	春秋戰國

于省吾曰："按九字契文作[illegible]，金文作[illegible]，形均相仿。契文旬字作[illegible]，間作[illegible]。……蓋九字象蟲形之上屈其尾，旬字象蟲形内蟠其尾，文雖有别，義可互證。"(1999：3581)"九"的甲骨文字形，其象曲鉤之形，故猜測與"鉤"字應有聯繫。"鉤"字古作"句"，"句""九"古音同（"句"上古音見母侯部，"九"上古音見母幽部)。故"句"得借爲"九"，復於"句"形上加指事符號。

《說文·金部》："鉤，曲也。從金，從句，句亦聲。"

《說文·句部》朱駿聲通訓定聲："句，正當讀如今言鉤。俗作勾。"

《說文·勹部》："句，曲也。從口，丩聲。"段玉裁注："凡曲折之物，侈為倨，斂為句。《考工記》多言倨句。"

《說文·丩部》："丩，相糾繚也。一曰瓜瓠結丩起，象形。"纏繞之義，瓜瓠之藤纏結而上。

由上我們發現，"句"字的本義爲"彎曲"，"九"的本義應當也與此有關。並且"句"在"勹部"，又從"丩聲"，當與"勹"和"丩"有關，再來考察"勹"與"丩"：

勹			
春秋戰國時期			

ㄐ				
 乙三八 〇五反	 後下二 六·五	 ㄐ方鼎	 湯鼎蓋	 古　匋
殷商時期		西周時期	春秋戰國時期	

"勹"與"ㄐ"的形狀極為相似，均是相互糾纏、環抱、屈曲之狀。"勹"的意義應當與"ㄐ"相似，有糾屈、聚集、遍合之義。《說文·勹部》："勹，裹也。象人曲形，有所包裹，凡勹之屬皆從勹。"可以見"勹"字確實有聚集、遍合的意義。

《說文·勹部》："匊，在手曰匊。從米勹。"段玉裁注："兩手兜之而聚。俗作掬。"

《說文·勹部》："勽，覆也。從勹人。"段玉裁注："此當為抱子、抱孫之正字，今俗作抱。"

《說文·勹部》："勻，少也。"段玉裁注："少當作帀，字之誤也。帀者，周也。"

《說文·勹部》："旬，徧也。十日為旬，從勹日。"段玉裁注："說此篆從勹日之意也。日之數十，自甲至癸而一遍。勹日猶勹十也。"

《說文·勹部》："勼，聚也。從勹九聲。讀若鳩。"《元包經傳·少陰》"悅以勼人"李江注："勼，聚集也。"李孝定《甲骨文字集釋》十四卷中有"勼合"一詞。可見"勼"字也確實有聚合之義，並且其"從勹九聲"，意義當從"勹"發展而來，而聲音又與"九"同。從"九"的字形、字音，聯想到"句"字，分析"句"字的本義爲彎曲。"勼"字為聚合之義，"從勹九聲"，"九"形乃復於"句"形上加指事符號，"句"字"從口ㄐ聲"，而"勹"

與“丩”形、義極為相似，都有糾聚、遍合的含義，故可推測“九”之本義當與“糾屈聚合”有關，其本字似當為“勼”。

三　九、糾、鳩的音義關係

先觀察這三個字上古音韻的關係：

九有兩音，《廣韻》舉有切，上有見。幽部。《集韻》居尤切，平尤見。幽部。

糾，《廣韻》居黝切，上黝見。幽部。

鳩，《廣韻》居求切，平尤見。幽部。

從上可以看出“九、糾、鳩”三個字上古都是見母幽部，音相同。

再來看字義上的關聯。

首先看“九”。

“九”的第一個讀音，數字之“九”。

1）數目。八加一所得。《素問·三部九候論》：“始於一，終於九焉。”《玉篇·九部》：“九，數也。”

2）泛指多數或多次。司馬遷《報任少卿書》：“若九牛亡一毛。”又：“是以腸一日而九回。”

3）九，陽數也。《易經》中稱陽爻為九。如：初九；九五。《易·乾》：“乾元用九，天下治也。”王弼注：“九，陽也。陽，剛直之物也。”（李學勤 1999）《楚辭·九辯序》：“九者，陽之數，道之綱紀也。”

“九”的第二個讀音，便是和“聚合”之義有關，通“鳩”“糾”。

1）《經典釋文》：“九，音‘鳩’，亦作‘鳩’，聚也。”成玄英疏亦云：“九，又本作鳩者，言鳩雜川谷以導江河也。”

2）九、糾通用。《楚辭·天問》：“齊桓九合，卒然身殺。”

朱熹集注：“九、糾通用。卒，終也。齊桓公任管仲，九合諸侯，一匡天下。”（朱熹 2010）

再來看“糾”。

糾，《說文·丩部》：“糾，繩三合也。從糸丩。”丩，象形字。甲骨文像藤蔓糾結之形，金文大同。本義為相糾纏，其義借用“糾”表示。也就是說“丩”而後演變成“糾”字，“糾”字有聚合之義。

“糾”和繩子、合繩有關，所以義項演化有：繩子——準繩、矯正、督察；合繩——集合——聚合。

1）絞合的繩索。賈誼《鵩鳥賦》：“禍之與福兮，何異糾纆。”引申為纏繞；糾纏。《楚辭·九章·悲回風》：“糾思心以為纕兮，編愁苦以為膺。”

《說文·丩部》徐鍇系傳：“糾，謂三股繩。”

《說文·丩部》朱駿聲通訓定聲：“三股曰糾，亦曰徽。”

2）結集；連合，聚合。《左傳·僖公二十四年》：“召穆公思周德之不類，故糾合宗族於成周而作詩。”孔穎達疏：“糾者，聚合之意。”

《說文·丩部》段玉裁注：“凡交合之謂之糾，引伸為糾合諸侯之糾。”

《後漢書·荀彧傳》：“若紹收離糾散。”李賢注：“糾，合也。”（範曄 1965）

《送戴十五歸衡嶽序》：“軒騎糾合。”王琦輯注：“糾，亦合也。”（李白 2011）

《資治通鑒·晉紀十》：“糾合驍健。”（司馬光 1956）

《資治通鑒·陳紀八》：“今欲與卿等糾合義勇。”

《資治通鑒·後晉紀一》：“耀州防禦使潘環糾合西路戍兵。”

3）督察；矯正。《周禮·秋官·大司寇》：“以五刑糾萬民。”賈公彥疏：“糾猶察也……謂察其善惡而別異之。”《書·冏命》：

“繩愆糾謬。”孔穎達疏：“繩謂彈正，糾謂發舉。有愆過則彈正之，有錯謬則發舉之。”①

最後來看“鳩”。

鳩，本來是鳥名。《書·堯典》：“共工方鳩僝功。”孔安國傳：“鳩，聚。”按：鳩，本為鳥名。

《說文·勹部》：“勼，聚也。”

桂馥義證：“聚也者，釋詁文，彼作鳩。《釋文》：‘鳩，《說文》作勼。’”

朱駿聲通訓定聲：“勼，經傳皆以鳩為之。”

段玉裁注：“《釋文》曰：‘鳩，聚也。’《左傳》作‘鳩’，古文《尚書》作‘逑’，《辵部》曰：‘逑，斂聚也。’《莊子》作‘九’。今字則‘鳩’行而‘勼’廢矣。”

《爾雅·釋詁》：“鳩，聚也。”郝懿行義疏：“鳩者，勼之叚音也。”

《玉篇·鳥部》：“鳩，或作勼。”

《經典釋文》：“鳩，《說文》作‘勼’。”

《集韻·尤韻》：“勼，通作鳩。”

可見“鳩”即“勼”假音，故“鳩”也有“聚合”之義。

《隸釋·橫海將軍呂君碑銘》：“鳩集荒散，為民統紀。”（洪适 1986）

《後漢書·孔融傳》：“稍復鳩集吏民為黃巾所誤者，男女四萬餘人。”

《北史·序傳》：“唯鳩聚遺逸，以廣異聞。”（李延壽 1974）

《魏書·匈奴劉聰傳》：“鳩合義眾，以赴困難。”（魏收 1974）

《美芹十論》：“臣嘗鳩眾兩千，隸耿京為掌書記，與圖恢

① 由此可以知朱熹謂“九合諸侯，‘九’通‘糾’，督也”，不妥。

復。”（辛棄疾 2012）

《明史·李自成傳》：“會我兵東反，自成乃鳩合潰敗，走平陽。”（張廷玉 1974）

（清）侯方域《重修武廳事記》：“歸舊有廳軍府，將先鳩材焉，爾其各量乃力為之。”

通過對以上“九、糾、鳩”字義的分析，可知“鳩”乃是“勼”的假音，三者都有“聚合”之義。假借有兩種，一種是“本無其字，依聲托事”，一種是“本有其字，古音通假”。“九、糾”都本有其字，且各自都有“聚合”的義項，一本字為“勼”，一從“丩”的詞義演化成“糾”，應該為同源通用。同源通用需要滿足音相近、義相同，“九、糾”滿足此條件。

四 “糾合”而非“鳩合”

“九、糾”同源通用，都有“糾結聚合”的意思，而“鳩”也有“聚合”的意思。“鳩合”“鳩集”，有時亦作“糾合”“糾集”。那麼“九合”應該釋為“鳩合”還是“糾合”，還是均可呢？筆者以為“九合”釋為“糾合”為上，釋為“鳩合”為下。原因如下：

【糾合】

《左傳·僖公二十四年》：“召穆公思周德之不類，故糾合宗族於成周而作詩。”

《晏子春秋·內篇問上》：“能遂武功而立文德，糾合兄弟，撫存翌州，吳越受令。”

《三國志·魏書·臧洪傳》：“糾合義兵，並赴國難。”（陳壽 1959）

《南史·梁本紀下第八》：“屬昏凶肆虐，天倫及禍，糾合義旅，將雪家冤。”（李延壽 1975）

《晉書·列傳第二十九》:“東海糾合同盟，創為義舉，匡復之功未立。”(房玄齡 1974)

《資治通鑒·唐紀七十》:“卿東扞賊鋒，西撫諸蕃，糾合鄰道，勉建大勳。”

《封神演義·第八十七回》:“糾合天下諸侯，鼓惑黎庶作反。”(許仲琳 2011)

《續資治通鑒·宋紀一百八十二》:“先是天台杜滸糾合四千人來勤王。”(畢沅 1957)

【鳩民、鳩合、鳩集】

《左傳·昭公十七年》:“五鳩，鳩民者也。”

《三國志·魏書·文帝紀第二》:“為世撥亂，則致升平，鳩民而立長。”

《三國志·吳書·朱桓傳》:“使部伍吳、會二郡，鳩合遺散，期年之間，得萬餘人。”

《三國志·吳書·宗室傳》:“使輔西屯歷陽以拒袁術，並招誘餘民，鳩合遺散。”

《三國志·蜀書·杜慈傳》:“承喪亂歷紀，學業衰廢，乃鳩合典籍。”

《舊唐書·本紀第十八上》:“鳩合豪傑數百人，復入城，盡誅謀亂兵士，軍城復安。”

《三國志·魏書·王朗傳》:“鳩集兆民，於兹魏土，使封鄙之內，雞鳴狗吠。”

《南史·王琳傳》:“齊孝昭帝遣琳出合肥，鳩集義故，更圖進取。”

《清史稿·蔡標傳》:“遂往宜良、路南鳩集舊部，得千人，毓英賴以成軍。”

通過對於語料庫的檢索，找到“糾合”詞條共 476 條，“糾合”多用在集合軍隊、同盟、士眾，且被集合之物是完整的，並非零散的東西被搜集起來；找到"鳩民、鳩合、鳩集"詞條共197條，這裡聚合之義多用在尋找、搜集之義上，且是尋找散佚之物，如文章典籍、遺民散兵等。①

因此"九合諸侯"之"聚合之義"，當釋"糾合"為上，"鳩合"為下。

五 結 語

通過對於前人有關"九合諸侯"之"九"觀點的整理，結合上下文的語法關係，"九、勼、糾、鳩"的音義分析，以及對於"糾合"和"鳩合"區別的初探，得出"九"解釋為"聚合之義"為上，"九"本字似當為"勼"，"九"與"糾"乃是同源通用，"九合"解釋為"糾合"為上。筆者以為，"九合諸侯，一匡天下"語義已經基本固定，用法也已固定，故"九合"的"聚合之義"在後世行文之時不用"糾合"代替，而是一直沿用"九合"。

〔主要參考文獻〕

畢沅．續資治通鑒．北京：中華書局，1957.

陳平．"九合諸侯"之"九"義考．天津大學學報（社會科學版），

① 此語料搜集來源於CCL語料庫檢索系統（網絡版）。關於"糾合"和"鳩合"所用對象之區別只作初步統計，未作精確分析，因此尚為初論，仍需考證。476條"糾合"之詞條中，約90%均是用於"聚合"軍隊，且非散兵遺民；少數用於尋找集合遺散、零散之物，如《晉書·邵續傳》："時天下漸亂，續去縣還家，糾合亡命，得數百人。"《舊唐書·列傳第一百四十六上吐蕃上》："仲卿至藍田，糾合散兵及諸驍勇願從者百餘人，南保藍田。"《三國志·魏書·公孫瓚傳》裴松之注引（晉）習鑿齒《漢晉春秋》："足下志猶未厭，乃復糾合餘燼。"《資治通鑒·晉紀四十》："康求還洛陽視母；會長安不守，康糾合關中徙民，得百許人。"《舊唐書·列傳第一百四十八西戎》："於是糾合亡命，渡恆曷水。"《清史稿·志九十九食貨五》："設置官銀行，以部專其名，糾合官商資本四百萬。"

2012 (12).

陳壽. 三國志. 北京：中華書局，1959.

范曄. 後漢書. 北京：中華書局，1965.

房玄齡. 晉書. 北京：中華書局，1974.

馮其庸，鄧安生. 通假字彙釋. 北京：北京大學出版社，2006.

谷衍奎. 漢字源流字典. 北京：華夏出版社，2003.

顧野王. 玉篇. 北京：中國書店，1983.

桂馥. 說文解字義正. 濟南：齊魯書社，1987.

洪适. 隸釋. 北京：中華書局，1986.

甲金篆隸大字典編寫組. 甲金篆隸大字典. 成都：四川辭書出版社，2010.

李白. 李太白全集. 王琦，注. 北京：中華書局，2011.

李家祥. "九合諸侯"的"九"應作何解?. 貴州民族學院學報，1985 (1).

李孝定. 甲骨文字集釋. 臺北："中央研究院"，1960.

李學勤. 十三經注疏：周易正義. 標點本. 北京：北京大學出版社，1999.

李延壽. 北史. 北京：中華書局，1974.

李延壽. 南史. 北京：中華書局，1975.

劉文典. 莊子補正. 昆明：雲南人民出版社，1980.

劉昫. 舊唐書. 北京：中華書局，1975.

陸德明. 經典釋文. 北京：中華書局，1983.

裘錫圭. 文字學概要：修訂本. 北京：商務印書館，2013.

司馬光. 類篇. 北京：中華書局，1984.

司馬光. 資治通鑒. 北京：中華書局，1956.

孫敬友.《論語》九合諸侯歧解辨正. 溫州大學學報（社會科學版），2010 (5).

汪中. 述學：釋三九//新編汪中集. 揚州：廣陵書社，2005.

王力. 古代漢語詞典. 北京：商務印書館，2014.

王先慎. 韓非子集解. 北京：中華書局，1998.

魏收. 魏書. 北京：中華書局，1974.

辛棄疾. 美芹十論. 廣州：中山大學出版社，2012.

徐復. 古代漢語大詞典. 上海：上海辭書出版社，2007.

許慎，段玉裁．說文解字注．上海：上海古籍出版社，1981.
許仲琳．封神演義．上海：上海古籍出版社，2011.
于省吾．甲骨文字詁林．北京：中華書局，1999.
張廷玉．明史．北京：中華書局，1974.
趙爾巽．清史稿．北京：中華書局，1977.
朱駿聲．說文通訓定聲．北京：中華書局，1984.
朱熹．楚辭集注．揚州：廣陵書社，2010.
宗福邦，陳世鐃，蕭海波．故訓匯纂．北京：商務印書館，2003.

The origin and meaning of the character "九" in "九合诸侯" (unite all the feudal princes)

Li hui
(School of Literature, Nanjing Normal University, Nanjing, 210046)

Abstract: The chapter *Xianwen* in *The Analects* says, "The duke Huan Gong united all the feudal princes not by his army, but by Guan Zhong." The character "九" in this expression has been interpreted by different scholars. There are mainly three different meanings of it: A) nine times; B) several times; C) to describe the union. On the using of this character, there are also two theories: A) using it as other characters which have similar sound with it; B) using it instead of other characters which have the same origin with it. The author summarizes and differentiates all these theories at first. Then by analyzing characters "九" "勼" "糾" "鳩", and the syntactical inference, the author proves that the original form of the character "九" is "勼", and it is used as "糾" in the word "九合诸侯". Therefore, the word "九合" means "gathering and unification".

Key words: "九合诸侯" (unite all the feudal princes); the character "九"; the character "勼"; the character "糾"; the character "鳩"

（李輝，南京師範大學文學院，郵編 210046）

甲骨文“降盡千”“方來降”等“降”字考釋*

周寶宏　王業奇

内容摘要：甲骨文“降盡千”“千降盡”和“方來降，吉；不降，吉”之“降”，有的學者力主訓為“投降”之義。本文詳細地考釋了上引兩片甲骨文的有關字形、字義及語句，並從甲骨文、西周金文及西周文獻“降”字無用為“投降”之義，證明上引語句中“降”字沒有用為投降之義者，而是用為本義從高處降下，或引申為上帝神靈降臨人間與降禍福於人間之義。

關鍵詞：甲骨文　降　訓詁

甲骨文發現至今一百餘年，幾代學者多致力於形體考釋和内容研究等方面，而對其字義（或詞義）的用法下功夫則相對較少，尤其對一些常見的普通名詞、動詞、形容詞、介詞、副詞等某種用法，多按春秋戰國文獻甚至秦漢時代的語言去理解，有的可能符合原文之義，有的肯定不符合原文之義。現在的甲骨文研究形成了這樣一種情況：已被考釋出的字，或已被認識的字，大

* 本文是國家社科基金重大項目“商周金文字詞集注與釋譯”（項目號：13&ZD130）、國家社科基金重點項目“西周金文地名集证”（14AZD112）、教育部人文社會科學研究2009年度項目“西周青銅器銘文考釋”（項目號：09YJA740084）和2011年度國家社會科學基金項目“西周青銅重器銘文集釋（西周早期）”（項目批準號11BYY091）的中期成果。

多數是得到公認的，但它們的字義用法，卻有許多或被誤解，或有分歧，或不知其義，這些常見字的詞義用法上存在的問題比比皆是。字形考釋已是碩果累累，字義考釋任重道遠。

研究甲骨文字義的用法，無疑是甲骨文研究中重要任務之一，但這也是訓詁學方面的工作，應按訓詁學方法和原則去做。乾嘉學派學者的考證方法是實事求是，無徵不信；現代訓詁學者堅持詞義是有時代性的，詞義是發展的。考證甲骨文字義的學者應該遵循這兩個原則，所得出的結論也許更符合原文的用法。下面僅就甲骨文“降”字有無投降之義做一點討論，以說明研究甲骨文詞義訓詁的必要、研究甲骨文堅持訓詁原則的必要。

甲骨文中“降”字主要用為上帝等神祖降臨人間和降下禍福於人間之義，也用為“降雨”之義，總之是“由上而降”或“由上而下”之義。

李孝定《甲骨文字集釋》（1970：4141）：“卜辭……又云：‘降𡆥千’（《前》八・五・一）疑當解為降服，降訓下，降服則相下也，乃下之引申義。”李孝定只是懷疑此“降”字有降服、投降之義，並未肯定，而且也未舉出甲骨文和傳世上古文獻中的證據。

姚孝遂先生在《甲骨文字詁林》1275 條“降”字條後的按語中否定了李孝定這個說法，姚孝遂先生說：“《前》八・五・一‘千𡆥降’與‘降𡆥千’互作。‘千’與‘𡆥’均為人名。當即‘𡆥戊’及‘旨千’。陳夢家《綜述》三六六以‘千’為‘遲任’，可備一說。李孝定以‘降服’為言，未免疏失。”（于省吾 1996：1255）

陳夢家《殷虛卜辭綜述》（1988：366）引《前》（8・5・1）作“丙寅隹不，千降𡆥。”並解釋說：

> 武丁卜辭又有旨千、千：
>
> 旨千若于帝左——旨千若于帝右。

千弗其□方禍

丙寅隹不，千降盡。

"旨"從尸從口，"千"即《説文》卷八"壬，善也"之壬而省去下劃者。其人當即遲任，《般庚》上"遲任有言曰：人惟求舊，器非舊惟新"。敦煌本、日本唐寫本隸古定《尚書》，凡夷字皆作"巳"；日本唐寫本《般庚》"遲任"作"迡任"，所從之巳是夷字，而金文"尸"即"夷"字。遲任若於帝之左右，即《君奭》所謂格於上帝。

陳夢家對"降"字沒有作什麽解釋，但體會姚孝遂先生之對千、盡的解釋——千、盡為殷之先公舊臣，在帝之左右，那麽"降"就是降臨或降下禍福之義，而陳夢家也許認為"盡"為地名。

但近年王恩田《釋降》（2000：51）一文認為李孝定之説可信，否定了姚孝遂先生的説法。他全文引錄甲骨文原文作：

丙寅，唯市（師）千盡降

□寅，……降盡千。

王恩田解釋説："師千盡降"意為軍隊千人全都投降了，"師降盡千"是"師千盡降"的倒裝句。他承認甲骨文中有"千"用為人名或族名者，但"旨"與"千"不能連讀，因此上引甲骨文中的"千"不是人名，甲骨文中有"盡戊"，但不能省稱為"盡"。

其實"千"不是"旨千"，但從"千弗其□方禍"看，也應該是神祖。陳夢家《殷虛卜辭綜述》（1988：365）說：“伊尹、黃尹先私名而後官名，則咸戊、𢻱戊、𡁩戊等之咸、𢻱、𡁩亦為私名，而‘戊’為官名。伊尹可以省稱為伊……”從這個分析看，𡁩戊是可以省稱“𡁩”的。王恩田以“𡁩戊”不能省稱為“𡁩”否認“𡁩”為人名，由此可知是不能成立的。

王恩田又說：“‘師千𡁩降’，‘千’如果是人名，應是單數。而‘𡁩’是表示多數的表數副詞。‘千’不可能是人名。否則，就不合語法。‘千’只能是表示多數的量詞，才能使用表示多數的表數副詞‘𡁩’。”

王恩田對“丙寅，唯帀（師）千𡁩降。□寅，……降𡁩千”的解釋有下列幾點可商：

一、所謂“帀（師）”，陳夢家《殷虛卜辭綜述》、姚孝遂先生主編《殷墟甲骨刻辭摹釋總集》和《殷墟甲骨刻辭類纂》皆釋為“不”。上句卜辭中的“不”字確實象“帀（師）”，但甲骨文“不”字也有不乏與“帀（師）”字接近和相同寫法的形體，如𐀀（京津 4828）、𐀀（佚 280）。（中國社會科學院考古研究所 1965：461—462）又如劉敬亭編著《山東省博物館藏甲骨墨拓集》（1998：88）0421 號：

0421

其“不”字與上引卜辭的所謂“帀”字完全相同，因此從形體上看此字形釋“不”字可從。又“帀”在甲骨文中從未見用為軍隊之義的“師”，在甲骨文中用為軍隊之意的“師”皆作“𠂤”。西周金文軍隊之師多作“𠂤”，極少作“師”，而“師”多用為“師氏”之類的官名。西周早期始見從“𠂤”從“帀”的師，晚期省“𠂤”為“帀”，才用為軍隊之師。由此可知，此字釋“不”可信，釋“帀（師）”訓為軍隊不可信。

二、說“師降盡千”是“師千盡降”的倒裝句，不可思議。按正常思維理解，“師千盡降”的倒裝句應是“盡降師千”才是。大概因為認為“師千盡降”之“盡”有“全都”之義，而如果承認“師降盡千”為正常語句，則“盡千”之“盡”只能訓為“將盡”，是“大都”之義，而不是“全都”之義，因此把“師降盡千”當作“師千盡降”的倒裝句是不對的，不可能存在如此的倒裝句。

三、“盡”字用為“全都”之義產生比較晚。在甲骨文中“盡”皆用為人名，未見一例可以明確確定是“全都”之義者。西周金文未見盡字。西周文獻未見“盡”字用為副詞“全都”之義者，此義最早見於春秋戰國文獻，如《左傳》。單憑甲骨文此一條就定其用為“全都”之義，不可信。

四、“降”字用為“投降”之義產生也比較晚，最早見於春秋時代文獻《春秋·莊公八年》：“夏，（魯）師及齊師圍郕，郕降于齊師。”西周金文、西周文獻未見“降”字用為“投降”“降服”之義者。僅憑時代比較晚的“降”字用法去證明甲骨文時代有此用法，這是很難使人相信的。

由以上四點分析，釋所謂“帀千盡降”“……降盡千”之降為“投降”“降服”之義不可信。又既然“千”“盡”在甲骨文中為神祖之名，“降”字在甲骨文中多用為神祖降臨人間和降下禍福於人間，那麼不如把“降”理解為降下、降臨之義為妥。因此上引甲骨文應重新隸定為：

丙寅，唯不，千、盡降

□寅，……降，盡、千。

第一句是說：丙寅這一天占卜，貞問：不能嗎，千、盡降臨人間？第二句是說：□寅占卜，貞問：……降臨人間嗎，千和盡？

王恩田《釋降》一文還舉出《小屯南地甲骨》2301片卜辭作為甲骨文“降”有投降、降服之義的第二個有力證據，這條卜辭他隸定為：

甲子卜，□以王族宄方在辛山。亡災。

方來降，吉。

不降，吉。

方不往自辛山。大吉。

其往。

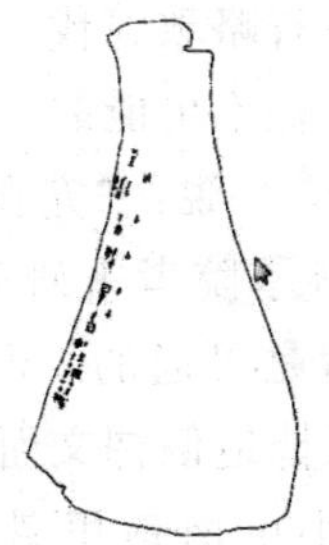

他解釋說：“按宄通軌。《漢書·元帝紀》‘殷周法行而奸軌服’，注‘軌與宄同’。《左傳·成公十七年》：‘亂在外為奸，在內為軌。’方，族名。‘宄方’即作亂的方族。”又說：“以王族後省略敦、伐等動詞。”“‘方來降’‘不降’意為卜問方族是否來投降。”

王恩田的上述解釋有如下幾點不可信：

一、甲骨文有從“宀”從“九”從“殳”之𡧇，未見有從“宀”從“九”之宄。西周金文有從“宮”從“九”之“宄”，也未見從“宀”從“九”之宄。從“宀”從“九”之宄見於篆文，應該是戰國時代產生的簡體字。甲骨文從“殳”之“宄”，西周金文從“宮”從“九”之“宄”，用為在室內或宮內驅打驅逐鬼怪之義，未見用為“亂在內為軌”之義（于省吾 1979：48；孫作雲 2003：454－469）。因此，這條卜辭中的所謂“宄”其實不是“宄”字。

二、“宄”或“軌”用為亂在內為“軌（宄）”之意，最早也見於春秋戰國文獻《國語》和《左傳》。《尚書》中有“奸宄”二字，皆用為盜竊之義，或指奸邪之義，但沒有“作亂”之義。

三、解釋“方來降”“不降”為投降，但與此相對之句“方不往自辛山。大吉。其往”的意思是什麼？“來降”與“往”是相對的，如果“方不往自辛山”解釋不了，就不可能確定“方來降”之“降”為投降之義。

四、說“以王族”後省略敦、伐一類的動詞，這種省略在沒有上下文不省的情況下，是不可能的，因此此說不可信。

《小屯南地甲骨·釋文》說：“宄在此為動詞。其義殆與敦、伐等相近。”（中國社會科學院考古研究所 1983：1000）把此句中的“宄”當作動詞，還是可通的，但釋為“宄”，不可信。王恩田釋為宄，大概就是根據這個釋文而來的。

但是姚孝遂先生《小屯南地甲骨考釋》（姚孝遂，肖丁 1985：93－94）是以《小屯南地甲骨》一書為依據進行重新考釋的，他的釋文卻與《小屯南地甲骨》一書的釋文不完全相同：

1. 甲子卜……以王族伐𡆥方，在辛山，亡災。

2. 𡆥……。吉。

3. 方來降。吉

4. 不降。吉

5. 方不往自辛山。大吉。

6. 其往。

姚孝遂先生解釋說：“在征討‘𡆥方’的同時，還密切注視‘方’的動向，蓋恐腹背受敵。”“此辭‘方來降’之‘降’當用如《左傳》二十六年‘六卿三族降聽政’之‘降’，杜《注》：

‘和，同也’。‘方來降’謂‘方’來和好。商與各國之間，時敵時友。商當時正與□方交戰，故希望能與‘方’和好。‘降’用為‘降服’，時代較晚。‘方來降’，不能是方國來降服之意。”“‘方不往自辛山’，‘辛山’正是殷人與□方交戰之地點。就殷人而言，最好是‘方來降’，雙方結成聯盟。退而求其次，也希望‘方’不要站在□方一邊，故占問‘方’是否會‘往自辛山’。卜兆為‘大吉’。”

姚孝遂先生的釋文在第一句中多釋出一個“伐”字，將所謂“宄”字摹為“□”字。這是這片甲骨文很關鍵的兩個字。細審拓片，所謂“宄”字上確實有字像“伐”，但不十分清楚，而《小屯南地甲骨·釋文》釋為“宄”的那個字，也不十分清楚，從甲骨文、西周金文無“宄”字看，應該依據姚孝遂先生的摹寫。《甲骨文字詁林》2036頁2096條有□、□二字，姚孝遂先生在此條按語中說：“此當是宄字之異體。《屯》2301辭云：‘甲子卜，□以王族□方在□，亡□’，乃軍事行動，義當為驅逐。”（于省吾1996：2036）但關鍵問題還是“方不往自辛山”如何解釋，體會姚孝遂先生之意，可能是“往于辛山”而增援之意。但“往自某地”應是“從某地往於某”之意，似乎不是“往于辛山”之意，“自”仍是“從”之意。

甲骨文中也有類似的用法：

1. 己卯卜古貞……執往𠬝自𡧊，王占曰……（合集136片正面）

2. 癸丑卜，爭貞，旬亡禍，王占曰有祟有夢，甲寅允有來艱，左告曰：有往𠬝自盆，十人又二。（合集137片正面）

3. ……𠬝往自爻圉。（合集138片）

4. 呼師般取，往自敦。（合集839片）

5. 乙酉卜，賓貞，州臣有往自寷，得。（合集849片）

6. 貞，往自[illegible]，不其……。（合集856片）

7. ……亙貞，王須允…往自敦㐭。（合集858片正面）

甲骨文中"往"字除用為祭祀之名外，多用為"自此往彼"即前往之意，但上引甲骨文資料證明"往"字也有"從某往某"之意，不限定於"從此往彼"。如此"方往自辛山"就是方這個方國從辛山往於其他地方之意，也就是離開辛山。

上文已經說過，甲骨文中降字除用為祭名之外，多用為神祖特別是上帝降臨人間或降下禍福於人間之意。《說文解字》訓"降"字本義為"下也"，即從上往下之意，大多古文字學家、《說文》學家也都認為"從上而下"是降字本義。但降字構形是從阜，象山之有階梯，從兩止向下，會從山上往下走之義。甲骨文的"降"字字形写作下列形体（中國社會科學院考古研究所2004：536）：

正像两只脚从山上走下之意，這才是"降"字的本義，但是很少有古文字學家這麼講，因為"降"字在甲骨文、西周金文中這個用法太少。但不是絕對沒有。"陟降"在甲骨文、西周金文、西周文獻中一直是相對的兩個字，"陟"字在甲骨文中就有上山之意：

辛未……癸酉王不步

壬申卜，王陟山[illegible]，癸酉昜日（合集20271片）

這條卜辭先說"王不步?"，接著又說"王陟山"，顯然"陟山"就是登山，陟字在甲骨文中多用祭祀名稱，但在上引甲骨文中絕不是祭祀名稱是明顯的。甲骨文中有這樣的話可供參看："庚寅卜，王汎，辛卯昜日"（合集20272）。"辛未卜，今日王汎，不風"（合集20273）。王出外行舟，占卜是否"昜日""不風"，那麼王外出登山也應該占卜是否"昜日"，因此"王陟山"

理解為王登山是可以的。西周金文散氏盤銘文：“陟崗，三封，降，以南封于同道。”陟崗指登上山崗，降指從山崗下來，也皆用為本義。《詩經》中更是習見“陟”字用為登山之義，如《周南·卷耳》“陟彼高崗”，《商頌·殷武》“陟彼景山”，《大雅·公劉》“迺陟南崗”，《周頌·般》“陟其高山”等，可見“陟”字本義明顯為“登山”之義，那麼“降”字構形與之相對，用義相反，經常在甲骨文、西周金文、西周文獻中連用，說明“降”字構形之本義為下山，從高往下則是引申義。“降”字在《詩經》中也有用為本義者，如《鄘風·定之方中》：“望楚與堂，景山與京，降觀于桑。”《小雅·無羊》：“或降于阿，或飲于池。”《大雅·公劉》：“陟則在巘，復降在原。”甲骨文中有“不降山”（合集 34711 片），也應該是從山上下來之義。

既然降字本義是從山上下來之義，那麼在“甲子卜……以王族伐𠤎方，在辛山。亡災。方來降，吉。不降，吉。方不往自辛山，大吉。其往”中之辛山、方來降、不降，指方從山上下來、不下來。“來降”指的是從朝殷商方向一方降下，“不往自辛山”“其往”是指從山的另一方離開、不離開。原文還有“擒……吉”之語，指戰爭擒敵而言，習見於征伐卜辭，無需舉例。因此這條卜辭是說，甲子這一天占卜，某人以王族征伐𠤎方，在辛山這個地方無災？能否擒獲，吉利。方從辛山上下來，吉利。不下來，也吉利。方不從辛山離去，大吉。”

姚孝遂先生據《左傳》訓“降”字為和好、為結盟。但俞樾《群經平議》（2005：6966）認為《左傳》之“降”通“共”，“共”才有“和同”之義，即共同。俞說可通。但是，甲骨文時代“降”不可能通為“共”，因為甲骨文、西周金文、西周文獻共字根本不用為副詞共同之義。

總之，在甲骨文以及西周金文、西周文獻中，“降”字沒有明確證據證明用為“投降”之義，在“千盡降”等句中用為神名

“千”和“盡”降臨人間之義，在“方來降，吉；不降，吉”語句中用為從山上降下之義。

〔主要參考文獻〕

陳夢家. 殷虛卜辭綜述. 北京：中華書局，1988.

李孝定. 甲骨文字集釋. “中央研究院”歷史語言研究所專刊，1970.

劉敬亭. 山東省博物館藏甲骨墨拓集. 濟南：齊魯書社，1998.

孫作雲. 釋䆛//孫作雲文集：美術考古與民俗研究. 開封：河南大學出版社，2003：454—469.

王恩田. 古文字研究. 第22輯. 北京：中華書局，2000：51.

姚孝遂，肖丁. 小屯南地甲骨考釋. 北京：中華書局，1985.

于省吾. 甲骨文字詁林. 北京：中華書局，1996.

于省吾. 釋 𡨦//甲骨文字釋林. 北京：中華書局，1979：48.

俞樾. 群經平議//王先謙. 清經解續編：第13冊. 南京：鳳凰出版社，2005.

中國社會科學院考古研究所. 甲骨文编. 北京：中華書局，1965.

中國社會科學院考古研究所. 甲骨文编. 北京：中华书局，2004.

中國社會科學院考古研究所. 小屯南地甲骨：下冊，第一分冊. 北京：中華書局，1983.

A Study of Jiang（降）in“降盡千”“方來降”and Other Oracle Bone Inscriptions

Zhou Baohong，Wang Yeqi

（Literature College，Tianjin Normal University，Tianjin，300387）

Abstract：In oracle bone inscriptions，the word“*jiang*”（降）in sentences“*jiangjinqian*”（降盡千），“qianjiangjin”（千降盡）and“fanglaijiang，ji，bujiang，ji（方來降，吉；不降，吉）”is explained as surrender by some experts. This paper studies some relevant character pattern，literal meaning and sentences in the two pieces of oracle bone which is quoted, and proves that “*jiang*” (降) doesit mean surrender in the three sentences by studying oracle bone inscriptions, bronze inscriptions and other documents of Western Zhou dynasty. Actually it should be explained as its basic meaning of falling from a height, or by extension it means God spirit arrives and God bless human.

Key words: oracle bone inscription; “*jiang*” (降); exegesis

(周寶宏、王業奇，天津師範大學文學院，郵編 300387)

說"誰何"

王　慶

内容摘要：對於"誰何"一詞，前人的解釋並不一致。郭在貽參考段玉裁的說法，將"誰何"讀為"孰呵"，這樣迂曲的解釋是不必的。"誰"和"何"在古代漢語中都可以用作人稱疑問詞，由於同義連文，"誰何"遂逐漸固化為一個詞，該詞仍可以用作疑問詞，表示"誰人、何人"的意思。大約到戰國時，"誰何"引申出"喝問、盤查"的意思。可能到漢末以後，引申義漸漸晦而不明，以至生出許多解釋。其實，中外語言事實都能說明，從作為人稱疑問詞的"誰何"引申出"喝問、盤查"的意思是非常自然的。

關鍵詞：誰何　孰何　何誰

一　前人對"誰何"的解釋並不一致

賈誼的《過秦論》中有這樣一句話："良將勁弩守要害之處，信臣精卒陳利兵而誰何。"《史記·秦始皇本紀》載有《過秦論》，對"誰何"一詞的解釋，劉宋裴駰《史記集解》引如淳曰："何猶問也。"唐司馬貞《史記索隱》這樣解釋："崔浩云：'何或為呵。'《漢舊儀》：'宿衛郎官分五夜誰呵，呵夜行者誰也。'"《史記·陳涉世家》也載有《過秦論》的這句話，《史記索隱》對"誰何"的解釋是："音呵，亦'何'字。猶今巡更問何誰。"《漢書·陳勝項籍傳》也有賈誼的這句話，顏師古的解釋是："問之為誰，又云何人，其義一也。"可以看到，前人對"誰何"的解釋不太一致。

二 “誰何”不必讀為“敦呵”

已故郭在貽先生認為，賈誼這句話的後半段不大好懂，主要是由於“誰何”一詞比較難解釋。郭先生參考了段玉裁的說法，覺得“誰”當讀為“敦”，“何”當讀為“呵”；“敦”有“責問”的意思，“呵”有“呵責”的意思。如此，“誰何”便有了“盤詰呵察”的意思（郭在貽 2005：8）。我們覺得，段玉裁的說法兩字均改讀，拘泥所謂“本字”太甚；郭在貽先生最終的釋義大致不錯，但說法略嫌迂曲。

案《說文解字》：“敦，怒也，詆也，一曰誰何也。”許慎以“誰何”解釋“敦”，說明“敦”本身就有“誰何”之義，不存在“誰讀為敦”的問題。段玉裁的《說文解字注》中認為，“敦”字本義訓為責問，同“誰何”一樣“皆責問之意”。

再看“誰”“何”二字。《說文解字》：“誰，何也。”“何，儋也，一曰誰也。”許慎用“誰”“何”互訓，說明兩者是同義詞。在“何”字下，段注認為：“誰、何、孰三字皆問詞。按今義何者，辭也，問也。今義行而古義廢矣。亦借為呵。”也就是說，段玉裁認為“誰”和“何”都是疑問詞，只是在有些時候，“何”也可以假借為“呵”。“誰”單獨作為疑問詞使用的例子很多，如《詩經·桑柔》：“誰生厲階，至今為梗。”“何”也可以作為疑問詞使用，如《說苑·貴德》：“管仲曰：今與幾何人來？對曰：臣與三人俱。仲曰：是何也？對曰：其一人父死無以葬，我為葬之；一人……”然而更多的時候，一般使用“何人”表示疑問，如《漢書·雋不疑傳》：“廷尉驗治何人，竟得奸詐。”顏師古注曰：“凡不知姓名及所從來者，皆曰何人。”雖然“誰”“何”可以單獨作為疑問詞使用，但《過秦論》中的“誰何”已經詞彙化了，固化成了一個詞，表示“喝問、盤查”的意思，只是不必讀為“敦呵”。

三　“誰何”作為動詞，表示“喝問、盤查”

據筆者所見，“誰何”一詞作為“喝問、盤查”的意思，最早出現於《六韜》。《六韜·虎韜·金鼓》中說：“凡三軍，以戒為固，以怠為敗，令我壘上，誰何不絕。”通常，《六韜》有四種成書說：春秋說、戰國說、秦代說、秦漢之際說。孔德騏（1987：6）認為戰國後期說比較合適。無論怎麼說，漢代已經普遍使用“誰何”一詞了。除了賈誼《過秦論》中的例子之外，還有其他一些例子。例如，《史記·衛綰傳》：“景帝立，歲餘不誰何綰，綰日以謹力。”《漢書·衛綰傳》作“歲餘不孰何綰”①。漢衛宏撰《漢舊儀》卷上：“皇帝起居儀宮司馬門內，百官案籍出入，營衛周廬，晝夜誰何。”（周天遊 1990：30，61）

“誰何”在漢代經常作為一個詞使用，這應該是在當時漢語語詞雙音化的趨勢影響下，同義連文構詞的一個具體體現。同義連文，亦稱複語。王引之《經義述聞》卷三二“通說：經傳平列二字上下同義”條云：“古人訓詁不避重複，往往有平列二字上下同義者，解者分為二義，反失其指。”古人為什麼不避重複呢？鮑善淳（1983：55）認為：“究其因，主要是為了增強語勢，或者使音節和諧。”我們在此必須指出，雖然“誰何”經常用作一個詞，但“誰”“何”二者有時也可以單獨使用表示“喝問、盤

① 《說文解字義證》“敦”字下引惠棟說“孰何當為敦何”。慶按，“孰”字不誤。于“孰何”一語，顏師古注為：“服虔曰：‘不問也。’李奇曰：‘孰，誰也。何，呵也。’師古曰：‘何即問也。不誰何者，猶言不借問耳。’”除《漢書·衛綰傳》之外，宋葉紹翁《四朝聞見錄》“秦檜待金使”條載：“又使人至庭，必欲上輿躬下殿受書，左右相顧，莫敢孰何。”

查”，《說文解字》“誰”字下段注即認為，“誰何”的意思也可以單用“誰”，也可以單用“何”。例如，《說文解字義證》引《易林·大過之泰》：“雞鳴犬吠，無敢誰者。”《漢書·賈誼傳》：“故其在大譴大何之域者，聞譴何①則白冠氂纓，盤水加劍，造請室而請辠耳。”顏師古注：“何，問也。”我們似乎可以說，“誰”“何”二詞經常用作疑問詞，這樣逐漸引申出“喝問”的意思，這是“誰何”固化成詞表示“喝問、盤查”的基礎。

漢代以後，“誰何”在文獻中時有出現。《國語·晉語八》“候遮扞衛不行”，三國韋昭注：“張羅鬮，去壘五十步而陳，周軍之前後左右，彉弩注矢以誰何。”《說文解字義證》引唐書崔光遠傳：“光遠乃募官攝府縣，誰何宮闕。”北宋吳處厚《青箱雜記》卷五（1985：48）：“公乃用西漢馬何羅觸瑟、馮媛當熊二事以狀其意，曰：在昔禁闈，誰何弛衛？觸瑟方警，當熊已厲。”南宋周去非《嶺外代答》卷一（2006：53）“欽廉溪峒都巡檢使”條載：“交人之至欽也，自其境永安州，朝發暮到。欽於港口置抵棹寨以誰何之，近境有木龍渡以節之。”南宋周密《齊東野語》（1997：122）使用“誰何”多處，卷七“洪君疇”條：“大宗丞趙崇嶓上時相謝方叔惠國書，略云：‘竊惟今日閹寺驕恣特甚。宰執不聞正救，台諫不敢誰何。’”又，同書卷九“李全”條：“因結群不逞為義兄弟，任俠狂暴，剽掠民財，黨與日盛，莫敢誰何，號為李三統轄。”卷十“洪景盧自矜”條：“洪景盧居翰苑

---

① “誰何”有時也寫作“譴何”或“譴呵”或“譴訶”。如，《後漢書·列女傳》載《女誡》：“侮夫不節，譴呵從之……譴呵既宣，何恩之有？”清王培荀《鄉園憶舊錄》（1993：362）卷六：“是時，甲士晝夜環守，裔周旋左右。饘粥不給，則行乞以供。祈于貴人之門，以膝代足，不避譴呵，眾皆義之。”胡適《去國集·自殺篇》（2006：141）有曰：“春秋誅賢者，我以此作歌。茹鯁久欲吐，未敢避譴訶。”錢基博《近百年湖南學風》（2004：9）也用到“譴何”一詞：“小臣毋畏譴何以媚大臣，毋大其爵秩乃並其神理骨幹而一例大之也。”

日……小步庭間，見老叟負暄花陰，誰何之。云：‘京師人也，累世為院吏，今八十餘，幼時及職元祐間諸學士，今予孫復為吏，故養老於此。’”卷十三“秦會之收諸將兵柄”條：“諸公今不過欲帶行一職事，足以誰何士大夫者，朝廷不靳也。”金劉祁《歸潛志》卷十一云：“四月二十日，使者發三教醫匠人等出城，北兵縱入，大掠。立時在城外營中，兵先入立家，取其妻室，寶玉輦以出。立歸，大慟，亦不敢誰何。”萬曆四十二年（1614年）12月，兩廣總督張鳴岡疏奏：“粵東之有澳夷，猶疽之在背也。澳之有倭奴，猶虎之付翼也。萬曆三十三年，和築牆垣，官兵詰問，輒被倭坑殺，竟莫敢誰何。”（《明萬曆實錄》卷五二七，錄自陳樂民 2014：90）《三國演義》第十回中說：“李榷郭汜自戰敗西涼兵，諸侯莫敢誰何。”謝肇淛《五雜組》卷八：“世有勇足以奴三軍而威不行于房闥，智足以周六合而術不運於紅粉，俯首低眉，甘為之下，或含憤茹歎，莫可誰何，此非人生之一大不幸哉。”清末馬建忠《巴黎覆友人書》（1968：96）：“當回人之滅東羅馬也，辟疆展土，歐西為之重足而立，所來使臣，動加鞭笞而莫敢誰何；今則時窮勢迫……”嚴復的《論世變之亟》（1999：5）中說：“而不知徒塞一己之聰明以自欺，而常受他族之侵侮，而莫與誰何。”以上這些引文中的“誰何”都可以作“盤詰”“查問”解，進而可以表示“責問”“反詰”“反對”“爭鋒”“相抗衡”。值得指出的是，東漢以來，服虔等都對“誰（孰）何”作注，可見到東漢末，人們對“誰何”一詞就稍感隔膜了。《三國演義》成書於元末明初，此時“誰何”可能早已經不常用。人民文學出版社整理出版的《三國演義》中，編輯部對“莫敢誰何”的注釋是：“沒有人敢加過問。”（羅貫中 1996：50）需要略加修改。

四 “誰何”作為疑問代詞，表示“誰人、何人”

至此，“誰何”一詞徑直解釋作“喝問、盤查”的意思是沒有問題了，但這個意思是後起的，“誰何”最初應是疑問代詞，意為“誰人”的意思，相當於英語中的“who”“what person”。例如，《莊子·應帝王》：“吾與之虛而委蛇，不知其誰何。”《淮南子·本經》：“故聖人之治也……兼包海內，澤及後世，不知為之者誰何。”《史記·淮陰侯列傳》：“上曰：‘若所追者誰何?’曰：‘韓信也。’”清代俞蛟《夢廣雜著》用到“誰何”一詞：“傾之，身搖搖若臥籃輿，繼而飲之則飲，食之則食，亦莫辨誰何。”（歐明俊 2007：880）這里“誰何”是“誰人”的意思。清代王培荀（1783—1859）著《鄉園憶舊錄》共八卷，10 次用到“誰何”一詞，其中有 8 例表示“誰人、何人”的意思，有 2 例表示“喝問、盤查”的意思。其具體用例如下（王培荀 1993）：

三大憲亭上宴客，共相指目，問誰何，左右以新科解元對。（卷一，第 29 頁）

（王劭）好苦吟，作詩不求人知，每成一篇，點竄畢，團紙棄置，或付丙丁。不知誰何，檢其殘篇得二十餘首，錄之持示劉寄菴。（卷二，第 100 頁）

（孫星衍）公祖母孀居食貧，嘗以金三百藏僻處，瀕用檢之，不知誰何盜去，家益貧。（卷三，第 149 頁）

吳追奔諦聽，足亦離地，詢問誰何，從者曰：“泰山主碧霞元君也。”（卷六，第 316 頁）

黑龍大王究不知為誰何。（卷六，第 342 頁）

日已昏，排闥入拜榻下。眺妻方績，驚問誰何?（卷六，第 356 頁）

至期，主人偶聞有哀聲過門者，問誰何，閽懼獲罪，諉

為不知。(卷七，第 378 頁)

第墓久平，所有小墳不知後來誰何。(卷八，第 441 頁)

以上 8 例中，“誰何”都表示“誰人、何人”的意思；以下 2 例，在相對固定格式“莫敢誰何”“莫能誰何”中，“誰何”則表示“喝問、盤查”的意思。

李侍御按楚，鄂渚有大猾段世昌，稔惡萬端，而神謀四達，前臺使者莫能誰何。(卷一，第 35 頁)

周鼎，為某邑千總。忽大盜十二人白晝入城，劫庫銀疾馳去，莫敢誰何。(卷六，第 323 頁)

其實，“誰何”表示“誰人”的用法在近現代仍然經常使用。1903 年，吳昌碩為日本友人畫《墨梅》一幅，有題詩曰：“寶刀入手行當歌，謫仙少陵今誰何?”(楊琪 2008：140) 蔡元培先生 1919 年《致〈公言報〉函並答林琴南函》中有這樣一段話：“若謂大學教員曾于學校以外發表其‘鏟倫常’之主義乎? 則試問有誰何教員，曾於何書、何雜誌，為父子相夷、兄弟相鬩、夫婦無別、朋友不信之主張者? ……且公能指出誰何教員，曾於何書、何雜誌，述路粹或隨園之語，而表其極端贊成之意者? 且弟亦從不聞有誰何教員，崇拜李贄其人而願拾其唾餘者。”(蔡元培 1998) 錢基博先生著《近百年湖南學風》和《漢儒顯真理惑論》，都用到“誰何”一詞：“其時天下固瞢然莫知國父之為誰何。”“疑荀卿《易》學之所自出也，獨傳業誰何無考者。”(錢基博 2004：100、311) 啟功先生在跋歐陽詢書《皇甫君碑》時說：“總之，何氏好批點書帖，於是若干不知誰何之批本，亦俱屬之義門矣!”(啟功 2005：75) 唐振常先生在講到蔡元培先生時說：“蔡先生生前，多少年來，無論識與不識，提起他都稱為蔡先生而不名，聞者聞蔡先生而知為誰何，稱者知其人皆必知其所指。這是一個充滿了尊敬與熱愛的稱呼。”(唐振常 1984：313) 幾位先生所用的“誰何”都是“誰人、何人”或“who”的意思。

此外，“誰何”一詞表示“誰人、何人”的意思的時候也可以寫作“何誰”。例如，《史記・吳王濞傳》：“我已為東帝，尚何誰拜。”漢趙曄《吳越春秋》卷二：“王曰：‘其為何誰？子以言之。’子胥曰：‘姓要名離，臣昔嘗見曾折辱壯士椒丘訢也。’”又：“子胥聞之，愕然大驚曰：‘何等謂與語，公為何誰矣？’”

五　“誰何”由疑問代詞引申而成動詞的動因解釋

“誰何”從疑問代詞表示“誰人、何人”演變成動詞表示“喝問、盤查”的意思，這是很自然的事情。關卡盤查時，把守人員或士兵查問一個人的姓名是最自然不過的事情；夜晚執勤時，一旦聽到風吹草動，脫口而出的一句問話便可能是：“誰?!”漢胡廣《漢官解詁》“衛尉”下云：“衛尉主宮闕之內，……從昏至晨，分部行夜，夜有行者，輒前曰：‘誰！誰！’”在漢代，禁止夜行，宮廷衛士夜間巡邏時，遇到身份不明的人，便有了“誰？”這樣的喝問語。《漢書・五行志》有這樣一句話：“褒故公車大誰卒。”應劭注“大誰卒”曰：“在司馬殿門掌讙呵者也。”顏師古注曰：“大誰者，主問非常之人，云姓名是誰也[①]。而應氏乃以讙嘩為義，云大讙呵，不當厥理。後之學者輒改此書誰字為讙，違本文矣。大誰本以誰何稱，因用名官，有大誰長。今此卒者，長所領士卒也。”看來，由於巡邏士兵經常使用“誰？”這一喝問語，“誰”字便從疑問代詞產生了“喝問”的意思[②]，如

---

① 顧炎武《日知錄》卷三二“誰何”條認為顏師古“此解未當”。亭林先生認為，“誰”同“讙（音 wéi）”。

② 由問話中的名詞、代詞、形容詞等演變成動詞的例子很多。例如，《齊東野語》卷十九“蘭亭詩”條：“史載，獻之嘗與兄徽之、操之俱詣謝安，二兄多言，獻之寒溫而已。”“寒溫”是“問寒問暖”的意思。

揚雄《衛尉箴》有這樣的句子"闇樂矯搜，戟者不誰"[①]，"誰"就是"盤詰、查問"的意思。漢代及以後甚至用"誰"來名官，如"大誰長""大誰士"[②]"誰何卒"[③]等。可是，到東漢末時，有些人可能已經不大清楚"誰""誰何"的真正含義了，以至於需要服虔等出來作注和辯證。無獨有偶，不僅漢語中用"誰?"來表示喝問，英語中也是如此，"Who goes there?"也是哨兵喝問用語（陸谷孫 1998：2173）。

最後總結如下："誰何"最初為疑問代詞，表示"誰人、何人"的意思，後來詞彙化並發展出動詞義，表示"喝問、盤查"的意思，但不必像郭在貽先生所說那樣讀為"敦呵"。郭先生的說法可能源于惠棟（參見上文注釋）。從表示疑問的代詞引申成為表示"詰問"的動詞是很自然的事情，有認知上的合理解釋。另外，"誰何"一詞用作疑問代詞，相當於英語中的疑問代詞"who"，這一用法直到近現代仍然有人使用，用作此義時，可以寫作"何誰"。"誰何"還有幾個異文，又作"孰何""譙何"。

〔**主要參考文獻**〕

蔡元培. 致《公言報》函並答林琴南函. 中華活頁文選（成人版），1998（17）.

陳樂民. 歐洲與中國. 北京：生活·讀書·新知三聯書店，2014.

郭在貽. 訓詁學. 北京：中華書局，2005.

胡適. 自殺篇//去國集. 合肥：安徽教育出版社，2006.

孔德騏. 六韜淺說. 北京：解放軍出版社，1987.

陸谷孫. 英漢大詞典. 上海：上海譯文出版社，1998.

① 嚴可均校輯《全上古三代秦漢三國六朝文》（中華書局，1987 年，第 429 頁）作"戟者不推"，誤。

② 《宋書·禮志五》："大誰士皂科單衣，樊噲冠。"

③ 《說文解字義證》"誰"字下引《漢書》中有"誰何卒"。

羅貫中. 三國演義. 北京：人民文學出版社，1996.

馬建忠. 適可齋紀言紀行. 臺北：文海出版社，1968.

歐明俊. 明清名家小品精華. 合肥：安徽文藝出版社，2007.

鮑善淳. 古文中的“複語”. 學語文，1983 (1).

啟功. 啟功臨唐懷素草書“自敘帖”. 北京：北京師範大學出版社，2005.

錢基博. 近百年湖南學風. 北京：中國人民大學出版社，2004.

唐振常.《蔡元培先生紀念集》書後//蔡建國. 蔡元培先生紀念集. 北京：中華書局，1984.

王培荀. 鄉園憶舊錄. 济南：齊魯書社，1993.

吳處厚. 青箱雜記. 北京：中華書局，1985.

嚴復. 嚴復學術文化隨筆. 北京：中國青年出版社，1999.

楊琪. 中國美術鑒賞十六講. 北京：中華書局，2008.

周密. 齊東野語. 北京：中華書局，1997.

周去非. 嶺外代答校注. 楊武泉，校注. 北京：中華書局，2006.

周天遊. 漢官六種. 北京：中華書局，1990.

About the Exegeses of “*Shui-he*” (誰何)

Wang Qing

(School of Chinese Language and Literature, Beijing Normal University, Beijing, 100875)

Abstract: The exegeses about the word “*shui-he*” (誰何) are not in accordance. Professor Guo Zaiyi read the word as “*dun-he*” (敦呵). This was not a good interpretation. In Archaic Chinese, “*shui*” (誰) and “*he*” (何) were both interrogative pronouns, and they were usually used in juxtaposition. After a period of lexicalization, “*whui-he*” got the meaning of “inspection” in the period of War-Kingdoms, which was a natural meaning extension. Besides the extended meaning, “*shui-he*” could also mean “who” or “what person” as a disyllabic interrogative pronoun.

Key words: *shui-he* (誰何); *shu-he* (孰何); *he-shui* (何誰)

(王慶，北京師範大學文學院，郵編 100875)

“行李”考*

劉傳賓

内容摘要：《說文》：“李，果也。”“行李”一詞具有“使者”之義令人費解，多數學者從語音的角度進行研究，認為“行李”當讀為“行理”或“行吏（使）”等。本文認為“行李”一詞中的“李”當為“憝”字省寫而並非是“李”字，“行李”具有“使者”之義是詞義引申的結果。

關鍵詞：行李　通假　省寫

“行李”一詞出現得很早，先秦文獻中已見，例如：

行李之往來，共其乏困。（《左傳·僖公三十年》）

君有楚命，亦不使一介行李告於寡君。（《左傳·襄公八年》）

“行李”本當為“使者”之義①，上引《左傳·僖公三十年》文杜預注：“行李，使人。”後世文獻中亦多見可解作“使者”的“行李”，如《北史·賀蘭祥傳》：“既與梁通好，行李往來，公私贈遺，一無所受。”《晉書·列傳第四五》：“庾亮、溫嶠屯兵尋陽，時行李斷絕，莫知峻之虛實，咸恐賊強，未敢輕進。”

當“使者”講時，“行李”一詞在文獻中有多個異文，略舉

* 本文得到國家社科基金項目“郭店、上博古竹書字詞研究”（批准號：13CYY046）資助。

① 按：現在通行作“出行所帶的東西”講，此當為引申義，這一問題後文會有詳細說明。

如下：

一、行理。文獻中少見。《左傳·昭公十三年》：“行理之命，無月不至。”杜預注：“行理，使人通聘問者。”

二、行人[①]。文獻中多見。《春秋·襄公十一年》“楚人執鄭行人良霄”，《傳》曰：“書曰‘行人’，言使人也。”《國語·周語》：“王遂不賜，禮如行人。”孔晁云：“行人，使人也。”《管子·侈靡》：“行人可不有私。”尹知章注：“行人，使人也。”《左傳·襄公八年》：“知武子使行人子員對之曰：‘君有楚命，不使一介行李告於寡君。’”杜預注：“行李，行人也。”

三、行使。文獻中少見。《春秋·桓公十一年》：“宋人執鄭祭仲。”唐孔穎達疏：“行使被執，例稱行人，此當云執鄭行人。”[②]

四、行士。見於出土文獻，如《璽匯》0165“行士璽”、0166“行士之璽”。李家浩先生（1987：121）認為“士”“李”“理”三字音近古通，“行李”或“行理”疑皆是“行士”的異文。黃錫全先生（1991：221）認為，“行士”讀“行使”，行使、行李、行理等均是掌出使聘問、接待賓客之官，名稱雖異，其實是一回事。何琳儀（1998：624－625）認為：“楚璽‘行士’，讀‘行理’，官名。《禮記·雜記》下‘則里尹主之’，注‘里或為

① 按：《古璽彙編》0105號璽文為“行大夫”，李家浩先生（1987：121）認為“行大夫”也應該是“行人”之類的官。

② 按：《戰國策·魏策》記載：“齊王聞之，恐後天下得魏，以事屬犀首，犀首受齊事。魏王止其行使。燕、趙聞之，亦以事屬犀首。”部分學者認為此篇中的“行使”即是“使者”之義，如繆文遠在《戰國策新校注》中認為：“行使即行李，使臣通聘問者。”李家浩然先生認為此處“‘行使’可能用的是本義，不一定是‘行理’或‘行李’的異文”（李家浩1987：125）。我們認為這種意見是可信的，這裡的“行使”恐怕還是“出行、出使”之義，“使者”之義當由此引申而來。又黃丕烈《劄記》曰：“今本無‘使’字，鮑本無‘行’字，二字當複衍其一。”若此處果有衍字，則此篇不可作為“行使”為“使者”之義的例證。

士’，是其佐證。”

五、行。《管子·小匡》：“隰朋為行。”尹知章注：“行，謂行人也，所以通使諸侯。”《古璽彙編》3352號璽文“坓行”，“坓”為地名，又見於“十七年邢令戈”（《文物》1982年9期圖版伍），李學勤先生（1982：45—46）讀為“邢”，即今河北邢臺，戰國時屬趙，“邢行”當是趙國邢邑的行人。

此外，文獻中還有一些用例與上舉“行某”之語看似有關，實則有別，需要加以辨析：

一、行事。韓愈《送石處士序》：“宵則沐浴，戒行事，載書冊，問道所由，告行于常所來往。”注曰：“‘事’或作‘李’。”此處“行事”指的是“出行所帶的東西”，即現代通行的“行李”，但並非“使者”之義，故上文不單獨作為一條列出。

文獻當中還有一些“行事”看似一個詞，與“使者”有關，實則不然。例如《韓非子·說林上》：“秦武子令甘茂擇所欲為於僕與行事。孟卯曰：‘公不如為僕。公所長者，使也。公雖為僕，王猶使之於公也。公佩僕璽而為行事，是兼官也。’”若將“行事”看作“行李”的異文解作“使者”是可以講得通的，第一處“行事”與“僕”對應，第二處“行事”作“為”的賓語。李家浩先生（1987：125）認為此處“行事”當為“行使”，用的是本義而非“使者”之義。俞樾（1954：420—421）早已指出：此處“事字衍文也，下文曰：‘公佩僕璽而為行事’，是僕與行為官名，言佩僕之璽而為行之事也。讀者誤以行事連讀，遂于此文亦增事字矣”。我們認為這種意見是可取的，此處“行事”當為“行”“事”兩個詞，其中“行”即為“使者”之義，上文已言明。類似例子再如《孟子·公孫丑下》：“孟子為卿于齊，出吊于滕，王使齊大夫王驩為輔行，王驩朝暮見，反齊滕之路，未嘗與之言行事也。”朱熹集注：“行事，使事也。”

二、一介之使。《戰國策·秦策五》：“大王無一介之使以存之，臣恐其皆有怨心。"《史記·廉頗藺相如列傳》："且秦強而趙弱，大王遣一介之使至趙，趙立奉璧來。"《三國志·蜀志·費詩傳》："僕一介之使，銜命之人。"蘇軾《策略二》："今者二虜，不折一矢，不遺一鏃，走一介之使，驅數乘之傳。""一介之使"可與《左傳·襄公八年》"一介行李"[①] 相互比對，二者表達的意思相同，前者當由後者演變而來，朱起鳳《辭通》（1934：1201）將"之使"列於"行李"條下。這種做法並不科學，"行李"與"使"是相對應的，而"之"當為助詞（劉德輝 2005：67）。

下面我們來討論一下"行李"及其異文之間的相互關係。"行"為象形字，本義為道路[②]，引申為出行（使）或出行（使）的人，故可作"使者"講。"行某"皆為合成詞，而並非連綿詞[③]。"行人"即"出使的人"（使人）[④]。"行使"作"使者"講，見於《春秋·桓公十一年》孔穎達疏，這一義項當從"出使"之義引申而來，出現時間較晚。"理"可當官吏講，多指獄官，如《管子·小匡》："弦子旗為理。"尹知章注："理，獄官

① 按："一介行李"還見於其他文獻，例如《宋使·列傳第一百八十四》："兵交二年，無一介行李之事，乃挈數百年宗社而降。"《元史·列傳第十四》："我是以有六載襄樊之討，彼居然無一介行李之來。"《新元史·本紀第九》："至如留此一介行李，于此何損，在彼何益？"《南村輟耕錄·卷二十五》："備未嘗使一介行李詣行在所。"

② 按：如《詩·豳風·七月》："遵彼微行。"《說文》曰："行，人之步趨也。"此說有誤，裘錫圭先生（2013：140－141）已指出其非。

③ 按：趙克勤先生（1992：41）曾指出"行李""行理"為合成詞，同理，"行人""行使""行士"亦當如此。

④ 按：學者一般將"行人"與《周禮·秋官》中"大行人""小行人"聯繫起來。關於二者的職責，《左傳·襄公四年》孔穎達正義曰："《周禮》，大行人'掌大賓之禮，大客之儀'。小行人'掌使適四方，協賓客之禮'。"也就是說"行人"之官不僅"掌使適四方"（使人），還要"掌賓客之禮"。《國語·魯語》："晉侯使行人問焉。"韋昭注："行人，官名，掌賓客之禮。"

也。”《玉篇・玉部》：“理，治獄官也。”也可用來指使官，如《國語・周語》：“行理以節逆之。”韋昭注：“理，吏也……行理，小行人也。”《廣雅・釋言》：“理，媒也。”屈原《離騷》：“吾令蹇修以為理。”蔣驥注：“理，媒使也。”如此，則“行理”即“出行在外的官吏，亦即使者”（趙克勤 1992：41）。“士”可當士官講，與“理”關係密切。如《尚書・舜典》：“汝作士。”孔安國傳“士，理官也。”《國語・晉語》：“生子輿為理。”韋昭注：“理，士官。”《春秋左傳異文釋》卷三：“僖廿八年傳：‘士榮為大士。’小司寇職注引作大理。”“士”也可用來指士使，如《周禮・夏官・司士》：“作士適四方使。”鄭玄注：“士使，謂自以王命使也。”故“行士”與“行理”一樣，也可用來指使者。

從上文的討論可以看出，“行”“行人”“行使”“行理”“行士”這些詞語當“使者”講，皆有內在意義上的聯繫。《說文》：“李，果也。”為何“行李”可當“使者”講，讓人費解。古今論者多從語音上尋找聯繫，歸納起來大概可以分為兩種情況：

一、認為“李”假借為“理”，“行李”即“行理”。文獻中“李”每作“獄官”講，與“理”同。如《管子・大匡》“國子為李”，尹知章注：“李，獄官也。”《管子・法法》“臯陶為李”，尹知章注：“李，古治獄之官，作此李官。”《史記・天官書》“左角李”，司馬貞索隱：“李即理，理，法官也。”王念孫《廣雅疏證》卷第四下：“‘理’與‘李’通。”郝懿行《證俗文》卷六：“古者行人謂之‘行李’，本當作‘行理’，理，治也。作‘李’者，古字假借通用。”關於“行李”與其異文之間的相互關係，《左傳・僖公三十年》孔穎達疏曰：“兩字（按：即李、理）通用，本多作‘理’，訓之為‘吏’，故為‘行人’‘使人’也。”趙克勤先生（1992：41）進一步總結說：“‘行理’與‘行人’是同義關係，‘行理’與‘行李’是通用關係。”

二、認為“李”“理”皆為假借字，其本字當為“吏（使）”[①]。“李”“吏（使）”相通，如老子本為柱下史，即柱下吏，“吏”假“李”為之，所以老子姓李，實為官稱（陸宗達，王寧 1994：298）。“理”“吏（使）”之例前文已有論及，此不贅述[②]。朱駿聲《說文通訓定聲》：“李假借為理，實為吏。”章炳麟《官制索隱》：“行人之官，某名曰使，亦或借理為之，《周語》云‘行理以節逆之’是也。亦或借李為之，《左氏》云‘行李之往來’是也。”又《國學講演錄·小學略說》：“理即行理之理，使也。”陸宗達、王寧先生（1994：298）認為“吏（史、使）”在古籍中常借“李”或“理”為之，“《左傳》的‘行李’即是‘行使’，也就是外交使節”。

從已有的研究來看，“李”“理”“吏（史、使）”等字[③]在語音上的確存在密切的聯繫。上古音諸字韻部相同，皆為之部；聲母有異，史、使為心母（陳復華，何九盈 1987：135），李、理、吏為來母。但是前指王寧先生意見已指出史、吏、使為一字分化，而且使从吏聲，吏从史聲，所以三字讀音本應該相當密切。何九盈先生在《商代複輔音聲母》（2002：7）一文中認為“史、

---

① 按：陸宗達、王甯先生（1994：297—298）指出：“古‘史’、‘吏’、‘事’、‘使’為一字”，“‘吏’訓‘治人者’，是‘史’義的分化，出使的官也叫‘吏’，後寫作‘使’”。

② 按：《新書·大政下》：“吏之為言理也。”《漢書·王莽傳下》：“夫吏者，理也。”《漢書·百官公卿表上》“是為長吏”，顏師古注：“吏，理也。”學者將此類作為“吏”“理”相通的例子恐怕並不科學，這裡所謂的“理”，當訓為“治”而並非“官吏”。如《說文》：“吏，治人者也。”《左傳·襄公二十五年》“自六正，五吏，三十帥”，孔穎達疏：“吏者，治也。”《藝文類聚·刑法部·刑法》引《風俗通》：“夫吏者，治也。”

③ 按：“士”與“李”“理”“吏（使）”等字相通之例，除前引李家浩等先生意見外，前人也多有論及。如《劄迻·韓非子某氏注·外儲說右上第三十四》：“士、理字通。”《劄迻·鶡冠子陸佃注·王鈇第九》“不待士史”，注云“士，李官也”，孫詒讓按曰：“士與李通。”朱駿聲《說文通訓定聲》：“士，假借為吏。”

使、吏同源，其聲母為＊sr—”（1985：14—15）；後又在《＊sr—新證》（2007：558—559）一文中“考證‘史’、‘李’同音，並推斷其s、l分化之前的早期（殷商時代）形式為複聲母＊sr—”。何先生的意見為諸字相通掃除了最後的障礙。但若僅以語音來論定“行李”及其異文之間的關係恐怕也並不能令人信服。上文已言明，除“行李”外，其他異文之間皆存在意義上的聯繫，這不能不能讓我們懷疑或許“行李”本身就具有“使者”之義。從《說文》記載來看，“李”字意義又與“使者”相差甚遠。既然從音、義兩方面都無法對“行李”做出很好的解釋，或許我們應該從字形上尋找線索。唐人李匡文《資暇集》卷上（1998：1—2）“行李”條認為“李”為“使”形近誤字：

> 李字除果名、地名、人姓之外，更無別訓義也。《左傳》“行李之往來”，杜不研窮意理，遂注云：“行李，使人也。”遂俾今見遠行結束次第，謂之“行李”，而不悟是“行使”爾。按舊文“使”字作“峑”，傳寫之誤，誤作“李”焉（原注：舊文“使”字，“山”下“人”，“人”下“子”）。

宋人袁文（1985：14—15）認為此說“其理為甚當”。後人多反對這一意見而維護語音通假之說，如宋人王觀國（1988：20）批評說：“《左氏傳》或言行李，或言行理，皆謂行使也。但文其言謂之行李，又謂之行理耳。以此知非改古文峑字為李也。”宋人姚寬在《西溪叢語》（1997：57）中有幾乎同樣的論述，並進而認為“李作使音”①。朱起鳳（1980：225）贊同李匡文的意見，認為“古使字作峑，形與李似。而李②古又作豊，事字古又作叓。

① 按：原文曰：“或言理，或言李，皆謂行使也。但文其言謂之行李，亦作理耳，以此知其非改古文為峑也。古文字多矣，李濟翁不言峑字出何書，未可遽爾泛舉而改作也。”

② 按：此處表述有誤，“李”字當改為“使”字。

沿流討源，行李也，行理也，行事也，並即行使之通假也”[1]。但從其表述來看，最終還是從語音的角度來解釋“行李”及其異文之間的關係。

客觀地說，李匡文的意見是有其合理之處的。“使”字古文“㝊”“㕜”見於傳抄古文，前者與戰國文字中“李”字部分形體十分相近（前兩例）：

李瘣壺

陶匯 9.54

璽匯 2475

從理論上說，二者存在訛誤的可能性。但仔細研究，這種觀點恐怕並不正確，除了上引王觀國的意見外，還有如下幾點原因。一、前文已述，先秦文獻中“行使”多為“出行、出使”之義，“使者”之義似是較晚才出現的。二、使、李因形近相混的情況並無其他用例佐證。三、使、李二字古文形體雖相近，但卻有不同的來源，“李”字上从木下从子，上舉“李”字兩種古文字形體上所从當為“木”省（如上舉《璽匯》2475號），類似的情況在古文字中多見，如：

包山简 40　　包山简 7

而“使”字古文“㝊”卻是“㕜”形的訛變（徐在國 2002：173)。“㕜”本為“事”字，陸宗達、王寧先生（1994：297）指出“事”“使”為一字分化，李家浩先生（1987：125）指出

[1] 按：類似表述又見氏著《辭通》（1934：1201）：“李、使兩字古文同形，故書傳多假借用之。”

“‘使’字在古文字中寫作‘事’”，故“[illegible]”亦可為“使”字①。以傳抄古文為例，“[illegible]”訛變為“[illegible]”的過程大致如下②：

“[illegible]”字上所從“[illegible]”形當爲“㞢”形的訛寫，下所從“子”字當是誤將“[illegible]”“[illegible]”連寫在一起所致。

從字形的角度來研究“行李”，方向是正確的，但是“李”字並非是“使”字的訛寫，而是有比較複雜的來源。出土文獻中有“孷”字，共計 60 例左右，主要有下面兩種寫法：

包山簡 133

包山簡 40

學者多徑將此字釋爲“李”，主要原因是：一、“孷”字從子來③聲，上古音“李”“來”皆來母之部字；二、從辭例來看，“孷”字用法與“李”字同，如該字有超過 30 例用作姓氏“李”，有超過 20 例用作“治獄之官”（即“理”，學者多認爲是借“李”爲之），美國賽克勒美術館藏楚帛殘片“□桓（樹）桑、桃、李”一句中的“李”字正作此形（李零 1999：148－149）。“孷”字可用爲“李”並不代表該字就是“李”字，古文字材料中形、義的對應關係是比較複雜的（陳斯鵬 2011）。將“孷”字直接釋爲“李”看似合理，其實是有問題的。

---

① 按：徐在國先生（2002：173）認為“使”字寫作“[illegible]”，當是假“事”為“使”。既然“事”“使”為一字分化，似乎不宜以通假來論定二者的關係。

② 按：下列“使”字形體均選自徐在國先生《傳抄古文字編》788～789 頁（綫裝書局，2006 年）。

③ 按：“[illegible]”形當爲“來”之省，如“[illegible]”古文字寫作“[illegible]”，亦有省寫作“[illegible]”。

"李"字當即"釐"字省寫，我曾在《"李"字補論（節選）》（劉傳賓 2014：296—302）① 一文做過詳細論证。"釐"字甲骨文寫作"𢼊""𢼏"等形：

合 29578

合補 8734

左上所从本當為"來"，義為"麥"，後世訛寫為"未"（商承祚 1933：39）。"釐"字"甲骨文从人負來（麥之初文），一手扶之；另有一手攴擊麥而取之。獲麥所以足食，引申自有'福'義，後世作'釐'"（季旭昇 2010：248）。

金文"釐"字或與甲骨同形，或从"里""子"繁化②：

師酉簋

秦公鎛

叔向父禹簋

者瀘鐘

"釐"字與"秦公鎛"形體近同，其左上從"未"形當由此類形體訛變而來。在金文中，"釐"字有多種用法：或義為"福"，如"繁釐""多釐"；又引申出"賞賜""賜予"之義，如辛鼎"多友釐辛"、多友簋"釐女"。

戰國文字"釐"字省掉了"攴"旁、"人"旁，寫作"李"或"𨤾"③，其形體演變過程大體如下④：

---

① 按：原文篇幅較長，限於《古文字研究》第三十輯編定體例，故遵從審稿專家意見做了删節。

② 按："釐"字金文異體眾多，為行文省便，不一一列出，詳參拙文《"李"字補論（節選）》。

③ 按："𨤾"字見於郭店簡，整理者（荊門市博物館 1998：126）釋為"釐"，可信。

④ 按：所列文字演變過程只是大體上説明各種文字形體出現的先後關係，並不代表各字形所在器物年代的先後。

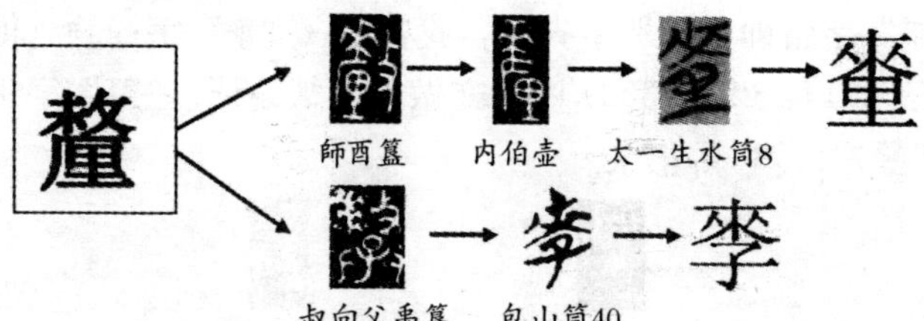

“釐”字左上所從“來”旁，又可訛寫爲“木”，甲骨、金文皆有其例：

所以，从“子”的“釐”字又可進一步省寫為“李”形，特別是上列牆盤之字，省掉“攴”旁、“人”旁後，正作“李”形。“釐”字省寫為“李”形，便和《說文》義為“果”的“李”字同形了。從理論上說，二者可能存在兩種關係：一是二者本是不同的兩個字，只因形體演變而同形罷了；二是二者同出一源，即“李”字本借“釐”字為之，後來分化為兩個不同的字。上文已言，美國賽克勒美術館藏楚帛殘片中的“李”字正作“𢻱”，因此，後者可能性更大。

從文字形體演變的角度來說，既然“釐”字省寫後的形體與“李”字同形，那麼我們有理由懷疑“行李”一詞中的“李”或本為“釐”字，而並非是“李”字。“行李（釐）”為何可作“使者”講？“釐”有“治”義，如《尚書·堯典》“允釐百工，庶績咸熙”，孔安國傳：“釐，治也。”這種意義當由“釐”字甲骨文“以手擊麥”引申而來，進而引申出“治理的人”，再引申出“治獄之官”，這符合詞義發展的歷史規律。所以，在出土文獻中，“釐”字用作治獄之官，並非假借為“理”，而是詞義引申的結果。而且李守奎先生（2001：73－74）已指出“‘理’是個出現很晚的字”，或許是從“𤔲”字中分化出來的專門表示“治玉”之義。當“理”字分化成一個獨立的字後，與“治”相關的一些義項便不再由“𤔲”字承擔了①。這樣看來，所謂“行李”亦即是“行理”，二者本為同一個詞，屬於“一詞多形”現象（裘錫圭 2013：244－264），“行李”具有“使者”之義也就很好理解了。

此外，用作姓氏的“李”看作“𤔲”字的省寫也是有道理的。典籍記載“李氏”起源於理官，《通志·氏族略·以官為氏》“理氏”下曰：“咎繇為堯理官，子孫遂為理氏，商末有理徵，改姓李。”“李氏”下曰：“皋陶字庭堅，為堯大理，因官命族為理氏，夏商之季有理徵……”在出土文獻中，“理官”多寫作“𤔲”，“李氏”或本為“𤔲氏”。用作姓氏的“李”，目前已知最早的寫法可追溯到戰國時期的“李”“李”等形體，戰國之前的寫法就不得而知了。但是“李氏”起源很早，並非戰國才出現。確定了姓氏“李”為“𤔲”字省寫，也就找到了“李氏”更早的文字表達形式，這為探討“李氏”起源問題提供了重要證據②。

〔主要參考文獻〕

陳復華，何九盈．古韻通曉．北京：中國社會科學出版社，1987．

陳斯鵬．楚系簡帛中字形與音義關係研究．北京：中國社會科學出版社，2011．

何九盈．＊sr－新證．中國語文，2007（6）．

何九盈．商代複輔音聲母∥音韻叢稿．北京：商務印書館，2002．

---

① 按：《說文》曰：“理，治玉也。”關於“理”字表示獄官之義，其詞義引申的過程，學者一般認為是由“治玉”引申出“治理”，再進一步引申出“治理的人”（趙克勤 1994：92）。既然“理”字出現得較晚，那麼這一引申過程恐怕並不符合實際。

② 按：關於“李氏”起源問題，詳見拙文《“李氏”起源考論》，待刊。

何琳儀. 戰國古文字典：戰國文字聲系. 北京：中華書局，1998.

黄錫全. 古文字中所見楚官府官名輯證//文物研究：第七輯，合肥：黄山書社，1991.

季旭昇. 說文新證. 福州：福建人民出版社，2010.

荊門市博物館. 郭店楚墓竹簡. 北京：文物出版社，1998.

李家浩. 楚國官璽考釋（兩篇）. 語言研究，1987（1）.

李匡文. 資暇集：卷上. 瀋陽：遼寧教育出版社，1998.

李零. 讀《楚系簡帛文字編//出土文獻研究：第五集. 北京：文物出版社，1999.

李守奎. 先秦文獻中的“李”字與李氏. 煙臺師範學院學報（哲學社會科學版），2001（2）.

李學勤. 北京揀選青銅器的幾件珍品. 文物，1982（9）.

劉傳賓. “李”字補論（節選）//古文字研究：第三十輯. 北京：中華書局，2014.

劉德輝. “一介之使”辨. 古漢語研究，2005（2）.

陸宗達，王寧. 論“行李”即“行使”//訓詁與訓詁學. 太原：山西教育出版社，1994.

裘錫圭. 文字學概要：修訂本. 北京：商務印書館，2013.

商承祚. 殷契佚存. 南京：金陵大學中國文化研究所，1933.

王觀國. 學林：卷一. 北京：中華書局，1988.

徐在國. 隸定古文疏證. 合肥：安徽大學出版社，2002.

徐莊國. 傳抄古文字編. 北京：綫裝書局，2006.

姚寬. 西溪叢語. 北京：中華書局，1997.

俞樾. 諸子平議. 北京：中華書局，1954.

袁文. 甕牖閑評. 上海：上海古籍出版社，1985.

趙克勤. 古代漢語詞彙學. 北京：商務印書館，1994.

趙克勤. 行李. 語文建設，1992（6）.

朱起鳳. 辭通. 上海：開明書店，1934.

朱起鳳. 古歡齋雜識//辭書研究：第3輯. 上海：上海辭書出版社，1980.

Textual Research about "*Xingli* (行李)"

Liu Chuanbin
(Department of Chinese Language and Literature,
Tianjin Normal University, Tianjin, 300387)

Abstract: The word "*li* (李)" means fruit in *Shuowenjiezi*. So it is difficult to understand that "*xingli* (行李)" means envoy. Most scholars deem that it is because of the interchangeability between "*xingli* (行李)" and "*xingli* (行理)", "*xingli* (行吏)" and "*xingli* (行使)" from the perspective of phonetics. This paper deems that the word "li (李)" is the simplified writing of "li (釐)", and the meaning of envoy is the extension of "*li* (李)".

Key words: *xingli* (行李); interchangeability of words or characters; the simplified writing

(劉傳賓，天津師範大學文學院，郵編 300387)

《明僧弘秀集》疑難字考[①]

溫志權　詹緒左

内容摘要：《明僧弘秀集》是一部專門收錄明代僧人詩歌的總集，也是迄今所見收錄明代僧詩最多的著作。該書為毛晉刊刻。本文對書中幾則疑難字加以考辨。

關鍵詞：《明僧弘秀集》　疑難字　考辨

《明僧弘秀集》是一部專門收錄明代僧人詩歌的總集，共輯錄洪武元年（1368）至正德十六年（1521）間 197 位僧人的 1700 餘首詩作，是迄今所見收錄明代僧詩最多的著作。該書為毛晉（1599—1659）刊刻。毛晉所刻圖書選本稀見，繕寫精良，雕鐫細工，又多經精校，故後人極為珍視，以“毛鈔”譽之。該書中有些字大型字典、俗字典未收，很可寶貴。下面揭舉幾則，略加考辨。

椬

驚風著露艸，椬螢光不定。新新感時物，金氣颯已應。（卷二夢觀五言詩《秋夕病中》）

① 本文為 2014 年度教育部人文社會科學重點研究基地重大項目“禪宗文獻語辭彙釋”（14JJD740001）階段性成果。

“⿰木卤”，書中 1 例，他處未見，大型字典、俗字典也未見收載。據詩意，“⿰木卤”當是“栖”的異體字。首先，從偏旁上看，“⿰木卤”所從之“卤”乃“西”之異構。《說文解字》“西”字條：“西，鳥在巢上。象形。日在西方而鳥棲，故因以為東西之西。凡西之屬皆從西。棲，西或從木妻。卥，古文西。卤，籀文西。”可見，“卤”即“西”之籀文“卤”、古文“卥”的楷化形式，儘管其筆畫上略有訛變。可資比勘的還有“栗”。“栗”，異構作“⿱卤木”（見《中國書法大字典·木部》《中華字海·木部》等），上面的“西”正作“卤”形。“卤”“木”組合成“⿱卤木”，猶“卤”“木”可組構成“⿰木卤”。再來看異文。上引詩句又見於《列朝詩集》閏集卷二、《明詩綜》卷八十九、《石倉歷代詩選》卷三百六十六《明詩初集》卷八十六，此字均錄作“棲”，而“栖” “棲”乃異構字。

⿰氵琅⿰氵琅

追憶晦岩天目事，篝燈清夜淚⿰氵琅⿰氵琅。（卷二眞嬾七言詩《七哀》）

“⿰氵琅”，書中 1 例，他處未見，大型字典、俗字典均未收錄。據詩意，“淚⿰氵琅⿰氵琅”猶言“淚浪浪”。“浪浪”，上古已見，常用以形容淚流之貌。《楚辭·離騷》：“攬茹蕙以掩涕兮，霑余襟之浪浪。”王逸注：“浪浪，流貌也。”洪興祖補注：“浪音郎。”“淚浪浪”也習見。唐盧照鄰《悲夫》詩：“終不得側身長望兮淚浪浪，遙兮遠山谷縈廻兮。”杜甫《壯遊》詩：“每趨吳太伯，撫事淚浪浪。”黄滔《寄同年李侍郎龜正》詩：“石門南面淚浪浪，自此東西失帝鄉。”均其例。宋代以後，表淚流之貌的“浪浪”又可寫作“琅琅”。如明王錫爵《王文肅公文集》卷十二《祭劉和宇文》：“方憂心衝衝，墮淚琅琅，天道福謙，尚不可量。”清丁宿章《湖北詩徵傳略》卷三十三《節子壽先生自撰家傳》："秋風永隔，腹痛曷勝！輯信甫詩，益不禁感舊傷逝老淚之琅琅。"這種用法，大型語文辭書未收。"淚琅琅"也屢見用例。如宋黄榦《勉齋集》卷三十七《代祭林黄中侍郎》："何一老之不遺，淚琅琅而沾巾。"明王世貞《弇州山人四部續稿》卷一百八十二文部《張生》："吾輩能無媿生耶？足下證及，令人淚琅琅不自禁。"清李雯《蓼齋集》卷一《琵琶賦》："風瀏瀏而入指，淚琅琅而沾衣。"在此基礎上，因受到"淚"字的類化，於是便有了"淚浪浪"的寫法。質言之，"淚浪浪"實即"淚琅琅"的繁化形式，"浪"正是"琅"的增旁俗字。

捒

當至元初，南北甫定，而荒檄之氓，或猶負固梗化，公悉推誠招捒而撫綏之。（卷三見心七言詩《遊大慈山留題》後記）

"捒"字，書中1例，大型字典、俗字典均未收。據文意，此字應即"來"或"徠"的異構俗寫字。"來"和"徠"本是古今字，"招來"義同"招徠"。《史記·孝武本紀》："乃作通天臺，置祠具其下，將招來神僊之屬。"《漢書·公孫弘傳》："〔陛下〕招徠四方之士，任賢序位，量能授官，將以厲百姓勸賢材也。""後記"中的"招捒"，義即"招來"或"招徠"，三者同詞異寫。之所以寫作"捒"，顯然是涉上"招"字而產生的類化字。因此，相對於"招來"的"來"字而言，"捒"就是一個增旁的俗字；而相對於"招徠"的"徠"字而論，"捒"又可以說是改換表意偏旁而出現的俗寫體。

䚯

我愛山幽逸，平生酷愛山。言登那畏險，飽䚯不知還。(卷五古庭五言詩《山趣吟三首》之三)

“䚯”，書中1例，《康熙字典·酉集上·見部》(增訂版)：“䚯，未詳。”《漢語大字典》、俗字典均未收載。據詩意，此字當即“翫”字。“飽䚯(翫)”即“畅意赏玩”的意思，古代典籍中習見。如宋黄昇《中興以來絶妙詞選》卷九宋劉静甫《念奴嬌·武夷詠梅》：“愛此溪山供秀潤，飽翫洞天風月。萬石叢中，百花頭上，誰與争高潔?”宋陳造《江湖長翁集》卷五《贈廣教主人》：“似聞今參寥，近在西林住。擬掇茗果供，飽玩玉雪句。”明李濂《嵩渚文集》卷二十五《贈前河李生》：“間登草閣聽濤罷，飽翫南華秋水篇。”均其例。該詞《漢語大詞典》《漢語大詞典訂補》未收。“翫”之寫作“䚯”，禪籍中也有用例。《聯燈會要》卷六《湖南長沙景岑禪師》：“師與仰山翫月次，仰云：‘人人盡有這箇，只是用不得。’師云：‘恰是。倩儞用去。’仰云：‘儞作麼生用?’被師攔胸一踏踏倒。山起來云：‘儞直下似箇大蟲。’”此則公案禪籍中屢見揭引，其中《御選歷代禪師語錄》後集上《長沙景岑禪師》《五燈全書》卷七《湖南長沙景岑招賢禪師》章錄作“仰山玩月”，《雨山和尚語錄》卷一五錄作“仰山䚯月”，對比可知，“䚯”就是“翫(玩)”。那麼，“翫(玩)”何以會寫成“䚯”字呢？一種可能是：將原有的形聲結構“翫(玩)”改為會意字，所謂“習見”為“䚯”。還有一種可能，《說文解字》：“翫，習猒也。”又：“玩，弄也。从玉元聲。”二字本不同義，但常可通用，而“玩”又有“貦”的寫法，《說文解字》：“貦，玩或从貝。”“貝”與“見”形近，“翫”遂訛寫成了“䚯”。當然也有可能是因“元”“見”形近而致誤，行草書尤然。

趨

囦靈驚趨罔象走，一片青天落星斗。（卷九古春七言古詩《雹珠泉爲劉丹厓作》）

“趨”，書中1例，他處未見，大型字典、俗字典未收。據詩意，此字應即“逃”字之異構。看句意，“趨”與“走”乃變文而義同，謂囦（淵）靈、罔象因驚慌而逃走。再來看異文，“驚趨”，《四朝詩》《明詩》卷四十九“七言古詩十四”亦如此作，《古今禪藻集》卷二十錄作“驚逃”，可見“趨”就是“逃”。但此形從何而來，值得研究。《說文解字·辵部》：“䢂，亡也。从辵兆聲。”後世楷化作“逃”。“辶”隸變之後，或為“辶”，或為“走”。“趒”為“逃”之異體（《漢語大字典》3715頁），即其證。“兆”屬澄母宵韻上聲字，“匋”是定母豪韻，二者都是效攝字，主母音相近。故部件常可相互替代。如“咷”之寫作“啕”“洮”之寫作趨“淘”，均其例。準此而論，“趨”字是一個由意符“走”加聲符“匋”組合而成的新的形聲字。

又，“驚趨”，《列朝詩集》閏集卷二錄作“驚趫”，“趫”應該是“趨”的形誤字。

亯

燒笋供茶碗，亯薇薦粥盃。欲留君共住，分石坐堆堆。（卷五恕中五言詩《謝靜中過訪》）

亯金不用陰陽炭，羅鳳何須天地籠。（卷五恕中七言詩《次韻答南堂法兄見寄》）

“亯”，書中2例，他處鮮見，大型字典、俗字典未見收錄。例1中的“亯薇”，《四朝詩》《明詩》六十六五言律詩十七亦如此作，《列朝詩集》閏集卷二、《石倉歷代詩選》卷二七六《元詩》四十六、《宋元詩會》卷一百中錄作“烹薇”。對讀可知，“⿱亯灬”即“烹”的異構字。“⿱亯灬薇”與“烹薇”乃同詞異寫。“⿱亯灬（烹）薇”指烹煮薇菜以佐粥羹。例 2 中“⿱亯灬（烹）金”謂冶金、煉金。“⿱亯灬”為“烹”之異寫，在明代書家的作品中也可以得到驗證。如《隸字編》收文徵明所書的“烹”以及《實用草書字彙》收陳淳所書之“烹”均作“⿱亯灬”之形（223 頁；384 頁）。而二者之所以同字，實源於二者本是同根生。《易・鼎》：“以木巽火，亨飪也。聖人亨以享上帝，而大亨以養聖賢。”陸德明釋文：“亨，本又作亯，同普庚反，煮也。”《隸字編》“烹”字條收元代書家趙子昂所書之“烹”即作“亯”。《正字通・亠部》：“亨與烹同。古惟亨字兼三義，加四點作烹。”由此可見，“亯”與“亨”本同字，“亯”加四點作“⿱亯灬”，猶“亨”加四點作“烹”。它們都是為了顯化“烹飪”之義而產生的區別字。“亯”字的這一用法，《漢語大字典》未收。

上揭疑難字，雖然大都有繁化的傾向，但具體成因不盡相同。或是因隸變而取用古形，如“栖”寫作“⿰木卤”；或是更換意符和聲符，如“逃”寫作“⿺走匋”；或是因類化而更換意符，如“徠”寫作“⿰扌來”；或是因類化而增加意符，如“琅琅”寫作“⿰氵琅⿰氵琅”；或是因顯化字義而增加意符，如“亯”寫作“⿱亯灬”；或是改原有的形聲結構為會意字，如“翫（玩）”之寫作“⿰習見”。

〔**主要參考文獻**〕

漢語大詞典編輯委員會. 漢語大詞典. 上海：漢語大詞典出版社，1986－1993.

洪鈞陶. 隸字編. 北京：文物出版社，2006.

黃征. 敦煌俗字典. 上海：上海教育出版社，2005.

藍吉富. 禪宗全書. 北京：北京圖書館出版社，2004.

冷玉龍，韋一心. 中華字海. 北京：中華書局，1994.

毛晉. 明僧弘秀集. 李玉栓，校點. 詹緒左，審定. 合肥：安徽師範大學出版社，2015.

毛遠明. 漢魏六朝碑刻異體字典. 北京：中華書局，2014.

毛遠明. 漢魏六朝碑刻異體字研究. 北京：商務印書館，2014.

秦公，劉大新. 廣碑別字. 北京：國際文化出版公司，1995.

上海書畫出版社. 實用草書字彙. 上海：上海書畫出版社，2005.

徐中舒. 漢語大字典. 武漢：湖北辭書出版社，1992.

許慎. 說文解字. 北京：中華書局，1963.

中國書法大字典. 香港中外出版社，1976.

Textual Explanations about Difficult Characters in *Poetry of the Ming Dynasty Monk Hongxiu*

Wen Zhiquan，Zhan Xuzuo

(College of Arts，Auhui Normal University，Wuhu，241003)

Abstract: Poetry of the Ming Dynasty Monk Hongxiu is a specialized collection of monk poetry of Ming Dynasty. It is by far the work that has collected the most of Ming Dynasty monk poems. The book was published by Mao Jin. This paper does a textual research of it.

Key words: *Poetry of the Ming Monk Hongxiu*；difficult characters；textual explanation

（溫志權、詹緒左，安徽師範大學文學院，郵編 241003）

《新修玉篇》疑難字例釋*

熊加全

内容摘要： 論文在對《新修玉篇》進行全面研究的基礎上，利用文字學、訓詁學、音韻學、校勘學及辭書學等知識，根據漢字俗寫變易規律，結合具體文獻用例，以形、音、義為線索，對《新修玉篇》所收 18 個疑難字進行了考辨。

關鍵詞：《新修玉篇》　疑難字　考釋

金人邢準的《新修纍音引證群籍玉篇》（本文簡稱《新修玉篇》）和金人韓道昭的《改併五音類聚四聲篇》（本文簡稱《篇海》）都是在金人王太的《類玉篇海》的基礎上各自獨立成書的，並為金代的兩部重要字書。它們收錄了《類玉篇海》所收的大量字形，成為今天我們考釋疑難俗字的重要參考資料。《新修玉篇》編纂與刊印都比較謹慎，加之流傳至今的又是與編者同時代的金刻本，後人無能篡改，因而錯訛較少。正因為《新修玉篇》在其成書不久後即湮沒無聞，在元明清的公私書目中亦鮮有著錄，學界對《新修玉篇》的研究成果不多，對其的利用也很不充分。本文在對《新修玉篇》進行全面研究的基礎上，以形、音、義為線

* 本文是國家社科基金重大招標項目“中國古代語文辭書註音釋義綜合研究”(項目編號：12&ZD184)、國家社科基金項目“《新修玉篇》整理與研究”（項目編號：14CYY055）及中國博士後科學基金面上資助項目“《字彙》整理與研究”（項目編號：2016M600629）研究成果之一。

索，根據漢字形體演變規律，對《新修玉篇》所收的18個疑難字進行了考釋。不當之處，敬請方家指正。

一　滘

《新修玉篇》卷十九《水部》引《餘文》："滘，莫報切。水漲也。"（168下右）

按：《篇海》同。《集韻》去聲號韻莫報切："滘，漲水。"（587）《字彙·水部》："滘，莫報切，音冒。水漲也。"（252下）《正字通·水部》："滘，莫報切，音冒。水漲。"（601下）"滘"當即"冒"字之俗。"冒"為"帽"字初文，本義指"帽子"，引申義可指水漲漫溢。《漢書·王商傳》："自古無道之國，水猶不冒城郭。"《水經注·河水》："河斷之日，水奮勢激，波淩冒堤。"以上例中"冒"字皆為"水漲而漫溢"之義。"冒"，《廣韻》音"莫報切"。"滘"與"冒"音義並同，"滘"當即"冒"之增旁俗字。

二　津

《新修玉篇》卷十九《水部》引《餘文》："津，子鄰切。潤澤也。"（168下右）

按：《集韻》平聲真韻資辛切："津，潤澤也。"（118）"津"當即"津（𣴎）"字之俗。《説文·水部》："津，渡口也。从水，𦘔聲。"（232下）"津（𣴎）"本義指渡口，引申義可指潤澤。《周禮·地官·大司徒》："二曰川澤……其民黑而津。"鄭玄注："津，潤也。"《管子·侈靡》："若苟虛期於月津，若出於一明，則可以虛矣。"尹知章注："津，明潤貌。""津"，《廣韻》音"將鄰切"。"津"，《説文》篆文作"𣴎"。"津"與"津（𣴎）"音義並同，“津”當即“津（𣴎）”之篆文“𣴎”楷定之俗。

三 㴲

《新修玉篇》卷十九《水部》引《餘文》：“㴲，蘇旰切。水㴲（散）也。”（171上左）

按：《篇海》卷十二《水部》引《餘文》：“㴲，蘇旰切。水散也。”（770下）《集韻》去聲翰韻先旰切：“㴲，水散也。”（557）《字彙·水部》：“㴲，先諫切，音散。水㴲（散）。”（258上）《正字通·水部》：“㴲，譌字。”（611下）《正字通》謂“㴲”為譌字，非是。“㴲”當即“散”字之俗。《廣韻》去聲翰韻蘇旰切：“散，分離也；布也。《説文》作㪔，分離也。散，雜肉也。今通作散。”（307）佛經有“㴲”字用例，提供如下：《卍新纂續藏》本明大韶著《千松筆記》：“日昳未，漁人欸乃江邊去。擎著獰龍定活烹，隨手拈來無不是。潑天風，毋驚畏。㴲開羅網包天地，等閒會得者便宜，免使浮塵逐閒氣。”從文意來看，此“㴲開”當同“散開”。故“㴲”與“散”音義並同，“㴲”當即“散”字之俗。《集韻》訓“水散也”，當為望形生訓，疑不足據。

四 㶓

《新修玉篇》卷十九《水部》引《餘文》：“㶓，作郎切。沒也。”（172下左）

按：《篇海》同。《集韻》平聲唐韻慈朗切：“㶓，沒也。”（222）“㶓”當即“藏”字之俗。《説文新附·艸部》：“藏，匿也。”（21）《廣韻》平聲唐韻昨郎切：“藏，隱也；匿也。”（120）“㶓”與“藏”音義並同，“㶓”當因“藏”“沒”經常連用（例不贅舉)，“藏”受下文“沒”字類化影響而改換義符“艸”旁為“水”旁所形成的異體字。

五　漺

《新修玉篇》卷二十《冫部》引《餘文》：“漺，初兩切。冷皃。”(174下右)

按：《篇海》同。《集韻》上聲養韻楚兩切：“漺，冷皃。”(414)“漺”“漺”即同字異寫，皆應楷定作“漺”。“漺”當即“漺”字之俗。《方言》卷十三：“漺，淨也。”郭璞注：“皆冷貌也。初兩、禁耕二反。”(85)《大廣益會玉篇·水部》(以下簡稱《玉篇》)：“漺(漺)，初兩切。淨也；冷也。”(91上左)“漺”與“漺”音義並同，“漺”當即“漺”字之俗。

六　⿱雨莽

《新修玉篇》卷二十《雨部》引《餘文》：“⿱雨莽，摸朗切。⿱雨莽⿱雨莽，雲色。”(175下右)

按：《篇海》同。《集韻》上聲蕩韻母朗切：“⿱雨莽，⿱雨莽⿱雨莽，雲色。”(418)《字彙·雨部》：“⿱雨莽，母黨切，音莽。⿱雨莽⿱雨莽，雲色也。”(528上)《正字通·雨部》：“⿱雨莽，俗字。舊注：音莽。⿱雨莽⿱雨莽，雲色。泥。”(1264上)《正字通》謂“⿱雨莽”為俗字，是也。“⿱雨莽”當即“莽”字之俗。《漢書·禮樂志》：“沛施右，汾之阿，揚金光，横泰河，莽若雲，增陽波。”顏師古注：“莽，雲貌。言光明之盛，莽莽然如雲也。”“莽”，《廣韻》音“模朗切”。“⿱雨莽”與“莽”音義並同，“⿱雨莽”當即“莽”之增旁俗字。

七 霂

《新修玉篇》卷二十《雨部》引《餘文》："霂，士莊切。霂霂，急雨。或作漴。"（175下右）

按：《篇海》同。《集韻》平聲江韻鉏江切："漴，雨急謂之漴。"（23）又下文平聲陽韻仕莊切："霂，霖（霂）霂，急雨。或作漴。"（216）"霂"與"漴"音義並同，"霂"當即"漴"之異體字。《正字通·雨部》："霂，霂字之訛。舊注：音床。急雨。誤。"（1261下）《説文·雨部》："霂，䨜霂也。从雨，沐聲。"（241下）"䨜霂"即指小雨。"霂"，《廣韻》音"莫蔔切"。"霂"與"霂"音義俱别，二字不可混同，《正字通》之説非是。

八 晐

《新修玉篇》卷二十《日部》引《餘文》："晐，之夜切。日赫。"（180上左）

按：《篇海》同。《集韻》去聲禡韻之夜切："晐，日赫。"（593）《字彙·日部》："晐，之夜切，音柘。日赫也。"（200下）《正字通·日部》："晐，俗字。舊注：音柘。日赫。泥。"（468下）《正字通》謂"晐"為俗字，是也。"晐"當即"炙"字之俗。《説文·炙部》："炙，炮肉也。从肉在火上。"（212上）"炙"本義指"燒烤"，引申義可指"曝曬"。例如，三國魏嵇康《與山巨源絕交書》："野人有快炙背而美芹子者，欲獻之至尊。"唐白居易《卯時酒》："煦若春貫腸，暄如日炙背。"以上例中"炙"字皆為"曝曬"之義。"晐"訓"日赫"，"日赫"即"日赤"，"日赤"當指"日光強烈""曝曬"之義。"炙"，《廣韻》音"之石切"，又音"之夜切"。故"晐"與"炙"音義並同，"晐"

當即“炙”之增旁俗字。

九　硎

《新修玉篇》卷二十二《石部》引《龍龕》:“硎,口庚切。石聲。”(184 上左)

按:《篇海》卷十二《石部》引《川篇》:“硎,口庚切。石聲也。”(778 下)“硎”字,《新修玉篇》與《篇海》引書不同,當以《篇海》為是,通行本《龍龕手鏡》(以下簡稱《龍龕》)未見收錄此字。“硎”當即“硎”之異體字。《龍龕》卷四《石部》:“硎,客庚反。《切韻》:坑同。塹坎壑陷也。《玉篇》又石聲也。”(441)“硎”與“硎”音義並同,“硎”當即“硎”之異體字。

十　礘

《新修玉篇》卷二十二《石部》引《玉篇》:“礘,音闕。石也。”(185 下右)

按:《篇海》同。此字《說文》、原本《玉篇》皆未收,《廣韻》《集韻》亦不錄,《玉篇》收于《石部》之末,當即陳彭年等據俗書所增。《玉篇·石部》:“礘,音闕。石也。”(106 上左)《玉篇校釋》“礘”字下注:“即‘厥’之後起字。”(4346)《說文·厂部》:“厥,發石也。从厂,欮聲。”(191 下)桂馥義證:“《廣韻》作‘蹶’,云:‘發石。’漢律有蹶張士。蹶,發石;張,挽強。”“厥(蹶)”,《廣韻》音“居月切”。“礘”與“厥(蹶)”義同音別,“礘”疑非同“厥(蹶)”。“礘”疑即“闕”字之俗。《說文·門部》:“闕,門觀也。从門,欮聲。”(248 下)“闕”本義指宮門外兩邊的樓臺,引申義為石闕。漢佚名《祀三公山碑文》："東就衡山，起堂立壇，雙闕夾門，薦牲納禮。"唐李白《憶秦娥》："音塵絕，西風殘照，漢家陵闕。"以上"闕"字皆為"石闕"之義。《玉篇》"礐"字訓"石也"，疑為"石礐也"之脱誤。"礐"與"闕"音義並同，"礐"疑即"闕"之增旁俗字。

十一 陃

《新修玉篇》卷二十二《阜部》引《餘文》："陃，丘（兵）永切。闕，人名，宋有鮑陃。"（186 上左）

按：《篇海》卷八《阜部》引《餘文》："陃，兵永切。闕，人名。宋有鮑陃。"（705 下）此字《説文》《玉篇》皆未收，《廣韻》亦不錄，《集韻》收之，當即丁度等據俗書所增。《集韻》上聲梗韻補永切："陃，人名。宋有鮑陃。"（421）《字彙·阜部》："陃，兵永切，音丙。人名。宋有鮑陃。"（517 下）《正字通·阜部》："陃，舊注沿《篇海》音丙。人名。宋有鮑陃。按：'陃'六書不載。"（1235 下）《正字通》所言是也。"鮑陃"，傳世文獻未見載錄，然"鮑陋"見載于《宋書》《南史》《資治通鑒》，皆指劉宋時期的一名官員，故"鮑陃"當為"鮑陋"之訛，"陃"當即"陋"之俗訛字。"陋"訛作"陃"，後人遂改其讀為"補永切"，此當即望形生音。

十二 牰

《新修玉篇》卷二十三《牛部》引《川篇》："牰，音純。牛遲也。"（190 上右）

按：《篇海》卷三《牛部》引《川篇》："牰，音純。又（牛）遲也。"（616 上）《詳校篇海》卷一《牛部》："牰，音純。又（牛）遲也。疑當作犉。"（66 下）"犉"當即"牰"之楷定字，"牰

(牠)”疑即“犉”之異體字。《玉篇·牛部》：“犉，似訓切。牛行遲。”(109上左)《廣韻》平聲諄韻食倫切：“犉，牛行遲也。又音廵。”(63)“牝(牠)”與“犉”音義並同，“牝(牠)”當即“犉”改換聲符而形成的異體字。

十三 狘

《新修玉篇》卷二十三《犬部》引《餘文》：“狘，醜律切。獸名。”(192下右)

按：《篇海》同。敦煌本《切韻》入聲質韻［醜律反］：“狘，獸名。”(425)故宫本《王韻》入聲質韻醜律反：“跊，獸名。”(513)《廣韻》入聲術韻醜律切：“跊，獸跡。”同一小韻下文又曰：“狘，獸名。”(385)“狘”“跊”當即異體字。《名義·足部》：“跊，褚律反。獸，有左右首，名［跊踢］也。”(62上)可見原本《玉篇》“跊”字亦引《山海經》為訓。《玉篇·足部》：“跊，褚律切。獸跡也。《山海經》云：‘赤水之西，流沙之東，有獸，左右有首，名跊踢。’”(34上右)《山海經·大荒南經》：“南海之外，赤水之西，流沙之東，有獸，左右有首，名跊踢。”郭璞注：“(跊踢)出狘名國。黜、惕兩音。”據《名義》《切韻》《山海經》，可見今本《玉篇》《廣韻》“跊”字訓“獸跡”皆誤，“獸跡”當作“獸名”。“狘”與“跊”音義並同，即為異體字。《集韻》入聲術韻勑律切：“跊狘，《山海經》：‘流沙之東，有獸，左右有首，名曰跊踢。’或從犬。”(671)此即其證也。《大字典》《字海》“跊”字第二義項分別據《玉篇》《廣韻》訓“獸跡”，俱失考證，此項義訓當刪。又“狘”字，《大字典》《字海》皆分為兩個義項：第一義項據《廣韻》訓“獸名”；第二義項據《集韻》之説謂“狘踢”同“跊踢”。其實，“狘”訓“獸名”，當省略了被訓詞“狘踢”；而“跊”訓“獸名”，當省略了被訓詞“跊踼”，並非“犾”訓“獸名”與“犾踼”訓“獸名”義訓不同，《大字典》《字海》第一義項皆應併入第二義項之內，直謂“犾”同“跊”即可。

十四 猇

《新修玉篇》卷二十三《犬部》引《餘文》：“猇，胡到切。犬聲。”（192 下右）

按：《篇海》卷二《犬部》引《餘文》：“猇，胡到切。犬也。”（602 下）《集韻》去聲號韻後到切：“猇，犬聲。”（585）“猇”字，《集韻》《新修玉篇》皆訓“犬聲”，《篇海》卻訓“犬也”，非是。《字彙·犬部》：“猇，胡到切，音號。犬也；又犬聲。”（279 上）《字彙》訓“猇”為“犬也”，此亦為沿襲《篇海》之謬也。《大字典》《字海》“猇”下沿謬而妄增“犬名”之訓，並非。“猇”當即“獋（嘷）”字之俗。《説文·口部》：“嘷，咆也。从口，皋聲。獋，譚長説，嘷从犬。”（28 下）《玉篇·犬部》：“獋，胡刀切。犬呼也；鳴也；咆也。或作嘷。”（110 下左）“猇”與“獋”音近義同，“猇”即“獋”改換聲符而形成的異體字。《正字通·犬部》：“猇，呼到切，音號。大聲。本作嘷，亦作獋，俗作猇。”（658 上）《正字通》所言是其證也。

十五 鱹

《新修玉篇》卷二十四《魚部》引《廣集韻》：“鱹，古玩切。闕。人名，宋有鱗鱹。通作矔。”（205 上右）

按：《集韻》去聲換韻古玩切：“鱹，闕。人名，宋有鱗鱹。”（555）《説文·目部》：“矔，目多精也。从目，雚聲。益州謂瞋目曰矔。”（65 下）“矔”，《廣韻》亦音“古玩切”。據《新修玉篇》，“鱹”當即“矔”字之俗。《左傳·文公十六年》：“公孫友為左師，華耦為司馬，鱗鱹為司徒，蕩意諸為司城，公子朝為司寇。”杜預注：“鱹，古亂反。”（清嘉慶刊本《十三經注疏》）然查《四庫》本《春秋左傳注疏》卷十八正文及注文皆作“矔”，《四庫》本《讀禮通考》卷五，《四庫》本《五禮通考》卷二百十六，《四庫》本《春秋釋例》卷八，《四庫》本《春秋分記》卷十六、四十三、六十二等亦作“矔”，故“鱹”當即“矔”字之俗，“鱹”當即因受上文“鱗”字類化影響而改換義符所形成的異體俗字。

十六　鼣

《新修玉篇》卷二十五《鼠部》引《餘文》：“鼣，音方。地鼠。”（205 下右）

按：《篇海》同。《集韻》平聲陽韻分房切：“鼣，地鼠。”（211）《字彙·鼠部》：“鼣，敷房切，音方。地鼠也。”（588 上）《正字通·鼠部》：“鼣，鼢字之訛。舊注‘地鼠’，與《説文》‘鼢’訓同，改音方，非。”（1405 下）《正字通》所言當是。《爾雅·釋獸》：“鼢鼠。”郭璞注：“地中行者。”郝懿行義疏：“《類聚》引《廣志》云：‘鼢鼠深目而短尾。’按：此鼠今呼地老鼠。産自田間，體肥而匾，尾僅寸許。潛行地中，起土如耕。《方言》謂之‘犂鼠’。郭注：‘犂鼠，鼢鼠也。’”《説文·鼠部》：“鼢，地行鼠。一曰偃鼠。从鼠，分聲。”（205 下）“鼢”，《廣韻》音“符分切”。“鼣”與“鼢”義同，又“分”旁、“方”旁俗寫形近，或可訛混，如，黃征《敦煌俗字典》“分”俗作“[illegible]”“[illegible]”，梁春勝《楷書異體俗體部件例字表》（未刊稿）“芳”俗作“芳”等，“鼣”疑即“鼢”字之俗。《集韻》音“分房切”，疑為望形生音。

十七 蛔

《新修玉篇》卷二十五《虫部》引《玉篇》："蛔，徒紅切。蟲也。"（206 下右）

按：《篇海》卷十三《虫部》引《玉篇》："蛔，音同。蟲也。"（783 下）《玉篇·虫部》："蛔，音同。蟲也。"（119 下左）《字彙·虫部》："蛔，徒紅切，音同。蟲也。"（423 下）《正字通·虫部》："蛔，蛔字之訛。舊注：音同。蟲名。誤。"（990 上）《廣韻》去聲志韻七吏切："載，毛蟲，有毒。蛔，上同。"（251）"蛔"與"蛔"儘管形近，然音義俱別，二字不可混同，故《正字通》之說非是。"蛔"當即"䳋"之異體字。《龍龕》卷二《虫部》："蛔，俗；蚒，或作；䳋，今。徒紅反。鳥蟲名。三。"（222）"蚒"當即"蛢"字之俗。《山海經·西山經》："（松果之山）有鳥焉，其名曰䳋渠，其狀如山雞，黑身赤足，可以已曝。"故"蛔"當即"䳋"之異體字，當訓"蛔渠"，是一種鳥名，《玉篇》泛訓"蟲名"，不確。

十八 牊

《新修玉篇》卷二十九《爿部》引《餘文》："牊，市招切。牊牀別名。"（233 上左）

按：《篇海》同。《廣韻》平聲宵韻市昭切："牊，牊牀別名。"（94）"牊"字下義訓之中"牊"字皆為字頭誤重。"牊"當為"柖"字之俗。《廣雅·釋器》："浴牀謂之柖。"《博雅音》："柖，音紹。""柖"，《廣韻》又音"市昭切"。"牊"與"柖"音義並同，"牊"當即"柖"字之俗。《集韻》平聲宵韻時饒切："牊，牀別名。通作柖。"（181）此即其證也。

以上通過舉例的方式考辨了《新修玉篇》所收18個疑難字，然而其中還貯存大量的疑難字有待考辨。由於《新修玉篇》在我國辭書史上具有重要的地位，所以對《新修玉篇》所收疑難字進行全面的考辨，具有重要的意義。通過這些研究，不但有助於《新修玉篇》文本的校理，而且還有利於提高後世字書的編纂質量與利用價值。

〔主要參考文獻〕

陳彭年. 鉅宋廣韻. 上海：上海古籍出版社，1983.

丁度. 集韻. 上海：上海古籍出版社，1985.

顧野王. 大廣益會玉篇. 北京：中華書局，1987.

韓道昭. 改併五音類聚四聲篇//四庫全書存目叢書，濟南：齊魯書社，1996.

漢語大字典編輯委員會. 漢語大字典. 2版. 成都：四川辭書出版社，2010.

郝懿行. 爾雅義疏. 北京：中國書店，1982.

胡吉宣. 玉篇校釋. 上海：上海古籍出版社，1989.

黃征. 敦煌俗字典. 上海：上海教育出版社，2005.

空海. 篆隸萬象名義. 北京：中華書局，1995.

冷玉龍. 中華字海. 北京：中華書局，1994.

李登. 詳校篇海//續修四庫全書，上海：上海古籍出版社，2002.

梅膺祚. 字彙. 影印康熙二十七年刻本. 上海：上海辭書出版社，1991.

阮元. 十三經注疏. 北京：中華書局，1980.

邢準. 新修纍音引證群籍玉篇//續修四庫全書，上海：上海古籍出版社，2002.

行均. 龍龕手鏡. 影印高麗本. 北京：中華書局，1982.

徐復. 廣雅詁林. 南京：江蘇古籍出版社，1992.

許慎. 説文解字. 北京：中華書局，1963.

袁珂. 山海經校注. 成都：巴蜀書社，1993.

張自烈，廖文英. 正字通. 影印清康熙九年序弘文書院刊本，北京：中國工人出版社，1996.

周祖謨. 方言校箋. 北京：中華書局，1993.

周祖謨. 唐五代韻書集存. 北京：中華書局，1983.

Examination of Difficult Characters in *The New Revised Yu Pian* (《新修玉篇》)

Xiong Jiaquan

(College of Literature, Zhoukou Normal University, Zhoukou, 466001;
Center for Post-doctoral Studies, College of the Literature,
Hunan Normal University, Changsha, 410081)

Abstract: With the knowledge of philology, exegetics, phonology, textual criticism and lexicology, and by the rule of characters' simplified writting by common people, the paper, in combination with the specific usage in literature, examines 18 difficult characters from the aspects of their forms, sounds and meanings after comprehensive and systematic study of *The New Revised Yu Pian* (《新修玉篇》).

Key words: *Xin Xiu Yu Pian*; difficult characters; examination

（熊加全，周口師範學院文學院，郵編 466001；湖南師範大學中國語言文學博士後科研流動站，郵編 410081）

仌、冰考辨*

俞紹宏　白雯雯

内容摘要：《說文》訓"仌"爲"冰霜"之"冰"，訓"冰"爲"凝固"之"凝"。考察出土的商周秦漢文字材料，與《說文》"仌"及"仌"旁相對應的字形作"⁚"，線條化爲"＝"，再演變爲"冫"；"仌"形偏旁漢代始見，且文獻中未見獨立的表"冰霜"義的"仌"這一字形。"⁚"應爲兩塊銅餅形，"鉼"之象形初文。"⁚"因假借或引申爲"冰霜"之"冰"，因而具有了"冰霜"義，並以此義充當義符構造出其他含有"寒冷"義的漢字。《說文》之"仌"應當是漢朝人对"＝"形字符以古定隸的復古寫法而產生的字形。

關鍵詞：仌　冰　考辨

一　字形探源

《說文》卷十一"仌"部"仌"小篆字形作"仌"，解爲"凍也。象水凝之形"。考察有關資料，字形"仌"在出土的商周文字資料中難見蹤跡，文獻中也未見其用例。容庚（1985：750）"仌"字條下僅收一例，作"仌"，朱駿聲、高田忠周釋"仌"爲"仌"。陳漢平（1993：131）則疑"仌"爲爻文"六六"。季旭昇（2010：

* 由衷地感謝匿名審稿專家對拙稿提出修改意見。本文爲遼寧省 2010 年社科規劃項目（項目編號：L10BYY001）"遼寧地區出土的商周青銅器銘文輯證"成果之一。

843）也以爲"仌"釋爲"仌"無據，疑"仌"爲數字卦符號。"仌"出自《殷周金文集成》[①] 第4875號，器、蓋銘文分别作：

（器銘） （蓋銘）

據《殷周金文集成釋文》[②]，該器時代爲殷或西周初[③]。"仌"的確與青銅器上的卦符相類，陳、季之説不無道理。

查檢《説文》"仌"部，所録字條有：仌、冰、癛、凊、凍、滕、凘、凋、冬、冶、滄、冷、涵、𣶒、冹、凓、瀨，此外"宀"部還有从"仌"的會意字"寒"，"馬"部還有从"仌"得聲的形聲字"馮"。據筆者考察，以上諸字中"滕"之異體"凌"，以及"冰""冬""冶""寒""馮"已見於出土的商周秦漢文字材料[④]。

《説文》"冰"小篆字形作"𠗚"，解爲"水堅也。从仌从水。凝，俗冰从疑"。《説文》以爲"冰霜"之"冰"本作"仌"，"凝固"之"凝"本作"冰"。然而古籍文獻均以"冰"表"冰霜"之"冰"，因此徐鉉説"今作筆陵切，以爲冰凍之冰"，段注説"（後世）以冰代仌，乃别制凝字。經典凡凝字皆冰字之變也"。

考察出土文字材料，春秋時期的陳逆簠"冰"作"𣱱"形，辭例爲"冰月丁亥"，容庚指出"冰月"見《晏子春秋·内篇·諫下》第四、第十三，吴式芬謂十一月（容庚 1985：750）。"𣱱"是目前所發現的最早的"冰"字古文字字形。同樣的字形

---

① 以下簡稱《集成》。

② 以下簡稱《釋文》。

③ 蓋銘"仌"是在器物鑄造好後補刻的。

④ 筆者考察的材料有《新甲骨文編》《新金文編》《戰國文字編》《古璽文編》《三晉文字編》《齊文字編》《楚系簡帛文字編》《楚文字編》《戰國楚簡文字編》《秦文字類編》《秦簡牘文字彙編》《秦漢魏晉篆隸字形表》等字編類文獻，以及已經發表的上博藏楚簡、清華大學藏楚簡等文獻。

也見於滬簡八《成王既邦》簡 5，作“”，可參馬承源（2011）。

此外，秦系文字有“”（二年上郡守冰戈）、“”（秦印），漢代有“”“”（漢印），“”（東漢李冰石像），諸形取自季旭昇（2010：843、844）。

據上可知，出土先秦秦漢文字材料中的“冰”字或从“”，或从“＝”，或从“冫”。

比較“冰”字上述諸形，→→→字形演化路徑清晰完整，可以推知由“”至“”諸形本爲“冰霜”之“冰”，不是“凝固”之“凝”。首先，東漢李冰石像所刻人名爲戰國時蜀郡守李冰，其人名“冰”作“”，則“”應爲“冰霜”之“冰”；且據季旭昇（2010：844），東漢趙寬碑別有魚陵切的“凝”字作“”，可證“冰”“凝”爲讀音不同的兩個字。其次，滬簡中的“”馬承源（2011）釋爲“冰凍”之“冰”，復旦吉大古文字專業研究生聯合讀書會（2011）指出“”字簡文文例爲“焉不曰日彰而冰消乎”，“日彰而冰消”意即太陽照耀，冰雪融化。則“”釋爲“冰凍”之“冰”有簡文辭例的支撑。可見“冰”原本就是“冰凍”之“冰”。

《説文》“凌”篆文作“”，解爲“仌出也”。金文作“”（《集成》527 號）、“”（《集成》3437 號）、“”（《集成》6453 號）等形。

關於“冬”字，《説文》小篆字形从“仌”作“”，解爲“四時盡也”，古文作“”。容庚（1985：750）録有陳璋壺銘文“冬”字作“”，从“日”，與《説文》古文字形合；古文“冬”楚簡中多次出現，只是“日”旁往往置於字形下方。在出土的秦漢文字材料中，“冬”或从“”“＝”（有的字形下面的一横較長），如“”（秦駰禱病玉版甲），“”（睡虎地秦簡），“”“”“”“”（漢印），“”“”“”（馬王堆漢墓簡帛），“”（銀雀山漢簡），“”（武威漢簡），“”（汝陰侯墓太乙九宮占盤），“”

（東漢唐公房碑）等，以上秦漢文字諸形取自季旭昇（2010：843、845）、《漢語大字典》字形組編《秦漢魏晉篆隸字形表》[①]（1985：824）。

關於“冶”字，《説文》小篆作“”，解爲“銷也。从仌，台聲”。出土的先秦秦漢文字材料中的“冶”字从“＝”（有的“＝”斜置），如“”（穌冶妊鼎，春秋），“”（八年新城大令韓定戈，戰國），“”（四年相邦春平侯劍，戰國），“”（二年盜鼎，戰國），“”（公廚左官鼎，戰國），“”（兼陵公戈，戰國），“”（十五年上郡守戈，戰國），“”（秦簡），“”“”（漢印），“”“”（漢簡）；又漢代銅器安定郡庫鼎作“”“”，前者字形不清晰，後者左上从“＝”可辨。以上字形取自季旭昇（2010：845－846）、字形表（1985：825）、徐正考（2005：243）等。

關於“寒”字，《説文》（卷七“宀”部）小篆作“”，解爲“凍也。从人在宀下，以茻薦覆之，下有仌”。據劉釗、洪颺、張新俊（2009：431），甲骨文中“寒”有“”“”“”“”“”“”“”等形，作“宀”下有“人”、冰滴（或冰塊）形。容庚（1985：531）錄有西周青銅器克鼎銘文作“”、寒姒鼎銘文作“”，於“”下注云“省仌”。以上金文二形均包含“宀”“人”，“人”上、下均有“茻”，前者帶有“＝”。馬承源（2001）所錄滬簡一《緇衣》簡6“寒”作“”[②]，“＝”从“人”形中穿過。

出土的秦漢文字材料中的“寒”字从“＝”，如秦簡有“”

① 以下簡稱“字形表”。

② 楚簡中尚有用作“寒”的字，學者或以爲當釋爲“倉”及“倉”聲字，讀爲“滄”，再同義換讀爲“寒”；或釋爲“寒”。此類字形筆者拟另文討論，此處不再討論。

"[illegible]""[illegible]""[illegible]""[illegible]""[illegible]""[illegible]""[illegible]"等；漢簡有"[illegible]""[illegible]""[illegible]""[illegible]""[illegible]""[illegible]""[illegible]""[illegible]""[illegible]"，漢印有"[illegible]""[illegible]"，東漢《石門頌》有"[illegible]"。以上字形取自方勇（2010：179）、季旭昇（2010：621）、字形表（1985：512）。

關於"馮"，《説文》（卷十"馬"部）小篆作"[illegible]"，解爲"馬行疾也。从馬、冫聲"，徐鉉説："本音皮冰切。經典通用爲依馮之馮。今別作憑，非是。"出土的秦漢文字材料中的"馮"或从"[illegible]"，或从"＝"，或从"仌"①，如秦文字"馮"作"[illegible]"（左从"＝"形而粗、短）、"[illegible]""[illegible]"，漢代有"[illegible]"（帛書）、"[illegible]"（居延簡）、"[illegible]"（馮久鐖）、"[illegible]"（臨虞宮高燈）、"[illegible]"（萬年縣官斗）。以上字形取自季旭昇（2010：621、863）、方勇（2010：234）、字形表（1985：683）。

此外，《説文》茻部還有"折"："𣂚，斷也。从斤斷艸。譚長説。𣂔，籀文折从艸在仌中，仌寒故折。𣃌，篆文折从手。"按照許慎的説法，"折"字古文作"𣂚"，籀文作"𣂔"，篆文作"𣃌"，籀文"𣂔"从"仌"。在《説文》文字系統中，僅有"𣂔"所从的所謂"仌"作"＝"形，其他地方的"仌"均作"仌"，許慎關於"𣂔"的分析不免令人生疑。學者現在多以爲《説文》中的古文爲東周尤其是戰國時期東方列國文字，籀文出自周宣王時太史籀所編纂《史籀篇》，所代表的是西周時期的文字。據劉釗、洪颺、張新俊（2009：32），"折"商代甲骨文作以"斤"斷"木"形。據董蓮池（2011：75—76）可知西周金文普遍作以"斤"斷"艸"形（作"[illegible]"），唯有西周晚期的晉侯蘇鐘所从的"[illegible]"中間帶有並列的兩短横劃；而从"[illegible]""斤"的"折"現在所能見到的最早的金文材料是春秋時期的洹子孟姜壺（"集成"

① "馮"字目前未見時代更古的字形，"集成"424號收録有春秋晚期一件鉤鑃，舊題名爲姑馮鉤鑃，所謂"馮"字作"[illegible]"形，今之學者已經改釋爲"虞"。

9729－9730 號）——這也是筆者所能夠查檢到的从“丰”的“折”出現的最早的出土文字材料，而出土的戰國文字材料中則多見。可見，若依據出土文字材料，“𣂷”可與西周文字對應，當屬於籀文系列，而“𣂷”則與古文對應，與《説文》所述有别；出土的殷商、西周文字材料中未見帶有“＝”形構件的“折”，字形“𣂷”的產生要早於“𣂷”，“𣂷”中的“＝”更應當是一個指示性符號，指示草木的折斷之處。可見商、西周文字材料中的“折”並不从所謂的“＝（仌/仌）”。同時還需要指出的是古文字中的“＝”形構件常充當省代符，如楚簡中的“馬”字表示馬身、四肢、尾巴的部分就常用“＝”代替，“爲”字中的偏旁“象”表示象身、四肢、尾巴的部分也常用“＝”代替，等等；又常常是字形中無意義的羨符，如馬承源（2003）所錄《彭祖》簡 7 之“𠆤”，有的學者釋爲“冷”讀作“命”，實際上“𠆤”下所从的“＝”也完全可以視作無意義的羨符，此類羨符古文字中多見。總之，“𣂷”“𠆤”以及楚簡中部分“馬”“爲”等字形中的“＝”都與我們討論的“仌”無關。

綜上，《説文》中上述帶有“仌”旁的六個字，除“寒”字甲骨文外，它們在出土的商周秦漢文字材料中多从“:”（有時“:”變成很小的兩個圓形點畫）、“＝（⺀）”，或从“冫”。

容庚（1985：1271）收錄有獨立的“:”字三例，分别見於西周早期的效父簋、𠂤豕卣、𩰫高卣銘文（分别見錄於“集成”第 3822、3823，5318，5319 號），張亞初（2001：66、105）釋“吕”。“:”形偏旁還見於“勻”“金”等字的古文字字形中，且與“＝”形偏旁共現。如“勻”字，从“:”作“𠣞”（西周勻簋），又从“＝”作“𠣞”（西周多友鼎）、“𠣞”（包山楚簡 129 號）、“𠣞”（《璽匯》1565 號）等，上述字形取自季旭昇（2010：741）。《説文》卷九“勹”部“勻”小篆作“𠣞”，解爲“少也。从勹、二”，不足信。學者們已經依據“勻”古文字字形考定其爲“鈎”初文。再如“金”字，西周金文作“[illegible]”（利簋）、“[illegible]”（麥鼎）、“[illegible]”（過伯簋）、“[illegible]”（矢尊）、“[illegible]”（吳方彝）、“[illegible]”（番生簋）、“[illegible]”（師同鼎）等，字形取自容庚（1095：905—907）。

比較上述“冰”“凌”“冬”“馮”等字所从的偏旁，其由[illegible]→＝（[illegible]）→冫的發展演化脉絡很清楚，諸字本當从“[illegible]”，後來線條化，演變爲“＝（[illegible]）”，再由“＝（[illegible]）”演變爲“冫”，可見“[illegible]”應爲《説文》之“仌”的源頭，“[illegible]”線條化而成兩道粗横劃，又進而演變爲兩條較細的横劃，隸、楷階段的漢字中寫成“＝”或“冫”，小篆作“仌”。

那麼“[illegible]”是如何演變爲《説文》小篆字形“仌”的？我們知道，古文字中不僅“[illegible]”可以線條畫爲兩道横筆劃，兩個疊加的“人”形構件有時也可以寫成類似於兩横的筆劃，如“求”字，湯餘惠（2001：583）所錄秦系石鼓文作“[illegible]”，雲夢秦簡《法律答問》簡 2 作“[illegible]”；楚系郭店《成之聞之》簡 1 作“[illegible]”形，而《緇衣》簡 18 作“[illegible]”、《六德》簡 7 作“[illegible]”。再如馬承源（2007）所錄《孔子見季桓子》簡 7 中“求”作“[illegible]”，而在簡 27 中作“[illegible]”。漢代有所謂“隸古定”一説，其實質就是用漢代通行的隸書筆法來改寫古文字。而“仌”應當是漢代人用古文字筆法改寫隸書、對漢字進行復古而産生的字形，與“隸古定”正好相反（姑且名之爲“以古定隸”或“古隸定”）：漢字中由“[illegible]”演變成的兩横劃，漢代時期的人們將之採用復古的寫法，而書寫者已經不知道其是由“[illegible]”演變來的，而誤以爲其是兩個疊加的“人”形演變來的，遂誤復古爲兩個疊加的“人”形，就形成了《説文》小篆字形“仌”。至於“[illegible]”的構形本義本當爲“鉼”，説見後文。

二 字義探析

“〓”學者有釋“貝”“箭筒”“冰”“吕”“金”之初文、“金鉼（銅鉼）”“匀”“銅”諸説，可參董蓮池（2012）、劉傳賓（2014）。

劉傳賓（2014）已經分析了“〓”釋“貝”“箭筒”之説不可信。“〓”釋“冰”恐難以找到字形依據，董蓮池（2012）否定“〓”釋“冰”之説可信。

關於“〓”釋“吕”説。《説文》卷七“吕”部“吕”字作“〓”，解爲“脊骨也。象形……“〓”，篆文吕从肉从旅”。

容庚（1985：540—541）“吕”字條録有“〓”“〓”“〓”“〓”“〓”“〓”“〓”“〓”“〓”“〓”“〓”“〓”“〓”“〓”。李守奎（2003：465）録有黝鐘銘文“吕”作“〓”“〓”。

何琳儀（1998：156、566）以爲：《説文》之“仌”甲骨文作“〓”，象兩塊銅鉼之形，“鉼”之初文；金文作“〓”，爲填實的銅鉼；戰國文字承襲金文，或濃縮爲“＝”形；小篆訛作“仌”形，且誤以爲“冰”之初文。“吕”亦由“仌”分化。“冰”字从水，仌（鉼）聲。“吕”甲骨文作“〓”，像金屬熔塊之形；或説“鋁”之初文。

季旭昇（2010：624、625）以爲：甲骨文“〓”，金文“〓”“〓”釋“吕”，象金鉼之形，本爲金黄色的銅塊，故或加金旁作“鋁”，假借爲國名“郘”，又假借爲脊骨。又釋“〓”爲“仌”，解爲“金鉼”；又指出“〓”舊或釋“吕”，但與“吕”字多作中空形有别。可能“〓（仌）”在較早的時候已經假借或引申爲“冰霜”的“冰”，其後加義符“水”分化成“冰”字，“冬”字从“仌”，時人可能視之爲義符，秦隸線條化作“二”形；“冰”从水、仌，會水如銅液凝固之意。“冶”“匀”“金”古文字字形所从之"■"均釋爲"吕"，像金鉼之形。

我們以爲，金文"■"與商代甲骨文"吕"、西周早期金文"吕"非爲一字。古文字中確定的"■"字及"■"旁均从未見廓空之形；確定的"吕"及"吕"旁也从未見填實之形。"吕""吕"釋"吕"可從，《説文》"吕"字之訓應當是正確的。"吕""吕"字形像突起的脊椎骨骨節之形（圓形，與前文所舉甲骨文"寒"字形中表示"冰塊"的方框形有别），且脊椎骨是中空的，因此甲骨、金文中的"吕"爲中空形，表示脊椎骨；假借爲"郘""鋁"以及音樂術語"吕"。前引董蓮池、劉傳賓文中就否定"■"釋"吕"，應當是可信的。

那麼"■"究竟是釋"金""銅"還是釋"鉼"呢？

董蓮池、劉傳賓持釋"金"説。董蓮池（2012）以爲"■"所表只能爲單音節，記錄銅鉼或銅料這樣概念的單音節詞西周漢語裡還找不到；依據金文中有些字从"金"與从"■"可互作，如商代成周鈴銘文"鈴"作"鈴"（筆者按，字形見於"集成"416號，與《説文》"冷"非爲一字），進而認定"■"與"金"爲同一個字，"■"爲"金"初文。

劉傳賓（2014）以爲"■"若釋"鉼"，《金文總集》0927号銘文"若□乍文母宗■彝"中的"■彝"則釋作"鉼彝"，"鉼彝"一詞難以索解；以爲"集成"5318號銘文"㠯汞乍文父丁宗彝■"中的"彝■"爲"■彝"之倒，也有可能"■"是"彝"左上側的部件移至下部。他還釋小臣系卣銘文中的"■"爲"賜金"合文。

我們還是來考察有關銘文。前文所述效父簋，其銘文"王賜效父■三，用作厥寶尊彝"，"■"後面有數詞"三"而無量詞。劉傳賓以爲"三"後省略了量詞。考察商周青銅器銘文，其中表示青銅器鑄造原料的"金"多數情況下不稱述數量，因而不帶量詞；但是若稱述數量時，均用"數詞＋量詞"的格式，如"釋文”第48、10105號“金一鈞”，第2696、4179－4181、4213、9721－9722號“金十鈞”，第10374號“金半鈞”；又第2831號有“帛金一反”，張亞初讀爲“白金一鈑”。未見“金”後只用數詞而不帶量詞的格式。

語言中某些名詞，由於其所表事物可以按個計數，這些名詞後面往往可以直接加上數詞來表示數量，如“人三”“犬五”“馬六”分別表示三個人、五隻犬、六匹馬；而有的名詞，其所表示的事物難以按個計數（即所謂不可數名詞），或存在不同的計量單位，要表示數量時就要用“數詞＋量詞”的形式，如油不能按個計數，且存在不同的計量單位，我們只能説“油五升”“油五斤”，而不能説“油五”。“金”表示鑄造青銅器的原料時也不能按個計數，且存在不同的計量單位，因此對其計量時必須要用“數詞＋量詞”的格式，比如我們只能用“金五鈞”“金六斤”之類。若“〓”釋“金”，“金三”明顯缺少量詞，因而不合文法。可見“〓”不可釋“金”。“銅”與“金”情況類似，也要用“數詞＋量詞”的形式來計量，“〓”若釋“銅”，則銘文“銅三”也是不合文法的，可見“〓”不能釋“銅”。

我們以爲“〓”應釋“鉼”。《漢語大詞典》（2011：1274）“鉼”義項一爲“餅狀金、銀、銅塊”，所舉文例爲《周禮·秋官·職金》“則共其金版”，漢鄭玄注“鉼金謂之版”；義項二爲量詞，用於塊狀金銀，此當爲引申用法。可見“鉼”可以表示銅塊。由於“鉼”表示銅塊，本身就有量詞“塊”含義，可以按個計數，因而可以在其後直接加上數詞來表示數量，而不必要用“數詞＋量詞”這樣的格式，“鉼三”義即“餅狀銅塊三”，也就是三個（塊）銅餅。前文所引金文辭例“白金一鈑”，與“鉼”一樣，“鈑”也可表塊狀金屬，可以按個計數，並含有量詞“塊”含義，因而“鈑”在金文中可以當量詞使用，《漢語大詞典》（2011：1219）“鈑”條下解云“指餅狀金銀塊，亦指板塊狀金屬”。

古文字中同一義類的義符構字時互换的例子不勝枚舉。“鉼”爲銅鉼，與“金”古表銅屬於同一義類，構字時當然可以互换。如“玨”爲玉戚形，釋爲“琡”（陳剑 2009），作爲義符有時可與“玉”互换，如甲骨文中“寶”从“玉”與从“玨”互作（字形可參劉釗、洪飏、張新俊 2009：428），我們不能據以釋“玨”爲“玉”，同樣我們也不能把“金”“■”二偏旁在某些古文字字形中可互作的現象作爲釋“■”爲“金”的依據。

至於前引劉傳賓文所舉《金文總集》0927 号銘文“若□乍文母宗■彝”中的“■彝”，我們以爲是可分開來讀的兩个並列的詞，“■”釋“鉼”，是由銅礦煉出來的鑄造青銅器的鉼狀銅料，銘文可以理解爲“若□爲其文母鑄作銅鉼和彝”。前引劉傳賓文以爲“集成”5318 號𠂤丞卣銘文中的“彝■”爲“■彝”之倒，又説有可能“■”是“彝”左上側的部件移至下部。此説尚缺乏實證性材料支撑。我們以爲“彝■”可以理解爲“彝”與“鉼”，也是並列的兩個詞，銘文是説“𠂤丞爲其文父丁鑄作了彝和鉼”。小臣系卣銘文“[illegible]”或可釋爲“易（賜）鉼”合文。

前引劉傳賓文還依據學者之説，以爲“■（金）”是“定量之銅塊”。然而稍有疑慮的是商、西周遺跡中的銅塊、銅鉼已經多次被發現，它們的大小毫無規章，如何來“定量”？它們本應當是鑄造青銅器的材料，就像現在的冶煉廠冶煉出來備用的銅材、鋼材一樣，需要用之鑄造器物時，就將之放入熔爐融化，澆鑄成所需器物。劉傳賓文還指出“金”可作重量單位：《戰國策·秦策》“臣請以三十金復取之”，《戰國策·齊策》“公孫閈乃使人操十金而往卜於市”，高誘注“二十兩爲一金”；文獻中還有數詞置於“金”字後的用例，《孟子·公孫丑》“王饋兼金一百而不受”。實際上，先秦秦漢文獻“數詞＋金”及“金＋數詞”的用法中，“金”均附帶有貨幣單位含義，劉傳賓所舉文例中的

“金”就都附帶有貨幣單位的含義，它們不是一般的重量單位，與銅器銘文中表示青銅器鑄造銅料的“金”也有别。

至於“鉼”之象形文字“〓”（包括由其演變之“＝”）作義符時可表“冰霜”義，劉傳賓引燕耘説，以爲“冰之从〓亦取金屬能由液態轉爲固態之義”；季旭昇所言，是由於其很早就假借或引申爲“冰霜”的“冰”，因而在充當義符時能表示“冰凍”義。銅水澆鑄凝固成鉼與水凝固成冰具有相似性，因此“鉼”完全可以引申出冰霜意。同時需要説明的是，漢字中的義符有用假借義之例，如“豆”本義指一種食器，又常假借表示豆類植物及其果實，因此漢字中有部分以“豆”之假借義爲義符的字，如“豇”“豌”“豉”等字義都與豆類植物或果實有關；“農業”“務農”之“農”由於其又假借表“濃厚”“濃密”義，因此漢字中以“農”爲偏旁的某些字往往與“濃厚”“濃密”義有關，如“濃”（露水濃）、“膿”（表膿血，也有濃稠義）、“醲”（酒香味濃）、“穠”（莊家長得濃密茂盛）、“獳”（犬毛濃密），諸字中“農”旁表“濃密”“濃厚”，義符均是用假借義。至於“〓”表“冰霜”義究竟是屬於語意引申還是假借，本文暫且不予討論。

順帶一句，劉傳賓文中所引西周金文中作“〓”“〓”等形的“陵”，係从“夌”（即前文所述的“〓”之類字形）得聲；所論包山楚簡154號的“〓”① 字，可以視爲从“艸”，从金文“〓”省聲（省去“〓”旁中的“夌”）。

三　結　論

“〓”釋“鉼”，本像兩塊銅餅之形。考察出土的商周秦漢文

① 在清華簡三《赤鵠之集湯之屋》，該字又作“〓”，讀“陵”，見於簡 8、12、13、14。

字材料，未見獨立的表“冰霜”義的“仌（仌）”這一字形。前文所引秦印“冰”作“□”，漢印“治”作“□”，“冬”作“□”“□”“□”“□”，諸形均篆意十足，然而均从“＝”；出土的先秦秦漢文字材料中以“仌”形作爲構字偏旁的字目前僅見於漢代金文臨虞宫高燈、萬年縣官斗銘文之“馮”（分别作“□”“□”，見前文），此二形與漢代金文中从“□”、漢簡中从“＝”之“馮”並存①。合理的推測是，由於“□”很早就假借或引申爲“冰霜”之“冰”，因而後人誤以爲“□”及其變体“＝”爲“冰霜”之“冰”初文本字。由於水結冰時往往會在冰面上形成類似於“人”形的花紋，而重疊的“人”就成了“仌”形，因此如前文所述，漢代人對由“□”演化的“＝”採用復古的寫法，誤復古改造成“仌”形，並以之爲“冰凍”之“冰”象形字，而爲《説文》所本，因此迄今发現的漢代之前的出土文字材料中不見“仌”這一形體之蹤影。漢代人有用古文字筆法改寫隸書字形的復古做法，如“父”“省”漢代篆文分别作“□”“□”（代威 2013：49－52），“父”漢隸字形或作“□、□、□”（字形表 1985：194），漢篆字形“□”顯然是由漢隸“□”之類字形復古篆化而來；“省”漢隸或作“□、□”（字形表 1985：231），漢篆字形“□”顯然是由漢隸“□”之類字形復古篆化而來。二者均不同於《説文》秦篆字形“□”“□”。《説文》所錄小篆字形以秦篆爲主，間雜有漢篆，“仌”應當是一个漢篆字形。《説文》以“仌”爲“冰凍”之“冰”，以“冰”爲“凝”，而出土的文字材料可證“冰”原本就是“冰凍”之“冰”。

〔主要參考文獻〕

《漢語大詞典》編輯委員會，《漢語大詞典》編纂處．漢語大詞典．上

① 字形可參前文。“□”演化爲很小的兩個圓點形筆劃。

海：上海辭書出版社，2011.

《漢語大字典》字形組. 秦漢魏晉篆隸字形表. 成都：四川辭書出版社，1985.

陳漢平.《金文編》訂補. 北京：中國社會科學出版社，1993.

陳劍. 説殷墟甲骨文中的"玉戚". (2009－09－11). http://www.gwz.fudan.edu.cn/SrcShow.asp? Src_ID＝902.

代威. 漢代篆文研究. 長春：吉林大學，2013.

董蓮池. 從金文匀、鈞的構形説"⁚"爲金之初文//古文字研究：第29輯. 北京：中華書局，2012.

董蓮池. 新金文編. 北京：作家出版社，2011.

段玉裁. 說文解字注. 杭州：浙江古籍出版社，1998.

方勇. 秦簡牘文字彙編. 長春：吉林大學，2010.

復旦吉大古文字專業研究生聯合讀書會. 上博八《成王既邦》校讀. (2011－07－17). http://www.gwz.fudan.edu.cn/SrcShow.asp? Src_ID＝1593.

何琳儀. 戰國古文字典：戰國文字聲系. 北京：中華書局，1998.

季旭昇. 説文新證. 福州：福建人民出版社，2010.

李守奎. 楚文字編. 上海：華東師範大學出版社，2003.

劉傳賓. 説"金"字的一種特殊形體. 中國國家博物館館刊，2014(9)：62－69.

劉釗，洪颺，張新俊. 新甲骨文編. 福州：福建人民出版社，2009.

馬承源. 上海博物館藏戰國楚竹書：八. 上海：上海古籍出版社，2011.

馬承源. 上海博物館藏戰國楚竹書：六. 上海：上海古籍出版社，2007.

馬承源. 上海博物館藏戰國楚竹書：三. 上海：上海古籍出版社，2003.

馬承源. 上海博物館藏戰國楚竹書：一. 上海：上海古籍出版社，2001.

容庚. 金文编. 張振林，馬國權，摹補. 北京：中華書局，1985.

湯餘惠. 戰國文字編. 福州：福建人民出版社，2001.

徐正考. 漢代銅器銘文文字編. 長春：吉林大學出版社，2005.

許慎. 說文解字. 北京：中華書局，1963.

張亞初. 殷周金文集成引得. 北京：中華書局，2001.

中國社會科學院. 殷周金文集成釋文. 香港：香港中文大學中國文化研究所，2001.

中國社會科學院考古研究所. 殷周金文集成. 北京：中華書局，1984—1994.

Textual Research on the Comparison of 仌 and 冰

Yu Shaohong, Bai Wenwen

(Department of Chinese, Dalian University, Dalian, 116600)

Abstract: According to *Shuowenjiezi* (《說文》), "仌" is explained as "冰" which means "ice and frost", while "冰" is interpreted as "凝" which has the meaning of "freezing". Based on the excavated documents of Shang, Zhou, Qin and Han dynasties, this survey on a comparison between "仌" and "冰" testified that the character pattern originally corresponding to "仌" was "⁚", whose shape later changed into the lined pattern "＝", and then further into the shape of "冫". The character "仌" appeared firstly in documents of Han dynasty, but in no case had the meaning of "ice and frost". While "⁚" was formed by two copper pies, which was the original pictogram of "鉼" (pie), by borrowing the pronunciation or taking the meaning of "冰", "⁚" got the meaning of "ice and frost". Meanwhile, acting as a character component meaning "cold", it produced many other Chinese characters. This study deems the pattern "仌" in *Shuowenjiezi* (《說文》) should be a restored ancient shape of "＝" on Han dynasty.

Key words: 仌；冰；textual research

(俞紹宏、白雯雯，大連大學文學院，郵編 116600)

從語言接觸看四川話中先時語氣詞“哆”的來源*

王　苗　馬　坤

内容摘要：四川話中先時語氣詞“哆”的本字是“到”而非“著”。我們從四川話歷史音變規律及民族語中的方言借詞所呈現的語音對應關係兩方面分析了“哆”與“著”和“到”的關係，並推測四川方言中的先時語氣詞“哆”很有可能是“到”受鄰近湘鄂方言中的先時語氣詞“著”的影響而產生的。

關鍵詞：哆　著（着）　到　先時語氣詞　語言接觸

一　引　言

四川地處中國西南，與渝、鄂、湘、貴、滇等省市接鄰，有彝、藏、土家、苗、羌等少數民族聚居。由於複雜的歷史人口遷移及長期的多民族雜居，四川境内語言情況比較複雜：当地的通語為四川話，它隸屬西南官話成渝片和赤灌片；另外還分佈著客家話、老湘話、彝語、藏语、土家語等方言或民族語。本文關注的是四川話中的多功能成分“哆”（還可記為“都”“到”“倒”

* 本文得到國家留學生基金委 2015 年高水平公派留學項目（編號：201506270101）、法國 Séjour Scientifique de Haut Niveau（SSHN）項目（編號：871429L）、教育部人文社科研究青年項目（編號：16YJCF40058）、重慶市教委人文社科重點項目（編號：16SKGH083、16SKG084）資助。

"嗐"等)① 的先時語氣詞功能及其來源和語法化機制。

在四川話中"哆"是十分重要的虛詞成分。它的功能與普通話的"著(着)"相似，可以充當動相補語、假位可能補語(dummy potential complement)、持續體標記、完成體標記、起始體標記、祈使語氣詞等。除此之外，"哆"還可以用作先時語氣詞。先時"哆"字句的意義大致與複句結構"等……完成後，再……"或"先……，再……"相當，可用于表達"先行""趁機""勉強""條件"等語用義（王苗 2015a、2015b），如：

動相補語：

（1）遇哆(見)朋友/小心撞哆(到)車子！

假位可能補語：

（2）今天晚上來得哆(來得了)不？/不要咯，吃不哆了(吃不下了)。

持續體標記：

（3）坐哆(著)吃飯/躺哆(著)看書

進行體標記：

（4）打哆(著)起電話在語氣詞。/正做哆(著)飯在語氣詞。

完成體標記：

（5）他只讀哆(了)一年的書。/我喊哆(了)那(他)來耍。

起始體標記②：

（6）說哆钱就不親熱。

祈使語氣詞：

（7）嫑把碗打爛哆！/去把門關哆。

---

① 若無特殊說明，本文均用"哆"代替四川方言中其他與"哆"音近的功能成分。

② 孫朝奮（1997）認爲類似例（6）"哆"的這類用法不表示動作的持續或完結，而是表示動作的起始（inchoative aspect）

先時語氣詞：

(8) 累死了，把包包幫我拿哆(持續)哆(先時)。＜先行＞

(9) 你先試哈(下)哆，要得(可以的話)就買。＜先行＞

(10) 這跟前(這裡)巴適(好)，我占哆起(持續)哆。＜趁機＞

(11) 媽還沒攏屋(到家)，我看哈(下)電視哆。＜趁機＞

(12) 這點錢你拿哆起(持續)哆(先時)，剩下的二天(以後)再還。＜勉強＞

(13) 這間屋你先住哆(持續)哆(先時)，明年跟(給)你換間大咧。＜勉強＞

(14) 好久(什麼時候)給我買個手機撒？——賺了錢哆。＜條件＞

(15) 開門。——你把鑰匙拿跟(給)我哆撒。＜條件＞

在四川及重慶部分地區，先時語氣詞"哆"的讀音和"到"類似(见表1)，因此以往的研究一般认为"哆"对应南方方言中的虛詞成分"到"。"到"在南方方言中的多功能語義模式一直是學界研究的熱點（林英津 1993：831—866；柯理思 1995：191—208；李藍 1998：113；Enfield 2002：121—128；吳福祥 2002：195—223；楊永龍 2002：1—2；羅自群 2006：30—36 等）。有關"到"的來源目前主要存在以下兩種觀點：第一種以吳福祥、柯理思（Christine Lamarre）等為代表，認為南方方言的"到"來源於"到達"義的動詞"到"。動詞"到"在歷時發展過程中主要演化出了趨向補語、動相補語、假位可能補語、完成體標記、持續體標記、進行體標記、補語標記等功能。第二種以羅自群、楊永龍等為代表，認為南方方言中的持續體助詞、完成體助詞、先時語氣詞"到"及其音近字"噠""底""到""倒""得"等，其本字均是"著"，是"附著"義的動詞"著"語法化後保留古音或在不同方言點歷時音變的結果。那麼，四川話中先時語氣詞"哆"的演化路徑究竟如何？它的歷史演變過程是否符合之前學者對“到”或“著”多功能模式研究所揭示的普遍規律？本文擬從語言接觸的角度出發，探究四川方言先時語氣詞“哆”的本字及其語法化機制，同時初步討論“到”和“著”間的互動關係。

二 四川話先時語氣詞“哆”的本字

先時語氣詞既蘊含了特殊的時體意義，又表達了一定的祈使語氣。一方面，它限定了小句 VP 必須在將來某一特定時間段完成，同時又表達了說話者請求聽話者允許 VP 完成的語用意義。由此可見，漢語的“先時”概念與動詞時體特征之間關係密切。根據我們的調查，在近代漢語中只有“著”發展出了先時語氣詞功能，是表“完成”的“著”語法化的結果（王苗 2015b），如：

(16) 師曰：“且留口吃飯著。”(《景德傳燈錄》卷第十九)

(17) 梅香，安排香桌兒去，我待燒炷夜香咱（著）。(《元刊雜劇三十種·閨怨佳人拜月亭》)

(18) 好生的送我到船上者（著），咱慢慢的相別！(《元刊雜劇三十種·關大王單刀會》)

“著”各種虛詞用法的源頭均為“附著”義的動詞“著”。根據《廣韻》，“附著”義的“著”字為直略切，屬澄母藥韻字。[①]清代學者錢大昕在古聲紐研究中提出了“古無舌上”的論斷，認為“古無舌頭、舌上之分。知、徹、澄三母以今音讀之，與照、穿、床無別也，求之古音則與端、透、定無異。”（錢大昕《十駕

① 《廣韻》裡“著”共有“直略”“張略”“丁呂”“直魚”五切。其中“丁呂”“直魚”“陟慮”三切之義與本文所討論的虛詞“著”無直接關聯，暫且不議。“直略”（“附也”）、“張略”（“服衣於身”）之“著”分屬澄母藥韻及知母藥韻，其區別僅為聲母之清濁。我們僅以“直略切”為代表探究其音變。

齋養新錄》卷五“舌音類隔不可信”條）在今天看來，錢氏的觀點仍屬不易之論。根據現代學者的研究，端、知二組在《廣韻》反切用字上仍存在交涉，並且這一現象仍保留在部分方言中（包括贛方言、閩方言等）①。不僅如此，在这些方言中“到”的用法確實與“著”的多功能模式存在完全平行的對應關係。據此，有的學者（梅祖麟 1988：155－187；羅自群 2006：30－36 等）認為南方方言中的虛詞成分“到”的本字就是“著”。但四川方言的情況卻有所不同，無論是保留古音還是歷時音變都無法解釋“著”到“哆”的語音變化，因此我們更傾向於將“哆”的本字確定為“到”。下面我們分別從四川方言自身的音變規律及民族語借詞兩方面說明“哆”的本字不是“著”而是“到”。

（一）從四川方言的語音演變規律看“哆”的本字

楊時逢（1984：1758－1761）按照語音特點把四川方言劃分成了四個區域。我們分別對這四個區域的部分方言點進行了抽樣調查：成都、資陽、永川、豐都為第一區；樂山、敘永、合江、古藺為第二區；滎昌、仁壽屬第三區；萬州、石柱為第四區。

“哆”在四川方言中的音讀情況可歸納如下（表 1）：

表 1 “哆”在川渝部分地區的讀音情況

方言點	讀音	方言點	讀音
成都	tau^{42}，tau^{0}，to^{0}	資陽	tau^{42}，tau^{0}，$təuu^{0}$
永川	tau^{42}，tau^{0}，to^{0}	丰都	tau^{42}，tau^{0}，to^{0}
樂山	tau^{42}，tau^{0}，to^{0}	敘永	tau^{42}，tau^{0}，$təu^{0}$
合江	tau^{53}，tau^{0}，to^{0}	古藺	tau^{53}，tau^{0}，to^{0}，$təu^{0}$
滎昌	tau^{42}，tau^{0}，to^{0}	仁壽	tau^{42}，tau^{0}，to^{0}
萬州	tau^{42}，tau^{0}，ta^{0}	石柱	tau^{42}，tau^{0}，ta^{0}

① 如在閩方言的廈門話中，“著顯著”讀［tiᵓ］、“箸”讀［tiᵖ］、“豬”讀［꜀ti］等。

根據現代學者的研究，直略切（“附也”）的“著”字可構擬為①：

著 ＊ dĭăk ＞ɖĭak（郭錫良：1986）

著 ＊m—t＜r＞ak ＞ d＜r＞jak（Baxter，Sagart2014）

即認為“著”在上古和中古時期皆讀為舌頭塞音。按照羅自群等（2006）的假設，若四川方言虛詞“著”保存了古讀，那么根據西南官話的音變規律，ɖĭak 或 d＜r＞jak 到了近代應該先後經曆了濁聲母清化、塞音韻尾脫落、韻母弱化等音變，繼而讀作“哆”（［tau］/［təu］/［to］等）。即：

？著 ɖĭak/d＜r＞jak ＞ tau/təu/to

但這一音變假設存在如下问题：

一方面，聲調的對應關係存在問題。四川方言虛詞成分“哆”的調值主要有兩類，一是讀作上聲（［tau^{42}］或［tau^{53}］），二是由此弱化為輕聲（［tau^{0}］，［$təu^{0}$］，［to^{0}］，［ta^{0}］）。而我們知道，在四川方言中入聲字的塞音韻尾脫落後，其調類主要分三種情況：一是在第一、第四區域中歸入陽平（如：成都、資中、石柱等念 21 調），二是在第三區域中歸入去聲（如：榮昌、仁壽等念 24 調），三是在第二區域中成為一類單獨的調類（如：峨眉念 55 調，樂山、合江、古藺等念 33 調）。由於“哆”在四川方言中僅有上聲和輕聲的讀法，而缺乏陽平、去聲或入聲的讀法，可見它不可能來源於早先的入聲直略切的“著”。相反，在四川方言中，“衣著”的“著”字在第一、四區念陽平（如“衣著”成都、石柱讀［i^{55} tso^{31}］），在第二區念入聲（如“衣著”樂山讀［i^{55} tso^{33}］、峨眉讀［i^{33} tso^{55}］），在第三區念去聲（如“衣著”榮昌讀［i^{55} tso^{24}］），均與《廣韻》“直略切”相對應。

另一方面，韻母的對應關係也存在問題。根據我們的調查，

① “＞”之前為上古音，之後為中古音。下同。

"哆"在四川方言各處都有｜au｜韻的讀法，應當是語音弱化或脫落之前的音讀形式。從來源上看，四川方言中的/au/韻對應《廣韻》效攝，不存在宕攝入聲的來源。據此可以推斷，"哆"無法與《廣韻》直略切相對應。

我們還可以通過成書於明末的四川方言著作《蜀語》來考察明清時期四川方言的語音特點。《蜀語》主要採用直音的方式為被訓字注音。阪井健一（1991：15－20）對該書聲類的研究表明：在明末清初，四川方音已經表現出從古音到現代北方方音轉變的大趨勢。其中的特點之一就是知組字已經混入照二或照三，如：

(19) 站(知)音戰(章)；奓(知)，車(昌)上聲；
颭(照)音展(知)；顫(照)音展(知)；
餞(從)音綻(澄)；脛(穿)音癡(徹)；
灹(知)音乍(床)；椿(徹)音莊(莊)。

可見早在《蜀語》時代，四川方言的知、莊、章三組齒音已混而不分，且濁音聲母也有清化之趨勢。在這樣的音變背景下，"哆"可能並沒有保存古讀。

從語音上講，將"哆"的本字確定為"到"似乎更具說服力。《廣韻》"到"為都導切，是端母號韻字。"到"由上古到中古的音變情況可構擬為：

到 ＊ tau＞tɑu（郭錫良 1986）

到 ＊ tˤawk-s＞tawH（Baxter，Sagart2014）

語法化后的"到"在讀音上起了一些變化：一是聲調輕化，二是主要元音央化（a＞ə），三是主要元音或韻尾脫落，即（圖 1）：

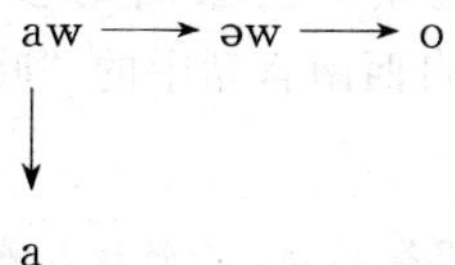

圖 1 "到"的主要元音在四川方言中的弱化情況

可見，“到”到“哆”的音變在四川方言中是可能且合理的。但我們也注意到，四川方言的“哆”多讀上聲或輕聲，而“到”則為去聲。這很可能是因為“到”所負載的語法功能過多，故在聲調上起了變化。林英津（1993：833—861）和柯理思（1995：191—208）認為語法化後的“到”由去聲變為上聲，是一種區別手段：以聲調區別實詞“到”與虛詞“到”。至於為何要用上聲以區別去聲的動詞“到”，我們認為這是受北方官話的影響：去聲在北方官話中是一個降調，而西南官話的上聲字通常也是降調（如：42/53 調），同官話的去聲（51）十分接近。当西南官話區的人接觸北方官話時，很容易將当中的去聲同本方言中的上聲混淆①。因此，原本讀作去聲的“到”有了讀作上聲字的基礎。

（二）從土家語的借詞看“哆”的本字

在與漢語的長期接觸中，藏緬語族的不少語言借用了漢語官話或方言中的詞彙甚至語法標記。反之，不同歷史層次的借詞往往能反映模式語（model language）的演變情況。我們擬以土家語中借自西南官話的相關體標記為基礎，探究四川話中“哆”的本字。

今天的土家族主要分佈在湘、鄂、川、渝、黔五省市交界的丘陵地帶，主要與苗語及漢語西南官話接觸。目前，多數土家族人已經喪失了說土家語的能力，而部分保留土家語的地區也均使用土家語及西南官話雙語。在長期的語言接觸中，土家語不僅借用了大量西南官話中的詞彙（如稱“辛苦”為“老火［$lɔ^{33}$ $xo^{33/31}$］”），甚至還借用了某些語法成分（如判斷動詞“是”［si^{35}］和“不是”［pu^{35} si^{55}］（戴慶廈、田靜 2005；田德生等 1986）。根據我們的觀察，土家語的多功能成分［$to^{33/55}$］/［tau^{55}］很可能就是借自西南官話中的“哆”。［$to^{33/55}$］/［tau^{55}］

① 例如：石柱話中上聲為 42 調、去聲為 35 調，而“導致”讀為「$thau^{42}$ $zɿ^{42}$」，即上、去聲相混，念 42 調。

不僅讀音同四川话中的“哆”十分相似，用法上也存在對應關係。下面，我們將分別介紹土家語中與“哆”相關的若干語法功能。

1. 動相補語

土家語借用了西南官話的 V＋［to$^{33/55}$］結構，其中的［to$^{33/55}$］是 V 的動相補語，表示動作的實現或完成。如（例轉引自戴慶廈、田靜 2005：100、141）：

（20）ȵe^{54} ɕi^{54} pa^{33} mi^{54} ko^{33} wu^{35} to$^{33/55}$ xu$^{33/55}$.

你的 衣服 火 燒 到 要（你的衣服要被火燒到了。）

（21）ko^{33} xu^{35} pho^{54} ko^{33} xa^{33} to^{33} lu^{33}.

他 槍 打 到 了（他被槍打中了。）

（22）kɨ^{55} tse^{55} tɕhiã^{21} to^{35} so^{55} na^{55} xu^{21} tso^{35} to^{21} liau^{21}.

他們 強盜 三個 捉 到 了（他們捉住了三個強盜。）

2. 向心完成體標記

土家語本身有一套完成體標記系統，包括：［tɕi^{35} liau^{55}］（完成式）、［po^{21} la^{21}］（完成持續式）、［po^{21} ɕi^{35}］（完成已久式）等。另外，土家語還可以用語法手段標注動作的“向心/離心”特徵。而表示向心動作的完成時，土家語通常用［tiu^{55}］表示，有時［tiu^{55}］又可以讀作［tau^{53}］，與“哆”的讀音十分接近（田德生等 1986：54－63、83、326－327；陳康 2006：93；張偉權 2004：33），例如：

（23）ŋa^{35} tsi^{21} ka^{35} tiu^{55}.

我 飯 吃 完来了（我吃完了飯。）

（24）ŋa^{35} si^{55} pa^{55} ta^{35} tiu^{55}.

我 衣服 穿上来了（我穿上了衣服。）

（25）la^{35} tɕhi^{53} si^{2} ^{1}ȵi^{35} po^{21} a^{53} tau^{53} la^{21}.

鹿子肉 你 給 帶 來了在（鹿子肉給你帶來了。）

（26）ŋa^{35} tshe^{21} khe^{53} a^{21} tau^{53}.

我 水 挑 來 了（我挑來了水。）

3. 起始體標記

在土家語中［xu^{21}］是一個十分常見的附著成分，可以與其他體助詞一起表達動詞的時體特征，如：將行體［—i xu^{21} la^{21}］、將完成體［tɕi^{35} xu^{21}］等。而土家語的起始體標記就是由借自西南官話的“哆”［tau^{55}］与［xu^{21}］组合标记（參見陳康 2006：86），如：

（27）ŋa^{35} tsi^{21} ka^{35} tau^{55} xu^{21}.

我 飯 吃 起来。（我开始吃饭了。）

（28）ŋa^{35} si^{55} pa^{55} ta^{35} tau^{55} xu^{21}.

我 衣服 穿 起来（我开始穿衣服了。）

4. 祈使語氣詞

土家語固有的祈使語氣詞為［po^{21}］，使用範圍非常廣（田德生等 1986：80—81），例如：

（29）ko^{35} tɕe^{21} mo^{21} thi^{55} po^{21}

他 叫 （助） 等 （助）（叫他等著吧。）

但是在某些情況下，祈使句末還可以使用［to^{55}］，表示相對緩和的要求、命令、商量等語氣（田德生等 1986：329；戴慶廈、田靜 2005：100、140），如：

（30）ni^{35} nau^{35} tsi^{55} ɣei^{35} tha^{55} to^{55}.

你 明天 去 不要 語氣詞（你明天別去。）

（31）ko^{21} tɕe^{21} mo^{21} tsu^{55} tsu^{55} po^{5} ^{5}to^{55}.

他 叫 （助） 站 著 語氣詞（叫他

站著。）

（32）ũ^{21}　po^{21}　to^{21}.

坐　著 語氣詞（坐下!）

綜上，我們認為土家語至少借用了鄰近西南官話“哆”的四種語法功能，分別是：動相補語、完成體助詞、起始體助詞、祈使語氣詞。而“哆”在土家語中的讀音恰好為我們分辨四川方言“哆”的本字提供了重要的線索。

四川話中“到”的先時語氣詞功能至少在清代都尚未發展成熟（見後文），故土家語借詞［to$^{33/55}$］/［tau^{55}］的時代上限大致也應當在近代。盡管土家語研究尚處於起步階段，特別是各層次的聲調系統未能建立，但我們仍可以通過近代漢語的音變特徵來判斷［to$^{33/55}$］/［tau^{55}］在四川方言中的對應成分（“到”或“著”）。

在近代西南官話的音變現象中，有兩項與我們所討論的話題相關，一是濁聲的清化，二是知、莊、章三組的合流。

a. 四川方言中，濁塞音和濁塞擦音聲母的清化遵循“平送仄不送”的規律，即平聲的濁聲母字變爲送氣清音，仄聲的濁聲母字變爲不送氣清音。相應地，該階段的土家語借詞也存在類似的特點：端母與仄聲的定母對應土家語借詞中的 t－，透母與平聲的定母對應土家語借詞中的 th－。例如：當歸［tã^{54} kui^{33}］、豌豆［wã^{45} tə$^{35/33}$］；天麻［thiɛ̃^{54} ma^{33}］、枕頭［tsə̃$^{54/33}$ thəu^{33}］等。

b. 四川方言中知、莊、章三組發生合流，其中知、莊、章三母及部分仄聲的澄、崇、牀母字對應土家語中的 ts－，徹、初、昌母及部分平聲的澄、崇、牀母字對應土家語中的 tsh－，部分牀母字併入審母，對應土家語中的 s－。例如：砧板［tsẽ^{55} phã^{33}］、柱子［tsu^{33} tsɿ^{33}］；秤砣［tshẽ^{35} tho^{55}］、綢子［tshəu^{33} tsɿ^{33}］；稅［sui^{35}］、服侍［xu^{55} sɿ^{55}］等。以下爲更多知、莊、章三組濁聲母字的例子（表 2）：

表 2　土家語中的端、知、照組濁音借詞（戴慶廈、田静 2005）

<table>
<tr><th></th><th>平</th><th>仄</th></tr>
<tr><td rowspan="2">定</td><td>徒弟［thu^{33} ti^{35}］</td><td>徒弟［thu^{33} ti^{35}］</td></tr>
<tr><td>枕頭［tsə$^{54/33}$ thəu^{33}］</td><td>豌豆［wã^{45} tə$^{35/33}$］</td></tr>
<tr><td rowspan="2">澄</td><td>市場［tshã^{33}］</td><td>丈（一丈）［tsã^{35}］</td></tr>
<tr><td>綢子［tshəu^{33} tsɿ^{33}］</td><td>柱子［tsu^{33} tsɿ^{33}］</td></tr>
<tr><td rowspan="3">禪①</td><td>成績［tshə̃^{33} tɕi^{33}］</td><td>干涉［kã^{35} tsɿ^{33}］</td></tr>
<tr><td colspan="2">鑰匙［ʑo^{33} sɿ^{33}］</td></tr>
<tr><td colspan="2">石榴［sɿ^{35} liu^{33}］</td></tr>
<tr><td rowspan="3">牀二（崇）</td><td>發愁［xua^{33} tshə^{33}］</td><td>——</td></tr>
<tr><td colspan="2">服侍［xu^{55} sɿ^{55}］</td></tr>
<tr><td colspan="2">故事［ku^{35} sɿ^{33}］</td></tr>
<tr><td rowspan="3">牀三（船）</td><td colspan="2">糧食［liɛ^{33} sɿ^{33}］</td></tr>
<tr><td colspan="2">和尚［xo^{33} sã^{35}］</td></tr>
<tr><td colspan="2">四腳蛇［sɿ^{35} tɕo^{33} sə$^{33/35}$］</td></tr>
</table>

根據上述音變規律，中古漢語端母號韻的“到”字對應土家語中的舌頭聲母 t－，而澄母藥韻的“著”字則應當對應舌尖聲母 ts－。可見，土家語中的［tau^{55}］/［to$^{33/55}$］並非來源於“著”，而很可能來源於西南方言的“到”［tau^{42}］及其弱化形式［tau^{0}］或［to^{0}］。

綜上，我們從四川方言歷時音變規律及土家語借詞的語音對

---

① 中古禪母在土家語中對應塞擦音和擦音兩類，其中擦音無送氣和不送氣之分，故不分欄（下同）。

應關係兩方面排除了“哆”的本字是“著”的可能性，並推測“哆”應當來自“到達”義動詞“到”。在近代漢語的口語材料中，我們尚未發現“到”用作先時語氣詞的用例。那麼它是如何在西南官話中發展出先時語氣詞功能的呢？我們推測“到”在四川方言中的語法化過程很可能受到了“著”的影響。下面我們將從語言接觸的角度，對“到”的語法化過程做出分析。

三　四川方言先時語氣詞“哆”可能是語言接觸的產物

根據我們對明清時期四川方言語料的統計，“到”主要可用作動相補語、假位可能補語、完成標記、持續體標記。① 如動相補語：

（33）說都說倒了，時候不早了，找替代去。（清·傳統川劇劇本《南華堂》）

（34）你怎不告我，豈由他罵嗎？可惜未打倒他！（清·省三子《躋春臺》）

假位可能補語：

（35）那裡呼得倒。（清·省三子《躋春臺》）

（36）同是賫泥丸，何以一個治得倒病，一個就醫死人咧？（清·省三子《躋春臺》）

完成體標記：

（35）特到人家門口貼，便言盡到拜年情。（清·吳好山《成都竹枝詞》）

（36）了願酬神六月中，虔誠拜到二王宮。（清·吳好山《灌縣竹枝詞》）

---

① 鑒於絕多數漢語方言裡“到”都可以作實義動詞及趨向動詞，此處不再詳細論述。

持續標記

(37) 比到晚來還一算，與夫分去卻堪憐。(清·定晉岩樵叟《成都竹枝詞》)

(38) 一氣蒸成磚塊似，壓到方圓式樣新。(清·吴好山《成都竹枝詞》)

另外，我們著重調查了清末擬話本小説集《躋春臺》中與“到”相關的各類虛詞的用法。在該書中，動態助詞有“了”“到”“著”“起”“過”“得”“來”七個。但這七個動態助詞均無作先時語氣詞的用例。而此時的“先時”概念都是通過詞彙手段表達，如：

(39) 大武曰：“待我问他银子放在那里才去。”(清·省三子《躋春臺》)

(40) 可亭曰：“先生且退，待我与媳商量回话。”(清·省三子《躋春臺》)

(41) 遂谓母曰：“妈快先走，儿要歇下方来。”(清·省三子《躋春臺》)

可見至少在清末，“到”的先時語氣詞功能都尚未產生。更值得注意的是，以往研究所揭示的南方方言中“到”的語法化路徑和多功能模式也未包含“祈使語氣詞”及“先時語氣詞”這兩項(如圖2及圖3所示，參見吳福祥 2002：218)。

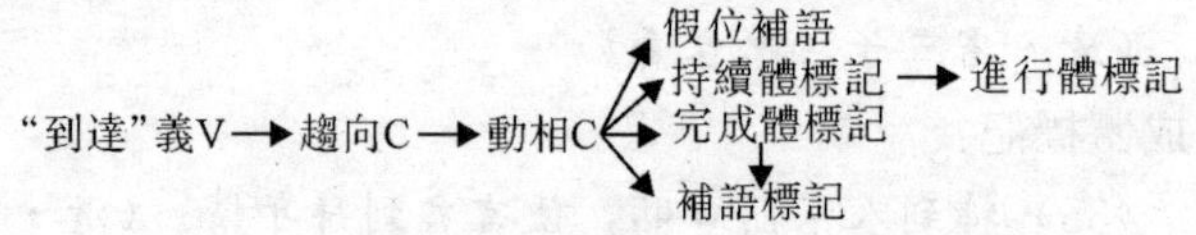

圖2 南方方言中“到”的語法化路徑

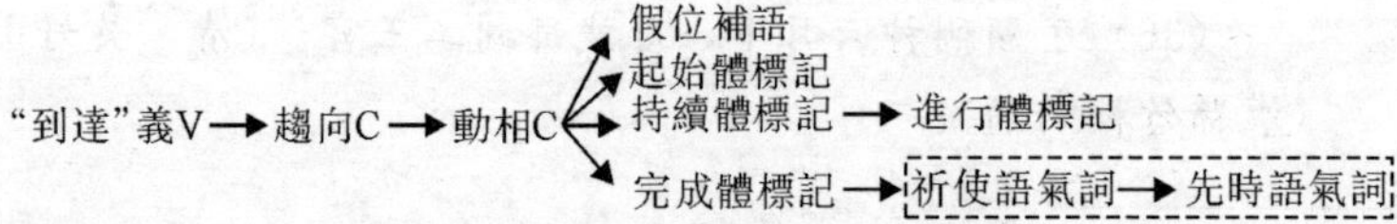

圖3 四川方言中“到”的多功能模式

根據吳福祥（2013：64）的研究，語言演變有"內部因素促動的演變"（internally motivated change）和"語言接觸引發的演變"（contact-induced change）兩類。從類型學和語法化的角度看，四川方言中"到"的"祈使語氣詞"和"先時語氣詞"兩種功能是一種比較罕見的語義關聯。既然其他南方方言中的"到"極少存在和四川方言完全一致的功能分佈，那麼"到"的這兩種功能很可能並非語言內部演化的結果。那麼從"外部機制"能否解釋四川方言中"到"功能的特殊性呢？

有關"到"和"著"地域分佈特點的研究顯示："著"主要分佈在黃河流域及以北的地區；"到"則分佈在長江流域及以南的廣大區域，二者在長江沿岸地區的湖南和湖北存在部分重合（羅自群 2006：107—113）。"著"與"到"部分功能的重合源自二者演變路徑的相似性。引人注意的是"著"正好具備"到"多功能模式中不曾出現的"祈使語氣詞"與"先時語氣詞"功能（如圖 4 所示）。

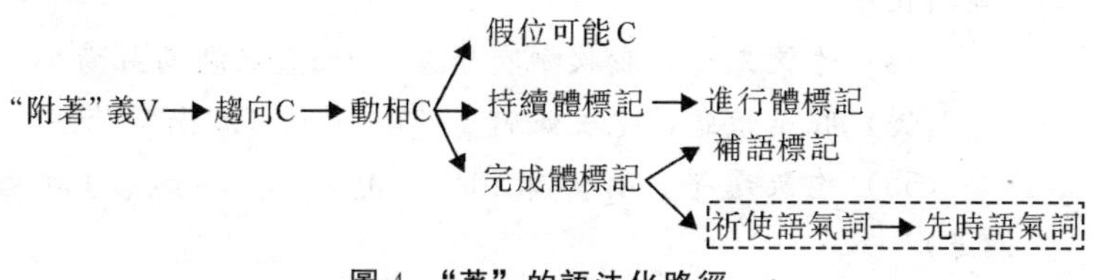

圖 4 "著"的語法化路徑

但是在現代四川方言內部"著"的使用頻率不高，似乎不太可能影響強勢的"到"。根據我們的調查，與四川鄰近的湖南湖北地區均有"著"被用作祈使語氣詞和先時語氣詞的例子，其中先時語氣詞使用頻率極高（蕭國政 2000：55－562；楊永龍 2002：1—2；伍雲姬 2009），如：

祈使語氣詞：

（42）我還要去梳下頭着[tso^{24}]。（湖南長沙）

（43）慢點着[tso]。（湖南岳陽）

(44) 少拿點着［tso］。(湖南岳陽)

(45) 放下着［tʂo］。(湖北隨州)

先時語氣詞

(46) 小王吃了着［tso］讓小王先完成吃飯，小張等一下再吃。(湖北武漢)

(47) 莫急着［tso］暫且不急，看看情況怎麼樣再說。(同上)

(48) 送我一輛摩托車咧？——你考上了大學着［tso］如果你考上大學就給你買。(同上)

(49) 等我說完着［tʂo］！(湖北英山)

(50) 讓他們先上去着［tʂo］。(湖北天門)

(51) 你先去，我吃了飯着［tso］。(湖北荊沙)

(52) 你長大了着［tso］！等你長了以後再說 (湖北黃梅)

(53) 你屋裡買電視機不啦？——等我有錢着［tʂo］！(湖南長沙)

(54) 你儂先走，我收咖衣咋(著)［tsa］。(湖南益陽)

(55) 肚子餓噠，吃碗飯啊着［tsuo^{4}］。(湖南常德)

(56) 吃飯還早，打陣球扎(著)［tʂɒ^{24}］先打會兒球再說 (湖南湘潭)

(57) 上咕街着［tʂɐ］先上街，衣衫回來洗。(湖南隆回)

因此，我們推測四川方言中的先時語氣詞“哆”可能是“到”受湘鄂方言先時語氣詞“著”的影響而產生。從元代開始，四川方言就開始了與湘鄂方言的長期接觸。現代四川話的最終形成與大批移民入川所帶來了西南官話和湘方言有著直接關係。崔榮昌（1996：7）認為，元末明初和清朝前期兩次“湖廣填川”的大移民潮對四川方言的形成有著直接而深遠的影響。大批湖北籍移民帶來了屬於官話方言的湖北話，從而形成了今天的四川官話體系。胡昭曦（1979：176－207）對合川、重慶、南溪、廣安

4處的地方誌和58份族譜進行了統計，結果顯示在清朝前入川的118戶人口中，有85戶來自“湖廣”。至今四川的客家人還將四川話（如成都、資陽、威遠等方言點）稱之為“湖廣話”或“老湖廣”。由此可見湖北方言對於四川話的影響之深遠（崔榮昌 1985：9－14）。湖南湘語區的鄉民在清朝初期也大批徙居四川。據《蜀故》卷三記載，在康熙到乾隆年間大批湘方言區的湖南籍移民遷入四川。僅乾隆十八至二十年（1753－1755）三年間，四川移民數共計6374戶，其中湖南籍的就高達4463戶，占移民總數的70%。另外，達縣（今達州）部分地區的村民除了能說四川話外，還能熟練地使用長沙話；儀隴縣還保留著湘方言的“永州腔”。在四川德陽的李都鎮、瀘州的新樂鎮都存在湘方言的方言島。鄂、湘人口遷移及其方言對四川地區方言的影響在清代的文學作品中亦有所體現，如：

（58）楚歌那得多如許，半是湖南寶老官。（清·胡用濱《旌陽竹枝詞》）

（59）氣候不齊連六詔，土音錯雜辨瀟湘。（清·張棟《合州竹枝詞》）

Dahl（2000：317）認為：語法化過程不僅可以表現出發生學上的聚集性（cluster），還可以在呈現出地域上的聚集性。所謂的“地域語法化（areal grammaticalization）”等術語就是用來描述語法化過程中地域因素對語言使用模式的影響。儘管以往有關語言接觸的研究大都限定在不同的語言之間，但 Henie 和 Kuteva（2003：539）已經明確指出，語言接觸理論不僅適用於各種語言，其複製的動因、機制、策略同樣適用於不同方言間的接觸情況。在廣泛而深刻的語言接觸背景下，四川方言的“到”完全有可能仿照湘鄂方言的“著”發展出語氣詞功能。

我們認為，四川方言中“到”的先時語氣詞的產生與語言接觸有關。这並非否認“到”本身具有獨立發展出“先時語氣詞”

功能的可能性，而是強調“外部因素”的刺激是“到”的先時功能被“激活”的重要原因。語言接觸的影響是“語言材料”從一種語言遷移到另一種語言。其中應該區別“語法借用（borrowing）”與“複製語法化（grammatical replication）”兩個概念。二者的差異在於“遷移材料”的不同。所謂“語法借用”是音義結合體的遷移，比如本文第二節所提到的土家語中的［$to^{33/55}$］/［tau^{55}］就是同時借用了西南官話中“到”的功能和讀音。如果“遷移”的僅僅是意義（功能）而未涉及讀音，即為“複製語法化”。我們之所以認為四川話中的“到”是複製語法化的產物正是因為它的讀音同湘鄂方言中的“著”並無關係。Henie 和 Kuteva（2005：79－80）在闡述語法複製的機制時指出，由接觸引發的語法複製並非複製語 R 受模式語 M 影響直接產生了一個成熟的語法範疇（full-fledge grammatical category）R_x。在長期的語言接觸中，R 語的使用者由於語用因素激活了 R 語中的使用模式 R_x。隨著 R_x 使用頻率的提高，它被擴展到更多的語境中，從而逐漸具備了某種新的語法功能。這種漸變的過程如圖 5 所示：

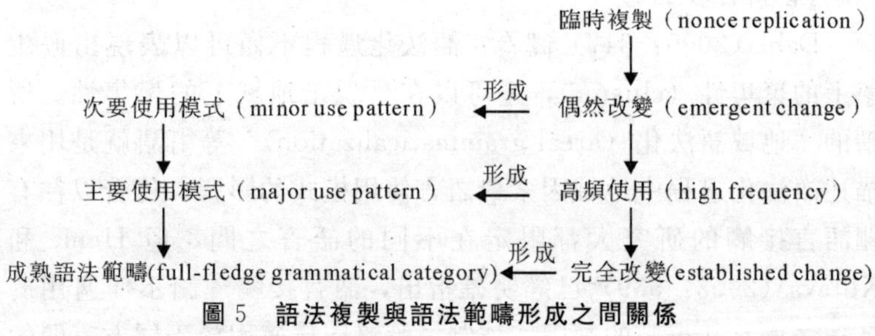

圖 5　語法複製與語法範疇形成之間關係

四川方言的使用者是如何利用“到”來複製湘鄂方言的“先時”功能呢？首先，四川方言（R）的使用者注意到四川境內操湘鄂方言（M）的移民可以用一定的語法手段表達先時功能（M_x）；然後，在某些特定的語境下，四川方言（R）的使用者偶然地複製了這種“先時”的概念。Henie 和 Kuteva（2005：81）在概括普通接觸引發的語法化（ordinary contact-induced grammatical）的機制時曾指出：複製語（R）的使用者通常不會簡單地照搬模式語（M）的範疇 M_x，而更傾向于利用 R 語中的語言材料創造出一個與 M 語 M_x對應的新範疇（R_x）。顯然，四川方言（R）的使用者並非直接借用“先時”與“著”的形音結合關係，而是試圖利用本方言中的語言材料創造出與湘鄂方言（M）先時語氣詞“著”（M_x）等價的語法功能。在這一過程中，四川方言中的多功能成分“到”成了一個合適的語言材料，進而經歷了由動態助詞到語氣詞的語法化過程。在語法化的初始階段，“到”用作先時語氣詞只能偶然地出現在某些特定的語境中，更多的是靠語境推導出“先時”的隱含義。儘管十分罕見，但正是在這樣的情況下“到”的“先時”的功能被激活，從而形成了“到”的次要使用模式。隨著使用頻率的提高，四川話中的“到”表達“先時”概念逐漸成為了主要使用模式，並最終使“先時”發展成為四川話中一個成熟的語法範疇。

為什麼四川方言的多功能成分“到”是複製“先時”概念的“最佳選擇”呢？Henie 和 Kuteva（2005：81）認為，語法化複製過程中，複製語言材料的選擇一般會受到三方面的限制：一是模式語言（M）本身的特點；二是語法化的普遍規律及共性特徵；三是模式語（M）和複製語（R）的結構配置（outfit）。前面我們已經提到，儘管多功能成分“到”主要分佈在南方，“著”則分佈在北方，但在兩湖地區二者卻有部分重合，比如：長沙話的完成體標記就有“噠”和“著”；湖北秭歸的持續體標記亦有“著”和“到”。可見在湘鄂方言中，本來就同時存在“著”和“到”兩種標記。但是，“著”在四川方言中卻十分式微，只有高頻使用的“到”類標記。由於“著”與“到”的多功能模式存在明顯的相似性。這種對應關係必定會在湘鄂方言與四川方言接觸的過程中體現出來。對於四川方言的使用者而言，會直接將母語方言中的“到”等同于湘鄂方言的“著”。在語言接觸所引發的語法化過程中，複製語（R）的使用者總是傾向採用本語言中已經存在，同時又與模式語（M）中的 M_x 最接近的語言使用模式。既然湘鄂方言用“著”表示“先時”概念，利用“到”複製“先時”範疇就變得順理成章。

四　結　論

本文從方言的音變規律及民族語借詞與方言的語音對應關係兩方面證明了四川話中的先時語氣詞“哆”的本字為“到”並非“著”。由於四川話的形成與湘鄂方言區移民入川有著直接關係，而湘鄂方言中高頻使用的助詞“著”又恰恰具備“到”多功能模式中所缺失的“祈使語氣詞”與“先時語氣詞”功能。因此我們推測四川話中“到”的先時功能的產生可能是受湘鄂方言的影響，是複製語法化的產物。但是，明清時期的蜀、湘、鄂方言口語材料很少保留下來，能否在文獻上找到更多的相關證據仍有待進一步研究。

〔主要參考文獻〕

阪井健一.《蜀語》聲類之研究. 王昌平，譯. 川北教育學院學報，1991（2）.

陳康. 土家語研究，北京：中央民族大學出版社，2006.

崔榮昌. 四川方言的形成. 方言，1985（1）.

崔榮昌. 四川境內的湘方言. 臺北：“中央研究院”歷史語言研究所，1996.

戴慶廈，田靜. 仙仁土家語研究，北京：中央民族大學出版社，2005.

郭錫良. 漢字古音手冊，北京：商務印書館，1986.

胡昭曦.“張獻忠屠蜀”與“湖廣填川”考辨∥中國農民戰爭史研究集

刊. 上海：上海：人民出版社，1979.

柯理思. 客家話《新約聖經》以及《客語社會生活會話》兩書裡所見的動詞後置成分“倒”//吳福祥，梅祖麟. 1994 年臺灣語言教學與語言學學術會議論文集：二冊. 臺北：文鶴出版有限公司，1995.

李藍. 貴州大方話中的“倒”和“起”. 中國語文，1998 (2).

林英津. 客語上聲“到”語法功能探源//“中央研究院”歷史語言研究所集刊，1993 (4).

羅自群. 漢語方言讀上聲的持續標記“倒”. 語言研究，2006 (1).

梅祖麟. 漢語方言虛詞“著”字的三種用法和來源//梅祖麟語言學論文集. 北京：商務印書館，1998.

彭遵泗. 蜀故. 揚州：廣陵古籍刻印社，1990.

錢大昕. 十駕齋養新錄. 楊勇軍，整理. 上海：上海書店出版社，2011.

孫朝奮. 再論助詞“着”的用法及其來源. 中國語文，1997 (2).

田德生，何天貞，陳庚，等. 土家語簡志. 北京：民族出版社，1986.

王苗. 四川方言的先時語氣詞“哆”. 成都大學學報（人文社科版），2015a (4).

王苗. 再論語氣詞“著”的來源及演變. 語言科學，2015b (5).

吳福祥. 關於語法演變的機制. 古漢語研究，2013 (3).

吳福祥. 南方方言裡虛詞“到（倒）的用法及其來源//吳福祥. 著名中年語言學家自選集：吳福祥卷. 上海：上海教育出版社，2011.

伍雲姬. 湖南方言的動態助詞. 長沙：湖南師範大學出版社，2009.

蕭國政. 武漢方言“著”字與“著”字句. 方言，2000 (1).

楊時逢. 四川方言調查報告. 臺北：“中央研究院”歷史語言研究所，1984.

楊永龍. 漢語方言先時助詞“著”的來源. 語言研究，2002 (2).

張偉權. 土家語探微. 貴州：貴州民族出版社，2004.

DAHL Ö. The grammar of future time reference in European languages //Tense and Aspect in the Language of Europe. Berlin：Mouton de Gruyter，2000.

ENFIELD N J. Parallel innovation and “coincidence” in linguistic areas：

on bi- clausal extent/result constructions of mainland Southeast Asia. Berkeley Linguistics Society，2003（28S）：121－128.

HENIE B，KUTEVA T. On contact-induced grammaticalization. Studies in Languages，2003（3）：529－572.

HENIE B，KUTEVA T. Language Contact and Grammatical Change. Cambridge：Cambridge University Press，2005.

BAXTER W H，SAGART L. Old Chinese：a new reconstruction. Oxford：Oxford University Press，2014.

The Origin of Anterior Mode Particle *tau*[42/53] in Sichuan Dialect from the Perspective of Language Contact

Wang Miao，Ma Kun

（College of Chinese Language and Literature，Wuhan University，Wuhan，43072；College of Oriental Asia Language and Civilization，Paris Diderot University-Paris 7，Paris，75013；Department of Chinese，Sun Yat-sen University，Guangzhou，510275）

Abstract：Though there are some parallel patterns between the poly-functionalities of *tau*[42/53] and *tʂ*ə，the origin of *tau*[42/53] in Sichuan dialect is not the verbal *tʂ*ə. According to the phonological change patterns of Sichuan dialect and corresponding relations of loading words according to sound in minor people language，this paper assums the origin of *tau*[42/53] is the verb *tau*[51]（lexical meaning "to arrive"）rather than *tʂ*ə，The mode particle in Sichuan dialect is the grammatical result of language contact，which replicates the grammaticalization of *tʂ*ə in Xiang and E dialects.

Key words：*tau*[42/53]；*tʂ*ə；*tau*[51]；anterior mode particle；language contact

（王苗，武漢大學文學院，郵編 430072；巴黎七大東亞語言文化學院，郵編 75013。馬坤，中山大學中文系，郵編 510275）